図表０－１　藤原純友籠居之跡

図表０－２　みなかわの井戸

純友が史料に最初に姿をあらわすのは承平《じょうへい》六年（九三六）。その後、天慶《てんぎょう》三年（九四〇）に反乱を起こし、翌年に討ち取られる。つまり、純友の行跡が追えるのは最後の六年間だけで、それ以前のことは全く謎に包まれているのである。

日振島のことも謎である。日振島を純友の根拠地とするのは、『日本紀略《にほんきりゃく》』に「南海賊徒の首藤原純友、党を結び伊予国日振島に屯聚《とんしゅう》し、千余艘を設く」とあることによる。日振島は佐田岬半島より南の宇和海にある島で、瀬戸内海水運の航路からは大きくはずれており、瀬戸内海の海賊の根拠地としてはふさわしくない場所である。なぜ『日本紀略』は日振島を藤原純友の根拠地としているのであろうか。

純友に関する史料はきわめて少ない。したがって、純友の生涯を描くためには、残された史料を一つ一つ丁寧に分析し、それらを互いに結び付ける作業を続けることが必要である。本書では、それを試みたい。

はじめに

日振島《ひぶりじま》は、愛媛県宇和島市の沖合約三〇キロメートルの宇和海《うわかい》に浮かぶ島である（口絵2頁）。宇和島港から日振島まで高速艇で約四〇分。船は島内の喜路《きろ》、明海《あこ》、能登《のと》の三つの港を経て、また宇和島に戻る。このうち明海には、藤原純友《ふじわらのすみとも》が根拠地とした城跡といわれる山がある。現在そこは「城ヶ森《じょうがもり》」あるいは「純友公園」とよばれ、山上には戦前に海運業界で活躍した山下亀三郎《やましたかめさぶろう》氏（宇和島市吉田町出身）が建てた「藤原純友籠居《ろうきょ》之跡」という記念碑がある（図表0－1）。また、山の麓には藤原純友が使用したと伝えられている「みなかわの井戸」が今も涸れずにある（図表0－2）。

山上から北を望むと佐田岬《さだみさき》半島の山々が見える。そのさらに向こうが瀬戸内海である。今から一一〇〇年ほど前、この瀬戸内海の海賊たちを率い、反乱を起こした男がいた。それが藤原純友である。

純友は伊予国の掾《じょう》（国司の三等官）をつとめ、一旦都に戻ったあと、政府から海賊追捕の命令を受け、再び伊予国に赴く。純友は海賊が帰降したのちも伊予国に留まり、やがて瀬戸内海賊の盟主となる。そして、彼らを率いて反乱を起こす。

ミネルヴァ日本評伝選

藤原純友

南海賊徒の首、伊予国日振島に屯聚す

寺内　浩著

ミネルヴァ書房

刊行の趣意

「学問は歴史に極まり候ことに候」とは、先哲荻生徂徠のことばである。

歴史のなかにこそ人間の智恵は宿されている。人間の愚かさもそこにはあらわだ。この歴史を探り、歴史に学んでこそ、人間はようやくみずからの正体を知り、いくらかは賢くなることができる。新しい勇気を得て未来に向かうことができる。徂徠はそう言いたかったのだろう。

「ミネルヴァ日本評伝選」は、私たちの直接の先人について、この人間知を学びなおそうという試みである。日本列島の過去に生きた人々の言行を、深く、くわしく探って、そこに現代への批判を聴きとろうとする試みである。日本人ばかりではない。列島の歴史にかかわった多くの異国の人々の声にも耳を傾けよう。

先人たちの書き残した文章をそのひだにまで立ち入って読み、彼らの旅した跡をたどりなおし、彼らのなしとげた事業を広い文脈のなかで注意深く観察しなおす――そのとき、はじめて先人たちはいまの私たちのかたわらによみがえってくる。彼らのなまの声で歴史の智恵を、また人間であることのよろこびと苦しみを、私たちに伝えてくれもするだろう。

この「評伝選」のつらなりのなかから、列島の歴史はおのずからその複雑さと奥ゆきの深さをもって浮かび上がってくるはずだ。これを読むとき、私たちのなかに新たな自信と勇気が湧いてきて、その矜持と勇気をもって「グローバリゼーション」の世紀に立ち向かってゆくことができる――そのような「ミネルヴァ日本評伝選」にしたいと、私たちは願っている。

平成十五年（二〇〇三）九月

上横手雅敬
芳賀　徹

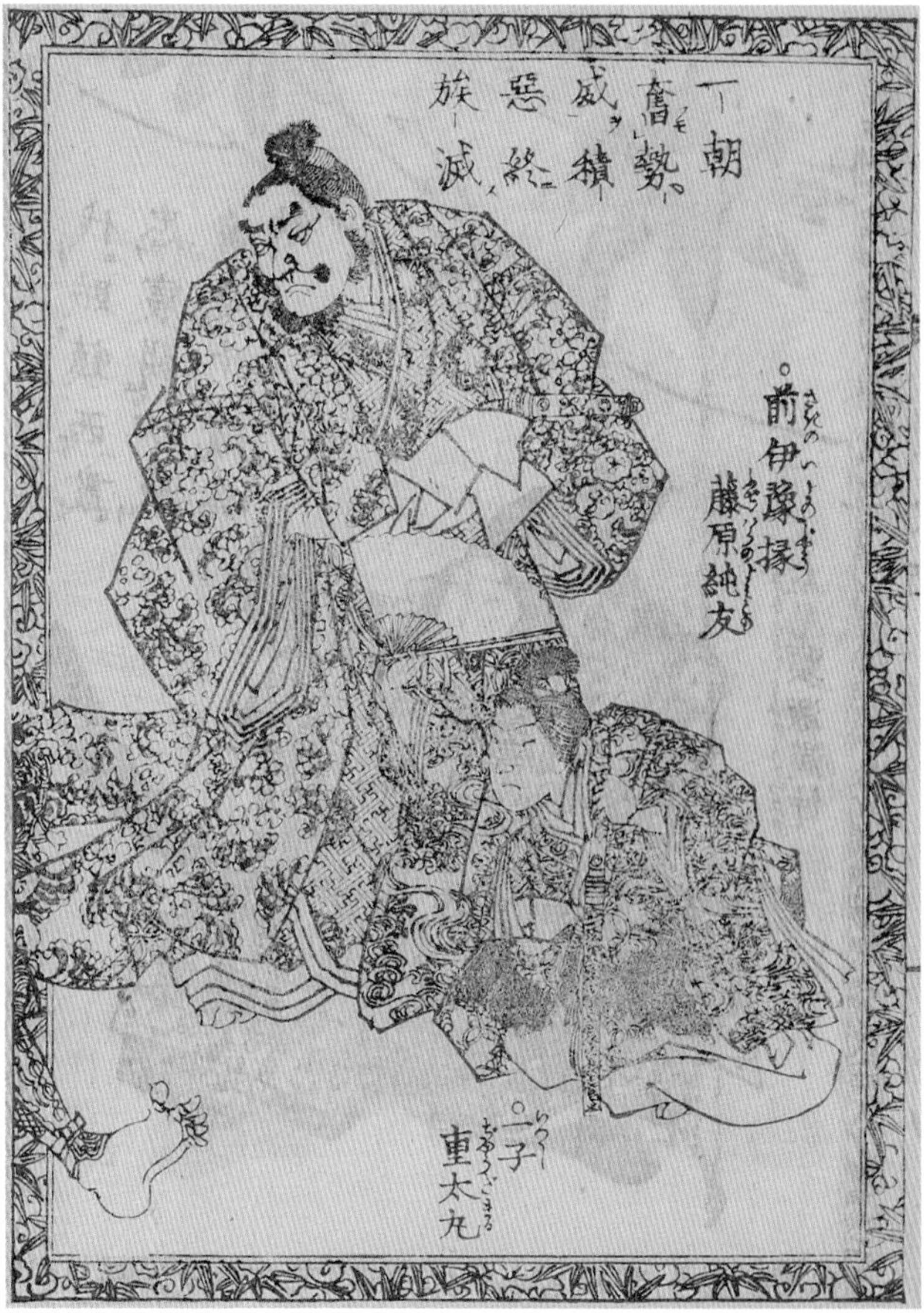

藤原純友と重太丸

中村定保編，北斎為一・柳川重信・玉蘭貞秀画の読本『平將門退治圖會』より。『前太平記』をもとに，将門・純友の乱と源氏武将の活躍を描いている。全９巻10冊で，刊行年は不明。表題と冊数は異なるが，全く同じ内容の『平将門一代図会』（全９巻５冊）が嘉永３年（1850）刊なので，その頃に刊行されたと考えられる。第６冊に純友の乱の主要登場人物の挿絵があり，上に掲げたのは藤原純友とその子重太丸。

日振島

日振島は宇和島港の西方約30 km の海上にある。東西約 5 km，南北約 4 km で，細長くくねった形をしている。写真は東方向から撮ったもの。『日本紀略』承平 6 年 6 月某日条に，藤原純友が日振島に千余艘を設けたとある。現在は養殖業が盛んで，入江には多くの養殖筏がみえる。

藤原純友——南海賊徒の首、伊予国日振島に屯聚す　目次

図表出所一覧

第一章　純友の生い立ち

1　純友の父祖とその時代

藤原長良

藤原純友は藤原氏北家《ほっけ》の出身である。藤原氏は奈良時代に南家《なんけ》、北家、式家《しきけ》、京家《きょうけ》の四家が成立するが、平安時代になるとこのうちの北家が栄え、道長《みちなが》・頼通《よりみち》の時代に摂関政治の全盛期を迎える。その北家隆盛の基礎を築いたのが嵯峨《さが》天皇の時代に蔵人頭《くろうどのとう》に就任し、のち左大臣となった藤原冬嗣《ふゆつぐ》である。純友はこの冬嗣の子長良《ながら》の曾孫にあたる（図表1-1）。冬嗣のあと政権は良房《よしふさ》、基経《もとつね》、時平《ときひら》・忠平《ただひら》と受け継がれるが、純友の祖父遠経《とおつね》は基経の異母兄、父良範《よしのり》は時平・忠平の従兄弟であるから、純友は名門の生まれといえなくもない。しかし、長良の系統につながるとはいえ、良房、基経と続く北家嫡流以外は次第に政治の中心から離れていく。純友の祖父遠経は従四位上右大弁《うだいべん》の地位までのぼるが、父の良範は従五位下筑前守・大宰大弐《だざいだいに》で終わっている。そして、純

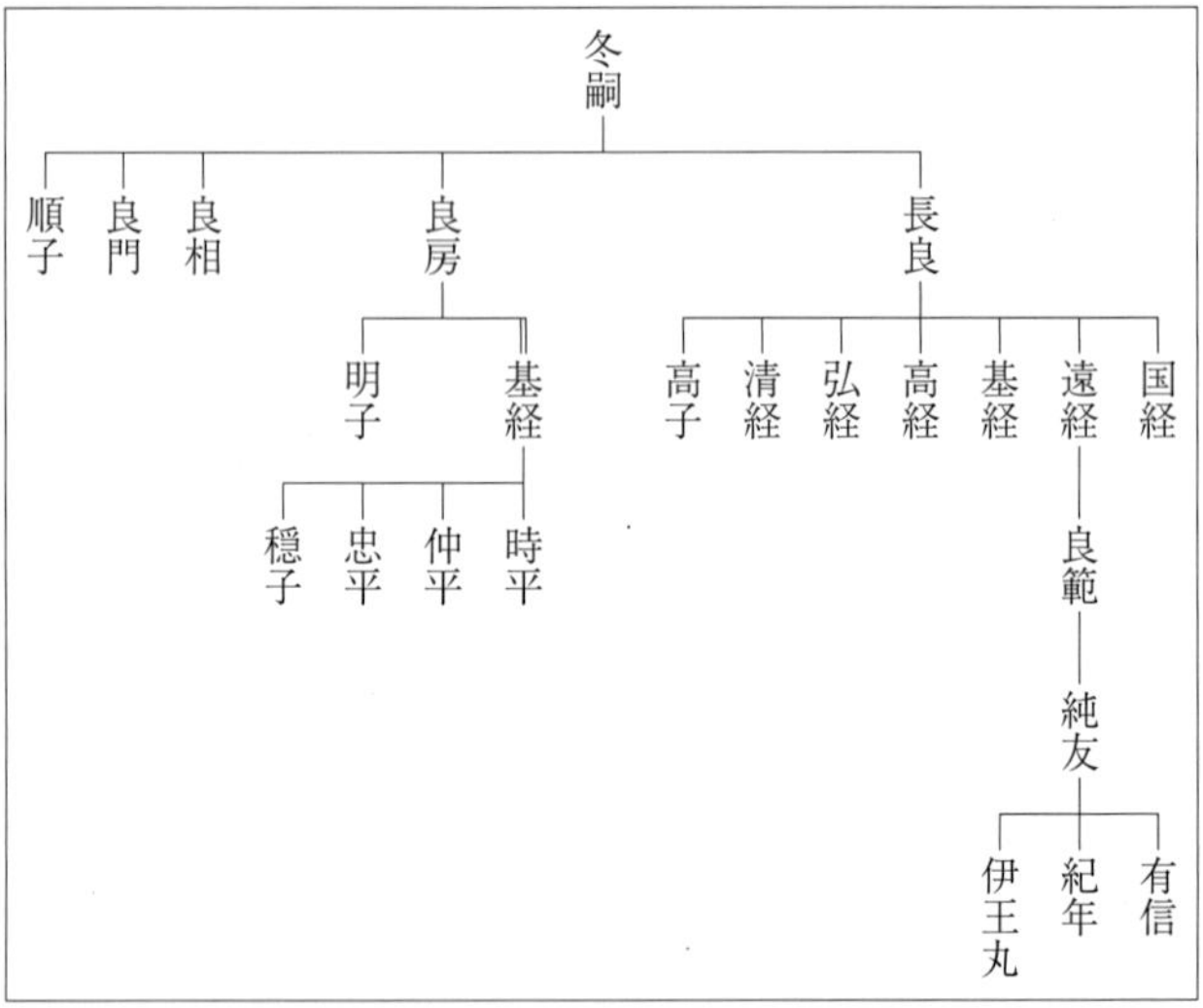

図表１－１　冬嗣とその系統

友の世代になるともはや五位の位を得ることも難しくなるのである。傍流の家は世代を重ねるごとに家格が低下するのは藤原氏北家だけのことではないが、長良の曾孫とはいえ純友が生まれ育った頃にはこうした状況になっていたのである。

以下では、長良とその子遠経の世代、遠経の子良範の世代、良範の子純友の世代、そしてそれぞれの時代の政治状況についてみていくことにしたい。

純友の曾祖父である藤原長良（八〇二〜八五六）は、その薨伝《こうでん》（貴族等が亡くなった時に正史に載せられる評伝、三位以上は薨伝、四位・五位は卒伝《そつでん》という）によると、高潔な性格で、兄弟愛が深く、他者に寛容で、誰からも慕われていたという（『日本文徳天皇実録《にほんもんとくてんのうじつろく》』斉衡《せいこう》三年七月癸卯条）。彼は、冬嗣の長子であったが、

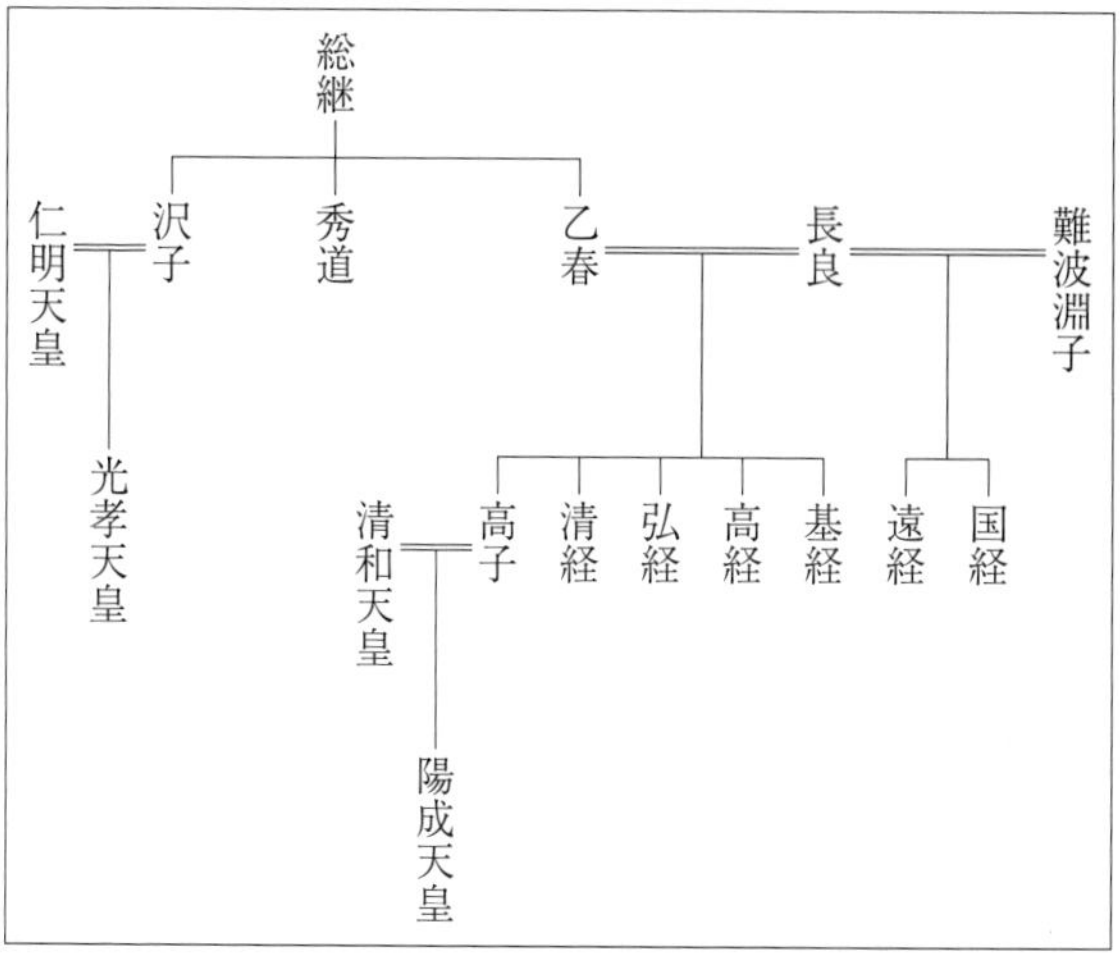

図表1−2　長良とその妻

官位は弟の良房に追い越され、斉衡三年（八五六）に従二位権中納言で亡くなる。しかし、三男の基経（八三六〜八九一）が弟良房の養子となって、良房の後を継いで摂政・関白となり、娘の高子《たかこ》も清《せい》和《わ》天皇の女御《にょうご》となって陽成《ようぜい》天皇を産んだことから、元慶《がんぎょう》元年（八七七）に正一位左大臣、二年後には太政大臣を贈られた。

長良には二人の妻がおり、最初の妻難波淵子《なにわのふちこ》との間に国経《くにつね》と遠経、次の妻藤原乙春《おとはる》との間に基経、高経《たかつね》、弘経《ひろつね》、清経《きよつね》、高子が生まれた（図表1−2）。なお、藤原乙春は藤原総継《ふさつぐ》の娘だが、同じく藤原総継の娘沢子《さわこ》が仁明《にんみょう》天皇の女御となり、その間に生まれたのが光孝《こうこう》天皇である。したがって、光孝天皇と基経らとは従兄弟であったことになる。

国経と遠経

長良の長男国経（八二八〜九〇八）は、貞観《じょうがん》元年（八五九）に叙爵《じょしゃく》（従五位下の位階を与えられること）され、左馬頭《さまのかみ》、蔵人頭を経て、元慶六年（八八二）に参議となり、延喜《えんぎ》八年（九〇八）に大納言で亡くなっている（図表1－3）。その弟の遠経（?～八八八）は、貞観八年に叙爵され、貞観一四年に右衛門権佐《うえもんごんのすけ》、元慶六年に蔵人頭となり、仁和《にんな》四年（八八八）に右大弁で亡くなっている。生年は不明だが、同母兄の国経が三二歳で叙爵されているので、遠経も同じ頃に叙爵されたとすると、承和《じょうわ》二年（八三五）頃の生まれとなろう。

国経・遠経兄弟の官位とその変遷は、異母弟基経が摂政・関白となり、その妹高子（八四二～九一〇）が陽成天皇の母となったことと深く関係する。貞観八年に起きた応天門《おうてんもん》の変により権力を掌握した藤原良房が貞観一四年に亡くなると、基経がその後を継ぎ、清和天皇を補佐して政治にあたった。清和天皇は貞観一八年にわずか九歳の陽成天皇に譲位する。陽成天皇即位後、基経が摂政となり、年号も元慶に改められる。そして、陽成朝最初の蔵人頭となったのが藤原国経である。蔵人頭は、天皇の身の回りの世話をする蔵人所《くろうどどころ》の長官で、天皇の最側近といえるポストである。国経はこの時五〇歳、これまでに経た官職は、侍従《じじゅう》、右兵衛権佐《うひょうえごんのすけ》、左馬頭などだが、基経は異母兄でベテランの国経に天皇の世話を委ねたのである。国経は元慶六年まで五年間にわたり蔵人頭をつとめ、参議に昇格する。国経に替わって蔵人頭となったのが弟の遠経である。遠経は次の光孝天皇の仁和二年まで五年にわたり蔵人頭を続ける。

国経・遠経は異母妹高子の中宮職《ちゅうぐうしき》、皇太后宮職《こうたいごうぐうしき》でも重要なポストについていた。高子は貞観八年に清和天皇の女御となり、貞観一〇年に貞明《さだあきら》親王（のちの陽成天皇）を産む。貞観一八年に陽成天皇

年	事　　項
天安 2（858）	清和天皇即位
貞観 1（859）	国経が従五位下に叙される
8（866）	遠経が従五位下に叙される，応天門の変が起きる，高子が清和天皇の女御になる
14（872）	良房死去（69歳）
貞観18（876）	陽成天皇即位，基経が摂政になる
元慶 1（877）	国経が蔵人頭になる，高子に皇太夫人の称号が与えられ，秀道が中宮大夫，遠経が中宮亮になる
3（879）	秀道が死去し，国経が中宮大夫になる
6（882）	陽成天皇が元服し，高子が皇太后になる，国経が皇太后宮大夫，参議になる，遠経が蔵人頭になる，皇太后宮少進良範が従五位下に叙される
元慶 8（884）	光孝天皇即位
仁和 1（885）	良範が侍従になる
2（886）	遠経が蔵人頭を辞す
仁和 3（887）	宇多天皇即位，高経・時平が蔵人頭になる
4（888）	遠経死去
寛平 3（891）	基経死去（56歳）
6（894）	国経が大宰権帥になる
8（896）	高子廃后
寛平 9（897）	醍醐天皇即位
延喜 1（901）	菅原道真が大宰府に左遷される
8（908）	国経死去（81歳）
9（909）	時平死去（39歳）

図表１－３　国経・遠経・良範らの略歴と政治の動き

が即位すると、翌年高子に皇太夫人《こうたいふじん》の称号が与えられ、中宮職が設けられた。その中宮職の長官である中宮大夫《ちゅうぐうたいふ》になったのが高子の母方の伯父である藤原秀道《ひでみち》、次官の中宮亮《ちゅうぐうすけ》になったのが当時従五位上右少弁だった遠経である。藤原秀道は元慶三年に死去し、替わって中宮大夫に任じられたのが国経である。元慶六年に陽成天皇が元服すると高子は皇太后《こうたいごう》となり、中宮職は皇太后宮職に改められる。国経は引き続き皇太后宮大夫となり、高子が廃后される寛平《かんぴょう》八年（八九六）まで皇太后宮大夫の職を続けている。

基経の同母兄弟

高経、弘経、清経ら基経の同母兄弟も基経や高子を側面から支えていた。

高経（?～八九〇）は、貞観一一年（八六九）に蔵人となり、貞観一三年に叙爵されている。その後、右衛門権佐、次侍従《じじじゅう》、左衛門佐《さえもんのすけ》、左中弁《さちゅうべん》となり、寛平二年（八九〇）に従四位下右兵衛督《うひょうえのかみ》で亡くなる。仁和二年（八八六）の芹川野《せりかわの》行幸時には光孝天皇が高経の別荘に立ち寄っている。また、仁和三年に宇多《うだ》天皇が二一歳で即位すると蔵人頭となり、天皇を補佐した。その時のもう一人の蔵人頭が甥である当時一七歳の時平（八七一～九〇九）であった。高経は五〇代だったので、時平との年齢差は三〇以上あったことになる。基経はベテランの高経を宇多天皇の最側近とするとともに、長男時平の政治指導も委ねたのであろう。基経の高経への信頼が厚かったことがわかる。

弘経（八三九～八八三）は、貞観六年に叙爵され、侍従、左衛門佐などを経て、元慶七年（八八三）に従四位下越前権守で亡くなっている。卒伝には、弘経の病が重くなった時、陽成天皇は叔父である弘経を見舞い、特別に従四位下の位階を授けたとある（『日本三代実録《にほんさんだいじつろく》』元慶七年正月一五日壬午条）。

清経（八四六～九一五）は、貞観一一年に叙爵され、右少将《うしょうじょう》、右中将《うちゅうじょう》、右兵衛督などを経て、昌泰《しょうたい》三年（九〇〇）に参議となり、延喜一五年（九一五）に七〇歳で死去する。清経は貞観一一年に貞明親王が立太子した時には春宮大進《とうぐうだいしん》（春宮坊《とうぐうぼう》の三等官）に、即位後には蔵人になっている。また、清経の妻藤原栄子《えいこ》は高子に仕えた女官であり、高子が元慶六年に皇太后となった時に従三位が授けられた。

このように、国経以下基経の兄弟たちは陽成・光孝朝、さらには宇多朝初期に政府の重要な官職に就いて基経政権を支えていた。しかし、弘経、遠経、高経が亡くなり、そして寛平三年に基経が五六歳で亡くなると、この世代が政権運営に関わることはなくなっていった。仁和三年に即位した宇多天皇は、基経を関白に任じて政治にあたらせていたが、基経が亡くなると自ら意欲的に政治にのりだし、さまざまな政治改革を行った。この宇多天皇のもとで頭角をあらわしたのが基経の長子である時平と菅原道真《すがわらのみちざね》である。国経・清経は基経没後も公卿の地位にいたが、もはや老齢であり、政治的な力を失っていた。『今昔物語集《こんじゃくものがたりしゅう》』二二―八「時平の大臣、国経の大納言の妻を取りし語」は、国経が年始の慶賀に訪れた時平に美貌の若妻を奪われるという話だが、国経が甥の時平から蔑《ないがし》ろにされていた様子を示している。

長良の孫・曾孫世代

宇多天皇は藤原時平と菅原道真を競わせるようにして政治をとらせていたが、寛平九年（八九七）に宇多天皇が一三歳の醍醐《だいご》天皇に譲位すると、道真の立場は微妙なものとなった。翌々年道真は右大臣となるが、学者出身の大臣は奈良時代の吉備真備《きびのまきび》以来であり、貴族たちの反発は相当なものであった。また、醍醐天皇の異母弟斉世《ときよ》親王が道真の娘を妻としていたことも、醍醐天皇に道真への警戒心をいだかせたようである。こうして起きたのが延喜元年（九〇一）の菅原道真左遷事件である。この事件後時平は名実ともに政府首班となるが、延喜九年に死去する。その後を継いだのが弟の忠平（八八〇～九四九）で、天暦《てんりゃく》三年（九四九）に七〇歳で亡くなるまで長期にわたり政権を担当した。

この時平・忠平の時代になると、長良の孫の世代の者たちは、その父たちの世代と異なり、政府の要職に就くことはなかった。次図（図表1－4）は、長良の孫の世代の官位を示したものである（『尊《そん》卑分脈《ぴぶんみゃく》』による）。長良の孫の世代は二〇人あまりいるが、基経の子供たちを除けば、四位にのぼった者が二人いるだけで、その他は全員五位以下である。いずれも三位あるいは四位となった長良の子の世代とは全く違った時代になったことがわかる。

さらに長良の曾孫の世代になると、基経の系統を除けば、五位以上の位階を持つ者は半数にも達していない。奈良・平安時代には五位以上の者が貴族とみなされ、さまざまな特権が与えられていた。藤原氏北家の長良の子孫とはいえ、基経の系統以外は、純友の世代になるとその五位にすらあまりなれないようになっていたのである。

藤原良範　『尊卑分脈』によると、遠経には良範、茂範《しげのり》、数範《かずのり》、尚範《なおのり》の四人の子がいた。四人のうち叙爵されたことが『日本三代実録』にみえるのは良範だけなので、『尊卑分脈』の系図の通り、良範は遠経の長子とみて間違いないであろう。

- 長良
  - 国経
    - 滋幹（従五位上、左少将）
    - 世光（正六位上、豊後介）
    - 忠幹（正四位上、山城守・大和守・河内守・中宮亮・勘解由長官）
    - 保命
  - 遠経
    - 良範（従五位下、筑前守・大宰少弐）
    - 茂範（従五位下、右衛門権佐・大蔵大輔）
    - 数範
    - 尚範（従五位下、修理亮・上野介・下野介）
  - 基経
    - 時平（正二位、左大臣）
    - 兼平（従三位、宮内卿）
    - 仲平（正二位、左大臣）
    - 忠平（従一位、太政大臣・摂政・関白）
    - 良平（従五位下）
  - 高経
    - 伊望（右兵衛少尉）
    - 惟岳（従五位下、大宰少弐・左馬頭）
    - 斯宗（従五位下、伊予介）
    - 斯繁（従五位下、河内守）
  - 弘経
    - 宜春（従五位下、右京亮）
    - 近相（従五位上、治部大輔）
    - 輔相
  - 清経
    - 元善（従五位下、伊予介）
    - 元忠（従五位上、播磨介）
    - 元名（正四位下、参議・宮内大輔）

図表１－４　長良の孫世代の位階と官職

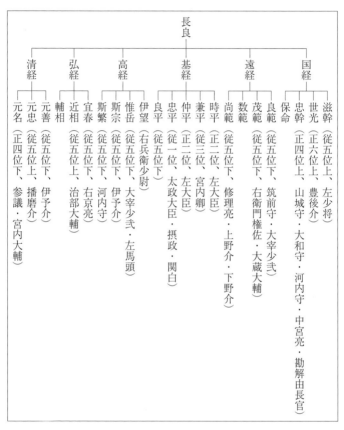

純友の父良範が最初に史料にみえるのは『日本三代実録』元慶六年（八八二）三月二八日庚午条で、皇太后宮少進正六位上藤原良範を従五位下にしたとある。これは、前日に皇太后高子の四十賀《しじゅうのが》の祝宴が催され、皇太后宮職の官人たちが叙位されたことによるものである。皇太后高子は良範の叔母であり、また伯父の国経や父の遠経も中宮職、皇太后宮職の大夫、亮になっていた。良範が皇太后宮少進となったのは、こうした関係からであろう。

良範も父祖と同じく三〇歳過ぎで叙位されたとすると、嘉祥《かしょう》三年（八五〇）頃の生まれとなるが、先述したように父遠経の生年が承和二年（八三五）頃とすると、良範が長子であることを考慮しても、やや早いように思われる。また、一般的な叙爵ではなく、慶賀による臨時の叙位なので、若年で叙爵された可能性もある。したがって、当時は二〇代前半に長子が生まれる場合が多いことなどを考え合わせると、良範の生年は斉衡二年（八五五）～貞観二年（八六〇）頃とみるのが妥当ではないだろうか。

良範は、仁和元年（八八五）四月に侍従に任じられる。『日本三代実録』仁和元年四月二七日辛巳条には、従五位下周防介藤原良範を侍従に任じるとあるので、良範はこの時までに皇太后宮少進を辞めて周防介になっていたようである。侍従は天皇の側にあって身辺の世話をする職で、この頃は貴族の子弟や諸王が任じられることが多かった。この時の蔵人頭は良範の父遠経なので、こうしたことから良範が侍従となったのであろう。なお、侍従は天皇が代わると交替することが多いので、良範が侍従をつとめていたのは光孝朝の間だけだと思われる。

良範の官人生活は順調にスタートした。しかし、宇多朝に入り、寛平三年（八九一）に基経が亡くなって時平の時代になると、先述したように良範らの世代はそれまでと異なる状況下におかれるようになる。良範にとっては父の遠経が仁和四年に亡くなったことも大きな痛手となった。当時の貴族社会では、父親が早くに亡くなると、その庇護を受けることができなくなるので、子の官位昇進に不利になる場合が多かった。政権担当者が基経から時平に変わり、さらに父親を失ったことにより、宇多朝以降は良範にとって不遇の時代となった。

『尊卑分脈』の良範の項には「従五下、筑前守・大宰少弐」とある。『尊卑分脈』のこうした注記には、最終の位階・官職が記されるのが一般的なので、良範の位階は元慶六年に従五位下を与えられて以降全く上がらなかったようである。また、時期は不明だが、最終的に良範は筑前守、大宰少弐になっている。しかし、その頃の大宰少弐、筑前守は高級貴族の子弟はあまり就かないポストであった。次表（図表1－5・図表1－6）は元慶～延喜年間（八七七～九二二）に大宰少弐、筑前守になった者の一覧である。それらの父の位階を調べてみると、多くが五位あるいは不詳である。四位以上の者も、子が大宰少弐、筑前守になった時にはほとんどが死去している。また、延喜元年（九〇一）に藤原菅《すが》根《ね》が蔵人頭から大宰少弐になったのは、菅原道真の大宰府左遷にともなうもので、明らかに左遷人事である。このように、当時の筑前守や大宰少弐は、非エリートの子弟が多く就くポストであり、良範にとっては不遇の時代だったといえよう。

良範の子供たち

このように、良範は宇多朝以降ポストに恵まれず、そのまま早くに亡くなったものと思われる。

年	位階・氏名	父と位階	備考
元慶2（878）12.11見	従五位下島田忠臣	不詳	
元慶3（879）1.11任	従五位上藤原房雄	従五位下藤原達良麿	
元慶4（880）1.11任	従五位上源精	正三位源定	定は863年死去
元慶8（884）11.25見	従五位下御室安常	不詳	
仁和1（885）2.20任	従五位下平好風	正四位下平茂世	
仁和1（885）閏3.20任	従五位下藤原連永	従五位上藤原直道	
寛平1（889）10.1見	従五位上清原令望	不詳	
寛平7（895）1.11任	従五位下藤原興範	従五位上藤原正世	
延喜1（901）1.25任	従五位上藤原菅根	従四位上藤原良尚	左遷人事
延喜5（905）10.1見	従五位上源輔行	不詳	
延喜6（906）9.17任	従五位下橘公頼	正四位上橘広相	広相は890年死去
延喜9（909）9.29任	従五位上平篤行	従五位上興我王	
延喜21（921）6.21見	藤原真材	藤原保生	

＊父の位階は『尊卑分脈』による

図表1－5　元慶～延喜年間の大宰少弐

年	位階・氏名	父と位階	備考
元慶2（878）2.15任	従五位上上毛野沢田	不詳	
元慶8（884）3.9任	従五位上興我王	一品是忠親王	884年の是忠は従五位上
仁和1（885）2.20任	従五位下布勢園公	不詳	
仁和3（887）8.2任	従五位下藤原興範	従五位上藤原正世	
寛平5（893）4.20任	従五位下藤原興範	従五位上藤原正世	
昌泰1（898）2.23任	従五位上在原棟梁	従四位上在原業平	業平は880年死去
延喜5（905）1.11任	従五位下南淵茂景	不詳	
延喜8（908）2.23任	従五位上平篤行	従五位上興我王	

＊父の位階は『尊卑分脈』による

図表1-6　元慶～延喜年間の筑前守

先述したように、純友らの世代、つまり長良の曾孫世代は五位にすらなれない者が多かった。そして、その世代の者が貴族社会の中で生き残れるかどうかは親により大きな差があった。

長良の曾孫は男性だけで四〇人近くいるが、次図（図表1-7）はそのうちの国経と遠経の系統の者およびその位階を示したものである（『尊卑分脈』による）。これによると、長良の曾孫世代は、親によって兄弟の多くが五位にのぼることができたところとそうではないところの二つがあることがわかる。具体的には、忠《ただ》幹《もと》には子供が二人、茂範には一人だが、いずれも四位、あるいは五位になっている。また、尚範は一二人の子供のうち、一人が三位、四人が五位となっている。

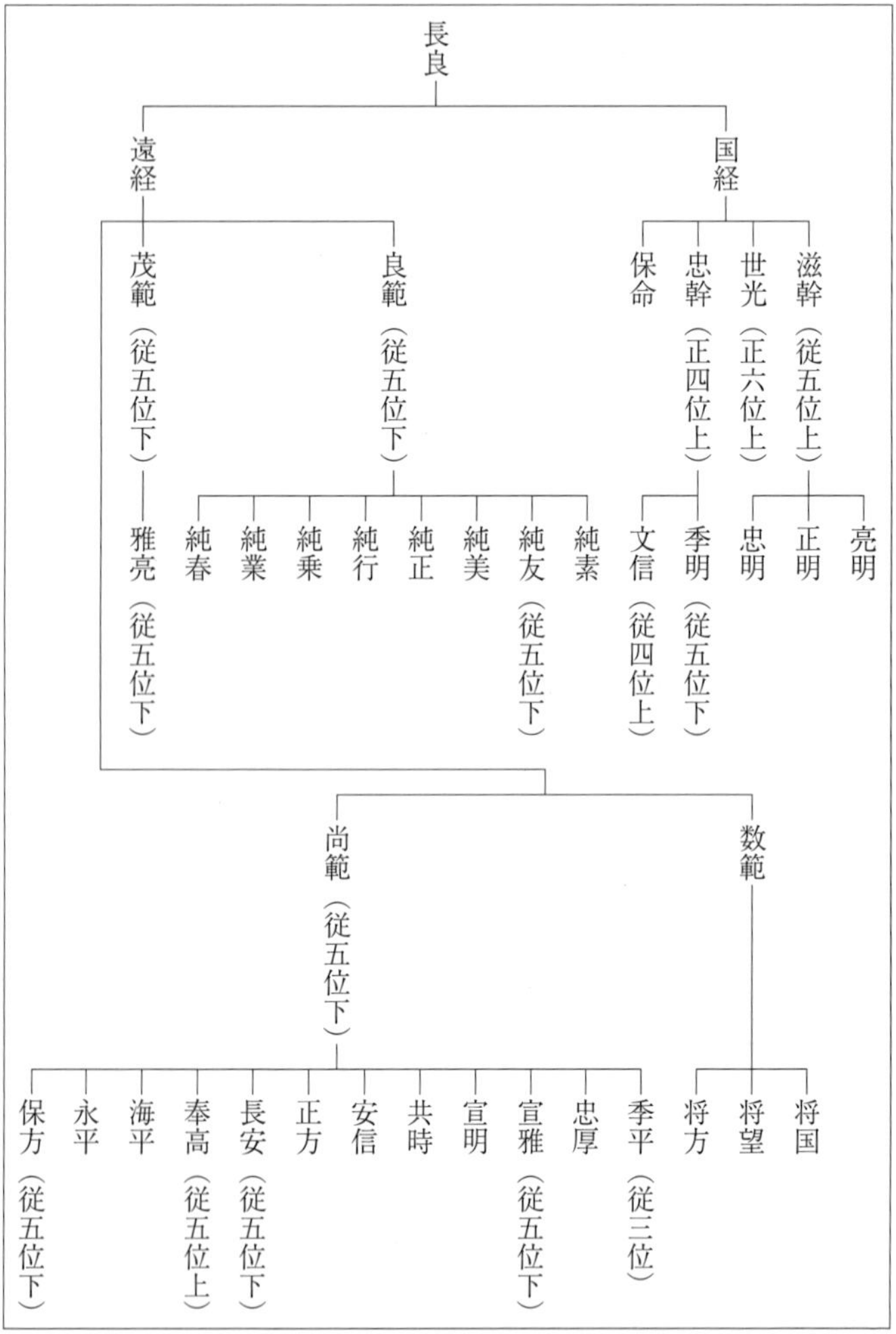

図表1-7　長良の曾孫世代の位階

一方、滋幹《しげもと》と数範には子供が三人いるが、いずれも五位にはなっていない。良範の子供たちも、将《まさ》門《かど》・純友の乱の最中に五位を与えられた純友を除けば、同じである。

こうした違いは、彼らの親が長期にわたり官人として活躍したか否かによるものであろう。国経の子忠幹は、天慶《てんぎょう》四年（九四一）八月二六日の光孝天皇忌日に際して陽成上皇の勅使となっている。また、天慶五年、天暦元年（九四七）に藤原師輔《もろすけ》の使者となり、天徳《てんとく》元年（九五七）には従四位上河内守とみえている。忠幹の生年は不明だが、父親の国経が延喜八年（九〇八）に八一歳で亡くなっているので、晩年に生まれた子供だとしても六〇歳近く、あるいはそれ以上の歳まで現役の官人だったと推定される。

次に、遠経の子尚範は、上野介在任時に平将門の乱が起き、天慶二年一二月に将門によって印鎰《いんやく》（国印と国府倉庫の鎰《かぎ》）を奪われ、国衙から追放されている。将門が上野国を攻略した時の受領《ずりょう》が純友の叔父だったことは興味深いが、それはともかく尚範の父遠経は仁和四年（八八八）に亡くなっているので、この時尚範は少なくとも五〇歳は越えていたことになる。なお、茂範については、寛平頃に右衛門権佐であったが、その後の経歴は不明である。

一方、国経の子滋幹は承平《じょうへい》元年（九三一）に死去している。先に触れたように、『今昔物語集』二二―八は、国経が時平に若妻を奪われるという話だが、それが滋幹の母（父は在原棟梁《ありはらのむねやな》）である。『今昔物語集』などには、この時滋幹の母は二〇歳余、時平は大臣、国経は大納言とある。また、時平の妻となった滋幹の母は、延喜六年に敦忠《あつただ》を産んでいる。こうしたことからすると、滋幹の出生年は昌泰三年（九〇〇）頃と考えられる（塩島翔「『後撰和歌集』七一〇番歌の子について」）。この推測が正しいとすると、滋幹は三〇歳余で亡くなったことになる。

遠経の子のうち、良範、茂範、尚範は従五位下になっているが、数範は無位である。良範らが五位になったのは、父の世代の例からすれば三〇代半ば以降であろう。そうすると、数範が無位なのはおそらくはそれまでに亡くなったためと考えられる。

このように、忠幹と尚範のように比較的長命で、長期にわたり官人を続けると、その子供たちの多くが五位となっているのに対し、滋幹や数範のように早くに亡くなると、その子供たちは五位になっていない。これは、一定の地位にある親がいれば、子供たちは官位を得る際に種々の便宜をはかってもらうことができたためである。つまり、親が官人として長期にわたり活躍したか否かが、子供のキャリアに大きな影響を与えていたのである。

そうすると、純友の兄弟のいずれもが五位になっていないのは、父親の良範の官人生活が短かったことによるものと思われる。宇多朝以降の良範はポストに恵まれなかっただけでなく、早くに亡くなったようである。純友をはじめとする良範の子供たちは困難な環境の中で生きねばならなかったのである。

なお、『尊卑分脈』によると、良範には八人の男子がおり、純友は三男であった。良範の生年が斉衡二年（八五五）～貞観二年（八六〇）頃で、良範が二五～三〇歳の時に純友が生まれたとすると、純友の生年は元慶四年（八八〇）～寛平二年（八九〇）頃となろう。そうすると、天慶三年に反乱を起こした頃の純友の年齢は五〇〜六〇歳、つまり五〇代前後だったことになる。純友の年齢については大雑把なことしかわからないが、少なくとも反乱時の純友が若くはなかったことは確かである。

純友伊予国豪族出自説

ここで、純友は実は伊予国の豪族出身という説があること、しかしその説は成り立たないことを述べておく。

この説が根拠とする史料は、『大村家譜《おおむらかふ》』『系図纂要《けいずさんよう》』（藤原・有馬）など九州の近世大名家の系図類である。そこでは純友を、「実は伊予河野高橋前司友久《ともひさ》の男」「実は伊予前司高橋友久の男」としている。河野氏、高橋氏は伊予国の豪族なので、これらによれば純友は伊予国豪族の出身ということになる。しかし、詳しくは第七章で述べるが、これらの系図類は近世になってつくられたものであり、その信頼性はきわめて低い。一方、これまで依拠してきた『尊卑分脈』は、その成立こそ一四世紀に下るものの、十分に信頼でき、資料的価値が高いものであることは周知の通りである。

近世のこうした系図類の信憑性の低さは、その内容からもうかがうことができる。平安時代前期の人名をみると、兄弟で同じ文字を使用している例がしばしばみられる。純友の父祖でいえば、祖父世代（国経、遠経、基経）の「経」、父世代（良範、茂範、尚範）の「範」がそれであり、これを通字《つうじ》とよぶ。こうした通字は、平安時代前期は兄弟間でもっぱらみられ、親子間でも用いられるようになるのは平安時代後期になってからのことである（太田亮「系図と系譜」）。ところが、『系図纂要』などでは、純友、諸純《もろずみ》、直純《なおずみ》というように親子間で通字がみられ、こうしたことも近世の系図類は信憑性が低いことを示している。なお、伊予国司で姓名が高橋友久という者を史料上で確認することはできない。

このように、純友伊予国豪族出自説は近世につくられたものであり、とうてい信用できないのである。

2　藤原氏と武人

藤原純友とほぼ同時期に東国で反乱を起こした平将門《たいらのまさかど》は桓武平氏《かんむ》である。桓武平氏といえば清和源氏《せいわ》とならぶ著名な武門であり、将門が多くの将兵を率いて坂東諸国を制圧したことは理解しやすい。これに対し、純友の出身氏族である藤原氏、とりわけ北家は官僚政治家を多く輩出しているため、藤原北家出身の純友が瀬戸内海賊の首領となったことについては違和感があるかもしれない。古代の軍事氏族といえば、大伴氏《おおとも》、物部氏《もののべ》、佐伯氏《さえき》、さらに坂上氏《さかのうえ》、小野氏《おの》、紀氏《き》などが有名で、藤原氏は一般的には軍事氏族とはみなされていない。しかし、そうしたイメージとは異なり、実際には平安時代中期に至るまで多くの武人を輩出していたのである。本節ではこの点について述べていきたい。なお、以下では、中世の武士と区別するため、平安時代中期までの軍事・武芸に秀でた者を武人とよぶことにする。

式家と北家の武人

藤原氏出身の武人のうち、北家では、小黒麻呂《おぐろまろ》、長岡《ながおか》、大津《おおつ》、高房《たかふさ》などがいる（図表1－8）。

小黒麻呂は、北家の祖房前《ふささき》の孫で、最終官位は正三位大納言。藤原仲麻呂《なかまろ》の乱の功により従五位下に叙され、宝亀《ほうき》元年（七七〇）に中衛《ちゅうえ》少将、宝亀七年に右衛士督《うえじのかみ》となる。宝亀一一年、伊治公呰麻《これはるのきみあざま》呂《ろ》が陸奥国で反乱を起こすと持節《じせつ》征東大使となり、現地に赴いた。

冬嗣の弟である長岡は、左兵衛少尉、右衛門佐、右馬頭を歴任し、卒伝には「最も武芸に長じ、五箇年間、歩騎《ほき》両射の節に供す」とある（『続日本後紀《しょくにほんこうき》』嘉祥二年二月辛卯条）。同じく冬嗣の弟の大津は、右近衛将監《うこのえしょうげん》、左馬助、左衛門佐などを歴任し、承和《じょうわ》の変の際には宇治橋《うじばし》の警固にあたっている。卒伝には「尤《もっと》も歩射《ほしゃ》を善《よ》くし、頗《すこぶ》る等輩《とうはい》を超《こ》ゆ」とある（『日本文徳天皇実録』斉衡元年一〇月庚申条）。

高房は、房前の子左大臣魚名《うおな》の曾孫で、最終官位は正五位下越前守。卒伝には「身長六尺、膂力《りょりょく》人に過ぎ、甚《はなは》だ意気有りて、細忌《さいき》に拘《かか》はらず」とある（『日本文徳天皇実録』仁寿二年二月壬戌条）。美濃介の時、犯罪をきびしく摘発したので、国内には盗賊がいなくなったという。また、同国蓆田《むしろだ》郡の妖巫《ようふ》が人々を惑わした際には、「単騎入部し、其の類を追捕」した（同前）。

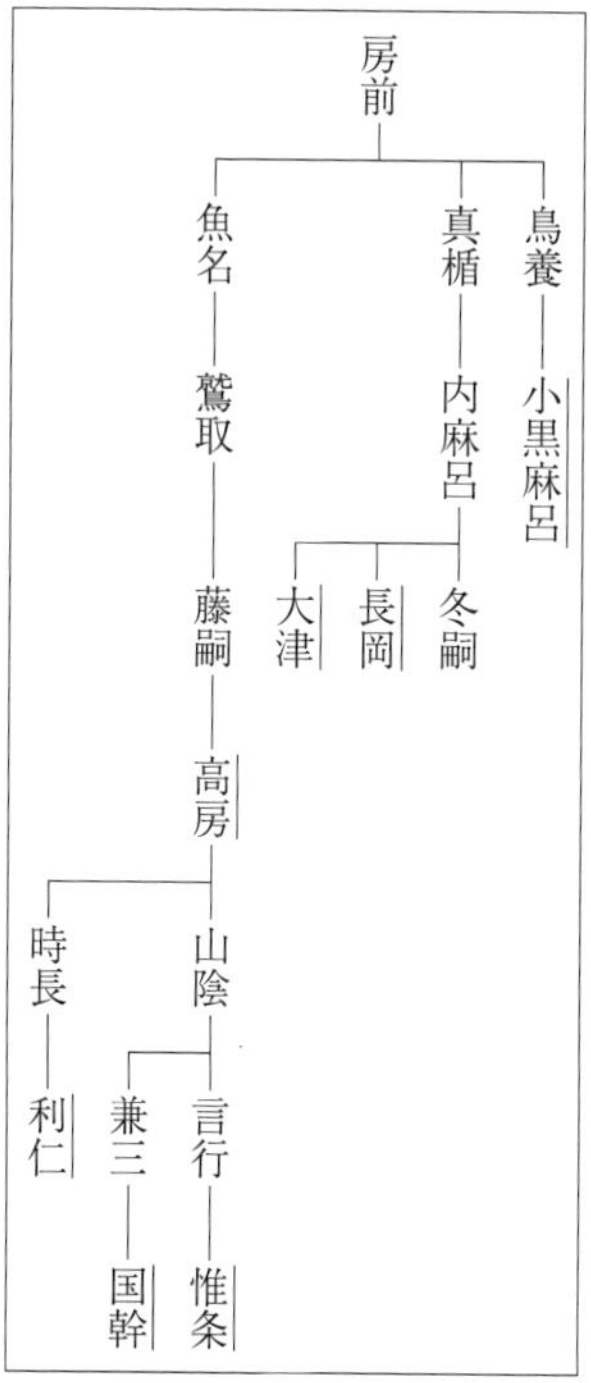

図表1－8　北家の武人

図表1－9
式家の武人

利仁《りじん》将軍として有名な藤原利仁《としひと》は高房の孫である。同じく高房の曾孫国幹《くにもと》は、将門の乱の時に征東副将軍となり、従兄弟の上野権介惟条《これなが》は天慶二年（九三九）に国内群盗追捕官符を蒙っている。

式家では宇合《うまかい》、蔵下麻呂《くらじまろ》、春津《はるつ》、忠文《ただふみ》などがいる（図表1－9）。

宇合は、不比等《ふひと》の三男、式家の祖で、最終官位は正三位参議。神亀《じんき》元年（七二四）に蝦夷《えみし》が反乱を起こすと、持節大将軍となって遠征し、翌年征夷の功により従三位勲二等が授けられている。天平《てんぴょう》元年（七二九）の長屋王《ながやおう》の変に際しては六衛府《ろくえふ》の兵を率いて王の宅を囲み、天平四年には西海道節度《せつど》使《し》となっている。

蔵下麻呂は宇合の子で、最終官位は従三位参議。天平宝字《てんぴょうほうじ》八年（七六四）の藤原仲麻呂の乱の際、近江国高島《たかしま》郡三尾崎《みおのさき》で討賊将軍として官軍を率いて戦い、その功により従五位下から一挙に従三位に叙された。同年、淳仁《じゅんにん》天皇が廃されると、右兵衛督として同天皇を淡路国の配所に送り、翌年その功により勲二等が授けられ、また近衛大将となった。なお、蔵下麻呂の兄で従三位参議の百川《ももかわ》も、右兵衛督、中衛大将となり、神護景雲《じんごけいうん》二年（七六八）には検校《けんぎょう》兵庫《ひょうご》副将軍に任じられている。

百川の孫春津は、左近衛将監、右馬頭を経るとともに、「唯《た》だ馬を是《こ》れ好み、時々之《これ》を観《み》る」とあり（『日本三代実録』貞観元年七月一三日丙寅条）、武人的な人物であった。

春津の孫忠文の最終官位は正四位下参議。天慶三年（九四〇）、将門の乱が起きると征東大将軍となって東国に下り、翌年藤原純友が大宰府を攻略すると征西大将軍に任じられる。『江談抄《ごうだんしょう》』には、忠文が暴れ馬を静めた話や鷹を好んだ話が載せられている（一―一六、三―二二）。なお、弟の忠舒《ただのぶ》は、将門の乱時に東海道追捕使《ついぶし》、さらに兄の忠文が征東大将軍に任じられるとその副将軍となり、将門の死後は残敵掃討にあたっている。

黒麻呂流藤原氏

藤原氏のなかで九世紀から一一世紀前半まで著名な武人を続けて出したのが黒麻《くろま》呂《ろ》流藤原氏である。黒麻呂は藤原南家武智麻呂《むちまろ》の孫で、上総介、右中弁、刑部《ぎょうぶ》大輔《たいふ》などを歴任して、弘仁元年（八一〇）六月に従四位下で卒している（図表1-10）。その子の春継《はるつぐ》は『尊卑分脈』に「従五位上常陸介」とみえ、晩年は父黒麻呂が設けた上総国藻原庄《もはらのしょう》で起居し、そこで亡くなった。その子良尚《よしひさ》は都で武官として活躍し、右近衛権将監、左近衛少将、左近衛権中将を経て、元慶元年（八七七）に従四位上右兵衛督兼相模守で卒している。卒伝には「武芸を好み、膂力《りょりょく》人に過ぎ、甚《はなは》だ膽気《たんき》有り」とあるが（『日本三代実録』元慶元年三月一〇日辛亥条）、これは母が「常陸大目坂上盛女《もりめ》」（『尊卑分脈』）であり、東国の荘園で育ったことと関係があるのかもしれない。

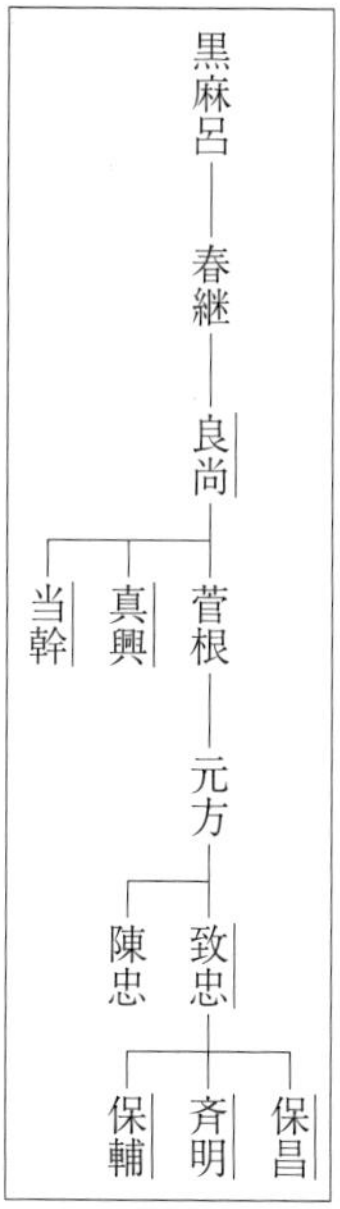

図表1-10
南家黒麻呂流の武人

良尚の子の菅根《すがね》は父と異なり文人貴族として立身出世し、文章《もんじょう》博士《はかせ》、侍読《じどく》、蔵人頭を経て、延喜八年（九〇八）に従四位上参議で死去した。父の血を継いだのは真《さね》興《おき》と当幹《まさもと》で、真興は左衛門権佐、陸奥守、当幹は左衛門尉、左衛門権佐となっている。

菅根の子元方《もとかた》は父と同じく文章得業生《もんじょうとくぎょうしょう》、対策《たいさく》、式部大輔を経て天慶二年（九三九）に参議となり、天暦七年（九五三）に正三位大納言で亡くなった。しかし一方で、将門の乱に際して大将軍の候補となった話（『江談抄』二―四四）、娘の祐姫《すけひめ》が産んだ広平《ひろひら》親王が即位できなかったので怨霊《おんりょう》となった話なども残されている（『栄花物語《えいがものがたり》』巻第一）。

元方の子で武人として著名なのが致忠《むねただ》である。致忠は備後守、右衛門権佐、陸奥守を経て右馬権頭となるが、長保《ちょうほう》元年（九九九）に美濃国で前相模介橘輔政《すけまさ》の子ならびに郎等を殺害したことにより、佐渡国に流されている。左衛門権佐を経て信濃守となり、「受領は倒るる所に土をつかめ」（『今昔物語集』二八―三八）と語った藤原陳忠《のぶただ》も元方の子である。

致忠の子が保昌《やすまさ》、斉明《としあき》、保輔《やすすけ》である。保昌は「勇士武略の長」（『尊卑分脈』）、「心猛くして弓箭《きゅうせん》の道に達《いた》れり」（『今昔物語集』一九―七）、「世に勝れたる四人の武士」の一人（『十訓抄《じっきんしょう》』第三）とされる、摂関期を代表する武人であった。日向・肥後・大和・丹後・摂津国の受領や左馬権頭をつとめ、また藤原道長の家司《けいし》、藤原実資《さねすけ》の家人《けにん》でもあった。長和《ちょうわ》二年（一〇一三）には保昌が従者を殺すという事件、寛仁《かんにん》元年（一〇一七）には保昌の郎等清原致信《むねのぶ》が源頼親《よりちか》の従者秦氏元《はたのうじもと》に殺されるという事件が起きている。

斉明は、左兵衛尉であったが、寛和《かんな》元年（九八五）に大江匡衡《おおえのまさひら》を傷つけたことで検非違使《けびいし》に追われた。一旦は船に乗って逃亡したが、東国に向かおうとしたところを近江国で惟文王《これぶみおう》によって射殺された。

保輔は斉明の弟で、『宇治拾遺物語《うじしゅういものがたり》』など多くの説話集に盗賊としてみえ、『尊卑分脈』には「強盗の張本、本朝第一の武略、追討宣旨を蒙《こう》むる事十五度、後に禁獄《きんごく》され自害す」とある。寛和元年に藤原季孝《すえたか》を刃傷し、三年後に捕らえられ、獄中で自殺した。

このように黒麻呂流藤原氏は九世紀から一一世紀前半まで代々にわたって多くの武人を輩出していた。

国経の系統と武人

黒麻呂流と同様に摂関期まで武人を出しているのが、長良の子国経の系統である（図表1－11）。国経の経歴は前に述べたが、実は国経は寛平年間に新羅《しらぎ》海賊が北九州を襲った時に大宰権帥《だざいごんのそち》に任じられているのである。貞観一一年（八六九）、新羅海賊が博多《はかた》津《つ》に来襲し、豊前国の絹綿を略奪するという事件が起きた。その後、政府は北九州の警備を強化したが、新羅海賊は寛平五年（八九三）に肥前国、翌年には対馬島を襲った。寛平六年四月、大宰府は新羅海賊を討伐するため将軍を派遣してほしいとの上奏を行った。これに応じて大宰権帥に任じられたのが国経である。新羅海賊

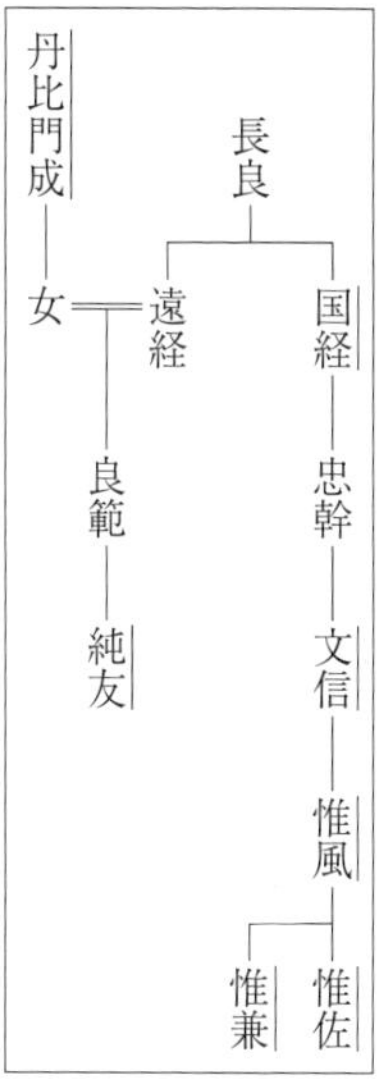

図表1－11
国経の系統の武人と純友

への警備が続く貞観一五年に大宰権帥となった在原行平《ありはらのゆきひら》は現地に赴任していること、また国経は近衛・兵衛を随身《ずいじん》として給わっていることから、国経も実際に大宰府に赴いた可能性が高い。この時国経は六七歳であった。それでも大宰権帥に任じられたのは、左衛門大尉、右兵衛権佐、左馬頭などの武官を歴任したことにみられるように、国経には武人的素養があったためと考えられる。

国経の子忠幹の経歴は前述した通りで、特に武官歴はないが、その子文信《ふみのぶ》は鎮守府《ちんじゅふ》将軍・右馬権頭になっている。文信は天元《てんげん》四年（九八一）筑後守になる。永祚《えいそ》元年（九八九）、文信は大和国金峰山《きんぷせん》からの帰途、襲撃を受ける。犯人は文信が筑後守だった時に父母兄弟姉妹を殺された者で、その復讐のため文信を襲ったのであった。また、「（前）筑後守文信濫行《らんぎょう》事」とあるように（『小記目録《しょうきもくろく》』永延《えいえん》二年（九八八）正月九日条）、詳細は不明だが、文信はその前年にも何か暴力事件を起こしていたようである。

文信の子の惟風《これかぜ》は、父の文信が襲われた時に検非違使だったので、襲撃犯人を受け取り、その左右の手指を切り、足を折っている。また、同年の大原野祭《おおはらののまつり》では濫行を取り締まっている。その後、惟風は武蔵守となるが、長保五年（一〇〇三）に隣国の下総国で平維良《これよし》が国府を襲い、官物を略奪するという事件が起きる。この時、維良追捕の命令を受けたのが惟風であった。寛弘《かんこう》七年（一〇一〇）、惟風は備前守に任じられる。この年、前出羽介源信親《のぶちか》が射られるという事件が起きるが、備前国に逃亡した犯人平季忠《すえただ》を捕らえたのも惟風であった。

惟風の子の惟佐《これすけ》は帯刀長《たちはきのおさ》を経て検非違使になっている。一方で、治安《ちあん》元年（一〇二一）には、春宮史生を殺害した左衛門尉平致経《むねつね》の関係者として検非違使の取り調べを受けている。もう一人の子の惟《これ》兼《かね》は中宮侍長《さむらいのおさ》で、長和二年（一〇一三）に殺人事件を起こしている。
このように国経の系統からも一一世紀前半まで多くの武人が出ていた。
以上、藤原氏が八世紀から一一世紀前半まで多くの武人を輩出したことを述べてきた。平安時代になると貴族の多くが藤原氏によって占められるので、藤原氏は官僚政治家のイメージが強いが、その一方で多くの武人も出していたのである。そしてその一人が藤原純友であった。

純友周辺の武人

藤原氏と武人についてみてきたが、純友の周辺、つまり父方と母方にいかなる武人がいたのかをみておくことにしたい。

まず父方だが、純友の父良範、祖父遠経については武人であった様子はうかがえない。ただ、先述した通り、純友の大叔父にあたる国経は武官を歴任し、寛平年間に新羅海賊が北九州を襲った時に大宰権帥に任じられている。また、国経の孫、曾孫には武人の文信、惟風がいた。こうした親族が純友のごく近くにいたこと、つまり純友にも同じ血が流れていることは重要である。

次に、母方をみておきたい。残念ながら、純友の母は誰かはわからないが、注目したいのは、純友の父良範の母が丹比門成《たじひのかどなり》の娘だったことである。門成は承和九年（八四二）の承和の変の際に大原道《おおはらみち》の警護を担当した武人である。天長《てんちょう》三年（八二六）に従五位下に叙され、丹波介、武蔵守、大和守などの地方官を歴任した。卒伝には、門成が丹波国司であった時、人々が従わなかったため刑罰を厳格にして「猛政」を行ったところ、国内が鎮まったとある（『日本文徳天皇実録』仁寿三年三月壬子条）。また、武蔵国には盗賊が横行していたが、門成が赴任してしばらくすると収まったとされている。このように、武人である門成は徹底した武断政治を行ったようである。

当時の武人たちを調べてみると、母親が武人の娘という例がしばしばみられる。たとえば、先に述べたように藤原北家の長岡、高房は武人だったが、長岡の母は陸奥鎮守将軍の坂上苅田麻呂《かりたまろ》の娘、高房の母は征夷大将軍紀古佐美《こさみ》の娘である。また、河内源氏の祖である源頼信《よりのぶ》の母は南家黒麻呂流の武人藤原致忠の娘である。このように、武人の血統といえばもっぱら父方が注目されるが、母方も決して無視はできない。父良範を介してではあるが、純友が武人である丹比門成の血を受け継いでいることは忘れてはならないところである。

3　純友と陽成上皇

純友と伊予掾

承平六年（九三六）に純友が政府から海賊追捕を命じられ、伊予国に向かったことが、『本朝世紀《ほんちょうせいき》』天慶二年一二月二一日条、『吏部王記《りほうおうき》』承平六年三月某日条にみえている。純友が史料に姿をあらわすのはこれが最初であり、それ以前の純友の動向を史料から直接に知ることはできない。ただ、それらの史料には純友が前伊予掾《さきのいよのじょう》であったと記されている。ここではそれを手がかりに、承平六年より以前の純友について考えていきたい。

律令の規定によると、国司は守《かみ》・介《すけ》・掾《じょう》・目《さかん》の四つのポスト（四等官《しとうかん》）からなり、三等官である掾は公文書の審査、官人の取り締まりなどを職務とした。では、純友はどのような経緯で伊予掾になったのであろうか。

そのことを考えるため、九世紀末から一〇世紀中葉までに諸国の掾になった者がどのようにして掾のポストを得たかを調べてみると、いくつかの類型があることがわかる。まず一つめは中央官人の兼《けん》官《かん》である。中央官人には季禄《きろく》などの給与が与えられていたが、この頃になると中央財政収入が減少し、規定通りに給与が支払われなくなった。このため、中央官人が国司を兼ねて収入を増やすという方法がしばしばとられた。中央官人と異なり、国司には公廨稲《くがいとう》という出挙稲《すいことう》収入が特別に与えられていたためである。たとえば、左京亮《すけ》藤原三仁《みつひと》は伊勢権大掾を兼ね、大外記《だいげき》伴久永《とものひさなが》は讃岐権掾を兼ねている。この場合は、国司のポストに就くのは公廨稲収入を得ることが目的であるから、現地に赴任しない、つまり遙任《ようにん》が一般的であった。

二つめは文章生《もんじょうしょう》である。当時の大学では文章道《もんじょうどう》（漢文学や中国史を学ぶ過程）が盛んであり、それを学ぶ文章生のうち成績優秀者にはさまざまな給費、すなわち学問料が支給された。その一つが国司のポストを与え、そこから得られる公廨稲収入を学問料とするというものである。たとえば、大江重《おおえのしげ》光《みつ》は文章生から近江権大掾に、高階成忠《たかしなのしげただ》は文章生から美作権大掾になっている。この場合も、公廨稲収入を得ることが目的であるから、遙任が一般的であった。

三つめは、年労《ねんろう》（諸司労《しょしろう》）によるものである。これは中央官人として官司に一定期間勤務したことが認められ、掾や目などのポストが与えられるものである。たとえば、紀河望《かわもち》が穀倉院預《こくそういんあずかり》の労により因幡権掾に、平随時《よりとき》が内豎頭《ないじゅのかみ》の労により美濃大掾に任じられている。

四つめは年給《ねんきゅう》である。年給とは、天皇、皇族、貴族などに対して一定の位階や官職に就く者を推薦する権利を与えるもので、天皇が推薦権を持つ内給《ないきゅう》の他、院宮給《いんぐうきゅう》、親王給、公卿給などがあった。推薦権を与えられた者（給主《きゅうしゅ》）は、近親者や家政機関職員などを優遇するため、それを用いて彼らに位階や官職を与えた。この他、位階や官職を希望する者を募り、彼らを推薦する見返りに叙料・任料という収入を得ることもあった。この場合は成功《じょうごう》、つまり売位・売官である。

これら以外にも、将門の乱鎮圧に向かう者を東国の掾に任じる例や左遷人事の例もあるが、だいたいは右にあげた四つのいずれかにあてはまるようである。

純友と年給

純友が伊予掾になったのはいずれによるものであろうか。一つめの兼官と二つめの文章生はおそらくあてはまらないであろう。まず兼官だが、もし伊予掾が兼官で、本官が別にあったならば、前伊予掾ではなく、前（本官名）と書かれたはずである。前伊予掾とあるのは、伊予掾が兼官ではなかったことを示している。次の文章生も、純友が優秀な文章生であったとはとうてい考えられないので、ありえないであろう。

三つめの年労については、それにより伊予掾のポストを得たと考えられなくはない。権力中枢から離れているとはいえ純友は北家の一員であり、父親の良範も五位になっているので、官司での働きが認められて伊予掾になったのかもしれない。ただ、年労によって掾のポストに就ける官司は内豎所《ないじゅどころ》、御書所《ごしょどころ》など一部の内廷官司に限られており、兼官や年給に比べて年労により掾となった者の数は少ないので、その可能性はかなり低いといえよう。なお、純友なら文官ではなく武官の職がふさわしいが、『延喜式《えんぎしき》』式部上に「凡そ左右近衛、長上《ちょうじょう》は十五年、番上《ばんじょう》は二十年を限りとせよ、毎年各二人、左右兵衛は各一人、左右衛門は隔年に各一人、諸国の史生《ししょう》に任ぜよ」とあり、近衛や兵衛などの武官が得られる国司のポストは四等官よりさらに下の史生である。ちなみに、この時期に衛府などの軍事警察関係官司の下級官人が諸国の掾になった例はない。

四つめの年給だが、諸国の掾を推薦する権利を持っているのは天皇、上皇、親王、公卿などである。それらの給主が近親者や家政機関職員などを優遇するために年給を用いていたとすると、純友が年給により伊予掾となった可能性は十分にある。なぜなら、純友の父良範と陽成上皇、藤原時平・忠平とは従兄弟の関係にあり、純友はそれらの近親者ともいえるからである。また、当時は皇族や上級貴族などのいわゆる院宮王臣家《いんぐうおうしんけ》が力を伸ばした時期であり、多くの者が家政機関に所属し、活発な活動を展開していた。故に、純友がそうした院宮王臣家に家政機関職員として仕え、そこから推薦されて伊予掾になったというのは十分ありうることである。

以上のことからすると、純友が伊予掾となったのは年給によった可能性が最も高いといえよう。

陽成上皇と武人

それでは、純友は誰の年給によって伊予掾になったかだが、おそらく陽成上皇であり、さらにいえば、純友は陽成上皇に仕えていて、その結果伊予掾に推薦されたのではないだろうか。

陽成上皇母の藤原高子は純友の祖父遠経の異母妹である。遠経は陽成上皇の伯父、純友の父良範は陽成上皇の従兄弟なので、純友は陽成上皇の近親者といえる。陽成上皇の近親者で年給により叙位された者に藤原元名《もとな》がいる。元名は延喜一四年（九一四）に陽成上皇の年給により従五位下に叙される。元名の父清経は陽成上皇の叔父なので、元名は陽成上皇の従兄弟にあたる。元名が年給により叙位されたのはこうした関係からであろう。故に、陽成上皇が近親者である純友を伊予掾に推薦した可能性は十分にある。

ただ、純友の場合は陽成上皇の近親者であるだけでなく、陽成上皇に仕えてもいたのではないだろうか。理由の一つめは、純友の祖父遠経やその兄国経は陽成朝に蔵人頭をつとめ、また国経や遠経は高子のために設けられた中宮職、皇太后宮職の大夫、亮、良範も皇太后宮少進だったからである。つまり、祖父や父が陽成上皇およびその母高子の側近であったことからすれば、純友が陽成上皇の家政機関職員であったとしても決しておかしくはない。

純友が陽成上皇に仕えていたとするもう一つの理由は、陽成上皇は多くの武人をかかえ、暴力事件をたびたび起こしていたからである。次章で詳しく述べるが、当時の富豪層は上皇などの院宮王臣家と手を結び、国司による地方支配に抵抗していた。なかには、院宮王臣家の使者自らが暴力事件を起こすこともあった。参河国では院宮王臣家の狩使《かりのつかい》が農民の馬を酷使するだけでなく、民家に乱入して略奪行為をはたらいていた。播磨国でも院宮王臣家の使者による人々への暴行が問題となっていた（『類聚三代格《るいじゅうさんだいきゃく》』延喜五年一一月三日官符、同延喜元年一二月二一日官符）。このように当時の院宮王臣家の使者はたびたび暴力事件を起こしていたのだが、その典型が陽成上皇であった。

陽成天皇は九歳で即位するが、内裏で馬を飼うなど奇行が目立ち、宮中での乳母子《めのとご》殺害事件を契機に、わずか一七歳で基経により廃位されてしまう。しかし、その後も素行は改まらず、繰り返し暴力事件を起こした。『扶桑略記』寛平元年（八八九）八月一〇日条、一〇月二五日条、一〇月二九日条、一一月二日条、一一月二四日条には、陽成上皇と従者たちの問題行動が詳細に記されている。一〇月二五日条には、陽成上皇が六条の下人《げにん》の家に馬で乗り付け、従者たちが人々に鞭をふるったため、女子供が逃げまどったとある。一一月二日条には、摂津国嶋下郡《しましも》で従者を率いて備後守藤原氏助《うじすけ》の宅に乱入し、近くの山で狩猟をした際には弓矢を持って武装した騎馬の従者が前後を固めていたとある。つまり、「陽成院の人、世間に充満し、動《やや》もすれば陵轢《りょうれき》を致す、天下愁苦《しゅうく》し、諸人嗷々《ごうごう》す、若し濫行の徒有らば、只だ彼の院の人と号す（陽成院に仕えている者が非常にたくさんいて、ともすれば暴行をはたらく、人々はみな愁い苦しみ、強く非難している、乱暴な者がいれば、それは陽成院に仕えている者だといわれている）」とあるように、陽成上皇のまわりには武人が多く集まっていた。そしてその一人が純友だったのではないだろうか。

なお、陽成上皇に仕えていた者のうち年給により官職を得た例として藤原安親《やすちか》をあげることができる。藤原安親は天慶八年（九四五）に陽成上皇の年給によって木工少允《もくしょうじょう》に任じられるが、安親は陽成上皇の殿上人であった（『公卿補任』）。陽成上皇とは別の親王の年給の事例だが、長年にわたる奉仕が認められて下野掾になった者もいる（『紀家集』紙背文書）。

このように、純友は陽成上皇の近親者であるとともに、家政職員であり、こうしたことから純友は陽成上皇の推薦で伊予掾となったのではないだろうか。

以上、どのような経緯で純友が伊予掾になったかを検討した。もちろん、直接的な史料の裏付けはないのであくまで推測だが、純友は陽成上皇の年給によって伊予掾になったと想定されるのである。

第二章　騒乱の時代

1　地方支配の変化と騒乱の概要

九世紀〜一〇世紀初頭の騒乱と将門・純友の乱

天慶《てんぎょう》年間（九三八〜九四六）に、東国では平将門が、西国では藤原純友が反乱を起こす。将門・純友の乱である。しかし、この乱は一〇世紀になっていきなり生じたのではない。九世紀前半から全国各地で受領《ずりょう》の襲撃や群盗・海賊の蜂起がみられ、将門・純友の乱はそうした騒乱の延長線上に起きたのである。九世紀〜一〇世紀初頭の騒乱と将門・純友の乱とは、主体、要因、背景などにおいて共通点、あるいはつながるところが多くあり、将門・純友の乱はそうした騒乱のいわば総決算ともいえる。したがって、将門・純友の乱を考えるためには、あらかじめ九世紀〜一〇世紀初頭の騒乱について検討を行っておく必要がある。

そこで本章では、第一節で地方支配体制の変化と九世紀〜一〇世紀初頭の騒乱の概要、第二節で九世紀〜一〇世紀初頭の騒乱の主体と背景、第三節で瀬戸内海賊の実態について、将門・純友の乱を視野に入れながら考えていくことにする。

地方支配体制の変化

大宝《たいほう》元年（七〇一）の大宝律令《たいほうりつりょう》制定により律令体制が確立し、日本は律令国家の時代を迎える。地方は国・郡に分けられ、それぞれに国司・郡司が置かれた。人々は戸籍・計帳に登録され、それにもとづき調庸《ちょうよう》など租税の収取がなされた。しかし、八世紀末になると租税が規定通りには納められなくなり、それに対応するため九世紀に入ると地方支配体制が次第に変化していく。

一つめの変化は、現実的な地方政治の展開である。社会の変化にともない、九世紀になると律令制の原則通りの地方政治はもはや不可能となった。そこで、国司が現実に合わせた政治を行ったため法令に反することがあっても、それが自分を利するのでなければ許容されるようになる。たとえ律令制の原則から逸脱したとしても、現実に即した地方政治が国司に求められるようになったのである。

二つめの変化は、受領への権限と責務の集中である。地方の支配を行う国司は、守《かみ》・介《すけ》・掾《じょう》・目《さかん》の四等官《しとうかん》からなり、それら四等官がともに国政に従事するというのが律令制の原則であった。しかし、九世紀になると国司の長官（通常は守）、すなわち受領の力が強くなり、次官以下の国司、すなわち任《にん》用《よう》国司が国政から疎外されていく。たとえば、国内の調庸を政府に貢納することは国司の最重要任務の一つであり、八世紀には国司全員が貢納責任を負っていたが、九世紀末になると調庸の貢納責任は受領一人に課され、任用国司は責任を負わなくなる。国内の裁判権についても同様であり、九世紀を通して受領の権限と責務が強まるのに対し、任用国司は国政から排除されていく。そしてこのことから受領と任用国司の対立が生じるのである。

三つめの変化は、地方支配が受領に委ねられるようになることである。八世紀には諸国を巡って国司の治政内容を監察する巡察使《じゅんさつし》がたびたび政府から派遣された。そして九世紀前半までは巡察使が派遣され、受領の権限拡大を認めつつも、政府はこれまでと同様に地方支配に関与しようとした。ところが、九世紀後半になるとこうした使は派遣されなくなる。政府は地方支配への関心を失い、権限を強めた受領に地方支配を委任するようになるのである。

四つめの変化は、院宮王臣家《いんぐうおうしんけ》・諸司の地方への進出である。院宮王臣家は上皇や公卿などの高級貴族、諸司は中央の諸官司である。八世紀末以降調庸の未進などによって中央財政収入が減少し、貴族・官人の給与や諸司の必要経費が従来通り支給できなくなる。この結果、院宮王臣家・諸司はそれらを確保するため地方に勢力を伸ばしていく。こうした院宮王臣家・諸司と手を結ぶのが在地の富豪層（以下では、とりわけ有勢の者を豪族とする）である。そして、富豪層は院宮王臣家・諸司の権威をたてに国司に反抗するようになり、それが騒乱へつながっていくのである。

受領襲撃　次表（図表2－1）は、九世紀～一〇世紀初頭に全国各地で起きた主な騒乱をまとめたものである（新羅《しらぎ》海賊や平安京内の盗賊等は除く）。以下、受領の襲撃、群盗、俘囚《ふしゅう》、海賊の順にみていきたい。

まず国司襲撃事件は、天安《てんあん》元年（八五七）の対馬島、元慶《がんきょう》七年（八八三）の筑後国、元慶八年の石

年	事　　項
弘仁 5（814）	出雲国で俘囚の乱が起きる（類史）
11（820）	遠江・駿河国で新羅人700人が騒乱を起こす（紀略）
承和 5（838）	畿内諸国に群盗が横行しているため，国司に取り締まらせる（続後） 山陽・南海道の諸国司に海賊を捕らえさせる（続後）
7（840）	群盗横行により，京畿内・七道諸国に督察を加えさせる（続後）
嘉祥 1（848）	上総国で俘囚が騒乱を起こす（続後）
3（850）	群盗横行のため，京畿内諸国に捜索させる（続後）
天安 1（857）	対馬島の郡司らが島民を率いて守の立野正岑らを殺害する（文徳）
貞観 3（861）	群盗が多いため，武蔵国が郡ごとに検非違使を置く（三実）
4（862）	播磨国および山陽・南海道諸国に海賊追捕を命じる（三実）
8（866）	摂津・和泉・播磨国および山陽・南海道諸国に海賊追捕を命じる（三実）
9（867）	海賊・群盗取り締まりのため，五家には保長，市津には「偵邏」を置く（類三） 山陽・南海道諸国などに，海賊には共同して対処することを命じる（三実）
17（875）	下総国で俘囚が騒乱を起こす（三実）
元慶 2（878）	出羽国で夷俘が騒乱を起こし，秋田城が焼失する（三実）
5（881）	山陽・南海道の諸国に海賊追捕を命じる（三実） 衛門府の官人を遣して，山城・摂津・播磨国の海賊を追捕させる（三実）
7（883）	上総国で俘囚が騒乱を起こす（三実） 筑後国で守の都御酉が掾・目らにより殺害される（三実） 備前国が海賊に備えて勇幹浪人からなる「禦賊兵士」を設ける（三実）
8（884）	石見国で守の上毛野氏永が，掾・郡司らに襲撃される（三実）
寛平 1（889）	東国で物部氏永を首領とする群盗が蜂起する（扶桑，紀略）
昌泰 1（898）	この年から翌年にかけて京畿内で群盗が蜂起する（紀略）
2（899）	東国で「僦馬の党」による群盗が蜂起する（類三）
3（900）	上野国の群盗を追捕する，武蔵国で強盗が蜂起する（扶桑，紀略）
延喜 1（901）	東国で群盗が蜂起する（扶桑，紀略）
2（902）	駿河国富士郡の官舎が群盗に焼かれる（扶桑）
5（905）	飛驒国で守の藤原辰忠と妻子が賊に殺される（扶桑）
9（909）	下総国で騒乱が起きる（紀略）
15（915）	上野国で介の藤原厚載が上毛野基宗らにより殺害される（扶桑，紀略）
19（919）	武蔵国で前権介源仕が守の高向利春を襲う（扶桑）
延長 7（929）	下野国で藤原秀郷等が騒乱を起こす（扶桑）

＊類史は『類聚国史』，紀略は『日本紀略』，続後は『続日本後紀』，文徳は『日本文徳天皇実録』，三実は『日本三代実録』，類三は『類聚三代格』，扶桑は『扶桑略記』

図表 2-1　9世紀～10世紀初頭の騒乱

見国、延喜《えんぎ》五年（九〇五）の飛騨国、延喜一五年の上野国、延喜一九年の武蔵国で起きている。時期的には九世紀後半以降が多い。また、国司とはいっても襲われたのは国司の長官、すなわち受領であり、場合によっては任用国司が襲撃に加担している場合もある。天安元年の対馬島では、郡司が島民を率いて守の立野正岑《たつののまさみね》を殺害している。元慶七年の筑後国では、最初は守の都御酉《みやこのみとり》を殺害したのは群盗とされたが、後に掾・目の犯行と判明する。元慶八年の石見国では、守の上毛野氏永《かみつけののうじなが》が掾・郡司らに襲われ、国印・駅鈴（駅馬乗用を許可する鈴）などを奪われている。延喜一五年に上野介藤原厚載《あつのり》（上野国は親王任国、すなわち在京の親王が守になるため、介が受領となる）が上毛野基宗《もとむね》（おそらくは上野国の豪族）によって殺されるが、実はこれに掾も加担していた。延喜一九年に武蔵守高向利春《たかむこのとしはる》を襲ったのは前権介源仕《つかう》であった。なお、延喜五年の飛騨国守襲撃の経緯は不明である。

このように、受領を襲撃するのは、任用国司ないし郡司、あるいはその両方のパターンが多い。これは、先述したように、九世紀を通して受領への権限と責務の集中が進み、受領と任用国司・郡司らとの対立が激化した結果である。

群盗

盗賊についての記事は、『続日本紀《しょくにほんぎ》』文武《もんむ》四年（七〇〇）一一月乙未条に「天下の盗賊往々に在り、使を遣して逐《お》ひ捕へしむ」とあるように、早くからみえる。しかし、九世紀になると盗賊記事の数が増え、かつ「群盗」という言葉にあらわされるように、盗賊集団の規模も大きくなる。地域的には、九世紀前半は畿内に多くみられ、承和《じょうわ》五年（八三八）と嘉祥《かしょう》三年（八五〇）に、畿内諸国の国司に捜索が命じられる。九世紀後半になると東国で群盗の活動が活発化する。貞《じょう》観《がん》三年（八六一）には、群盗横行のため武蔵国では郡ごとに検非違使《けびいし》が置かれている。九世紀末になると、「東国の強盗首物部氏永《もののべのうじなが》等発起す、追捕の間、已に以て昌泰《しょうたい》に及ぶ」とあるように、物部氏永を首領とする群盗が東国で蜂起し、その活動は約一〇年にわたって続く（『扶桑略記《ふそうりゃっき》』寛平《かんぴょう》元年四月二七日戊子条）。その後も上野国、武蔵国、駿河国で群盗が蜂起している。また、東国には馬を産する牧《まき》が多数置かれ、もとから馬を利用した陸上交通の発達した地域であったため、「僦馬の党《しゅうばのとう》」とよばれる輸送業者の一部が群盗化することもあった。昌泰二年（八九九）の官符には、彼らは「山道の駄《だ》を盗み、以て海道に就き、海道の馬を掠《かす》め、以て山道に赴く」とあり、東海道と東山道を股にかけた機動的で広範囲にわたる略奪行為をはたらいていた（『類聚三代格《るいじゅうさんだいきゃく》』昌泰二年九月一九日官符）。そのため、相模国足柄坂《あしがらのさか》と上野国碓氷坂《うすいのさか》に関が置かれることになった（図表2－2）。

俘囚

宝亀《ほうき》五年（七七四）から始まる律令国家と蝦夷《えみし》との戦争、いわゆる三八年戦争の結果、東北地方から多くの蝦夷が各地に移配された。こうした蝦夷を俘囚《ふしゅう》という。その数は数千と想定され、蝦夷が移配された国々も三〇か国を越え、東日本だけでなく全国に及んでいる。蝦夷を移配したのは、彼らを強制的に隔離・移住することにより、蝦夷の勢力を分断するためであった。しかし、移配された蝦夷は、望郷の念や不満があるだけでなく、風俗や習慣が一般民衆と異なる異文化集団であるため、地域住民との間でさまざまな摩擦が生じた。そうした結果、法令に反して犯罪を犯す者がいただけでなく、騒乱に発展する場合もあった。弘仁《こうにん》五年（八一四）に出雲国、嘉祥元年（八四八）と元慶七年（八八三）に上総国、貞観一七年（八七五）に下総国で俘囚の騒乱が起きている。嘉

図表２－２　東海道・東山道と関

祥元年の上総国の騒乱では相模・上総・下総など五か国に討伐命令が出され、貞観一七年の下総国の騒乱でも武蔵・上総・常陸・下野国が援兵を各三〇〇人出すなど、規模の大きい騒乱もあった。

一方でその勇敢さが買われ、俘囚が兵力として利用されることもあった。貞観九年に瀬戸内海賊が蜂起した時には、その追捕に用いられ、貞観一一年に新羅海賊が北九州を襲った時には、一〇〇人の俘囚が毎月交替で要所に配置され警備にあたっている。しかし、そうした俘囚を管理統制することは困難であった。上総国では俘囚を盗賊の防備に用いていたが、逆に俘囚が放火・略奪をはたらき、「群盗の徒、此より起こる」と非難されている（『日本三代実録』貞観一二年一二月二日己卯条）。したがって、一〇世紀になると俘囚の騒乱は史料にはみえなくなるが、東国の群盗蜂起や瀬戸内の海賊活動などに何らかのつながりを持っていた可能性は十分にあろう。

海賊

八～九世紀の海賊については、次表（図表2-3）に詳しくまとめているので、それによりながら当時の海賊についてみていきたい。

海賊のことが最初にみえる史料は、①の『続日本紀』天平《てんぴょう》二年（七三〇）九月庚辰条で、そこには「京及び諸国に多く盗賊有り、或は人家を捉《と》りて劫掠《きょうりゃく》し、或は海中に在りて侵奪す、（中略）所在の官司をして、厳しく捉搦《そくだく》を加え、必ず擒獲《きんかく》せしむべし（京および諸国で盗賊が多くあらわれている、ある場合は人家に入って強盗をはたらき、ある場合は海上で物資を強奪している、（中略）担当の官司は厳しく取り締まり、盗賊を必ず捕獲せよ）」とある。ここには海賊ではなく盗賊という言葉が使われているが、海上（場合によっては河川を含む）で略奪を行う者あるいはその集団を海賊とするならば、「海中に在りて侵

年	事　　項
①天平2 (730)	・京と諸国に盗賊が多くおり，或いは人家で，或いは海中で略奪行為をしている ・所在の官司にそうした盗賊を捕らえさせる (『続日本紀』天平2年9月庚辰条)
②承和5 (838)	・山陽・南海道等の諸国司に海賊を捕らえさせる (『続日本後紀』承和5年2月戊戌条)
③貞観4 (862)	・海賊が往還の人々を殺害し，公私の雑物を略奪している ・備前国の船一艘が海賊に襲われ，進官米80石が奪われて，百姓11人が殺される ・播磨国および山陽・南海道諸国に「人夫」を差発して海賊を追捕させる (『日本三代実録』貞観4年5月20日丁亥条)
④貞観7 (865)	(『日本三代実録』貞観8年4月11日乙酉条より，この年の6月28日に山陽・南海道等の諸国に海賊追捕が命じられたことがわかるが，詳細な内容は不明)
⑤貞観8 (866)	・摂津・和泉国および山陽・南海道諸国の国司への下知 ・これまで何度も海賊の追捕を命じているが，収まらないのは国司が怠っているためである，海賊を捜捕しない時は科罪する，捕獲数を言上せよ (『日本三代実録』貞観8年4月11日乙酉条)
⑥貞観9 (867)	・これまで何度も追捕を命じているが，海賊が絶えないのは国司が怠っているためである ・五家に保長を，市津および要路に「偵邏」を置いて，往き来する人々を監視させよ ・もし国司がこれらを実行しないならば，厳しく処罰する (『類聚三代格』貞観9年3月24日官符)
⑦貞観9 (867)	・摂津・和泉国および山陽・南海道諸国への下知 ・伊予国宮崎村に海賊が群居している ・播磨・備中・備後・阿波国より海賊捕獲の報告がなされている ・海賊活動が休まらないのは，国司が自国の海賊をなくすことだけを考えて全体のことを考慮せず，また知恵を使って捜捕していないためである ・海賊は浮遊性が強く，離合集散が得意なので，縁海諸国は共同で対処せよ ・往来する船や人々を記録し，少しでも疑点があれば互いに通報せよ ・「人兵」を差発し，俘囚を招募して，海賊を悉く追討せよ (『日本三代実録』貞観9年11月10日乙巳条)
⑧貞観11 (869)	・讃岐国で海賊の男2人・女2人を捕獲する (『日本三代実録』貞観11年7月5日辛酉条)
⑨元慶5 (881)	・山陽・南海道諸国で近頃海賊活動が活発なのは，国司が取り締まりをしないためである，早く追捕せよ，との命が下される (『日本三代実録』元慶5年5月11日戊午条)
⑩元慶5 (881)	・衛門府の少志1人，府生3人，火長10人を山城・摂津・播磨国に遣わして海賊を追捕させる　(『日本三代実録』元慶5年5月13日庚申条)
⑪元慶7 (883)	・勇幹な浪人224人を選んで「禦賊兵士」とし，食糧・武器・船等を与え，要害の地に宿舎を造り，海賊の警備にあたらせるという備前国の申請が認められる　(『日本三代実録』元慶7年10月17日庚戌条)

図表2-3　8～9世紀の海賊関係史料

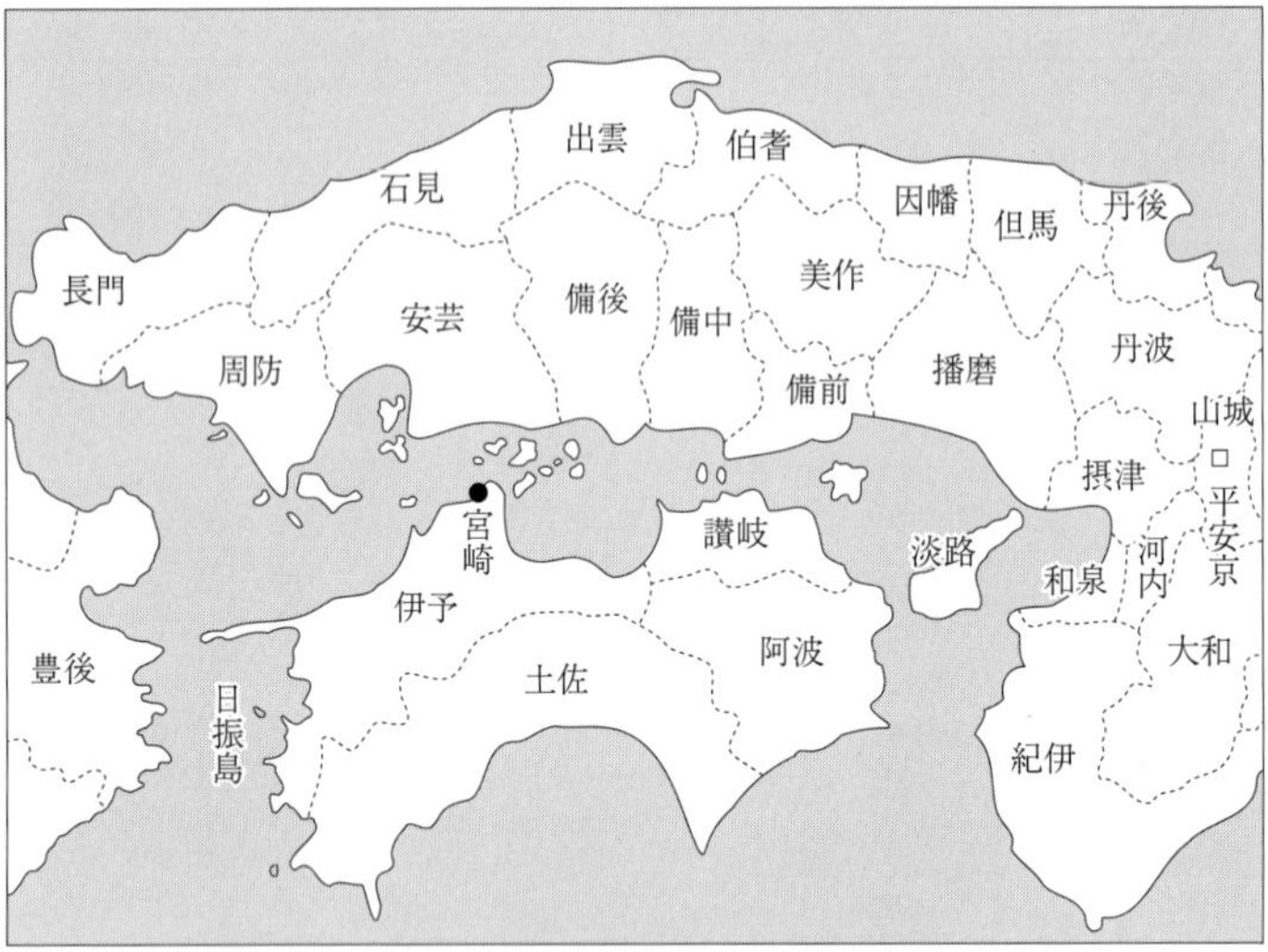

図表2－4　瀬戸内海と周辺諸国

奪す」はまさに海賊行為といえよう。このように海賊は八世紀から存在し、取り締まりの対象となっていた。

①の史料では場所は特に明記されていないが、九世紀になると海賊は瀬戸内海とその周辺が主たる活動地域になる（図表2－4）。承和五年（八三八）は畿内から瀬戸内方面にかけて群盗・海賊が横行した年で、畿内諸国には群盗を、山陽・南海道等の諸国には海賊を捕らえることが命じられる（②）。

九世紀後半になると海賊の活動が盛んになり、貞観四年（八六二）に海賊が備前国の船を襲い、政府に納める米八〇石を奪って乗員一一名を殺すという事件が起きる（③）。政府は播磨および山陽・南海道諸国に海賊を追捕するよう命じるが、海賊の活動は収まらず、その後貞観七年（④）、貞観八年（⑤）、貞観

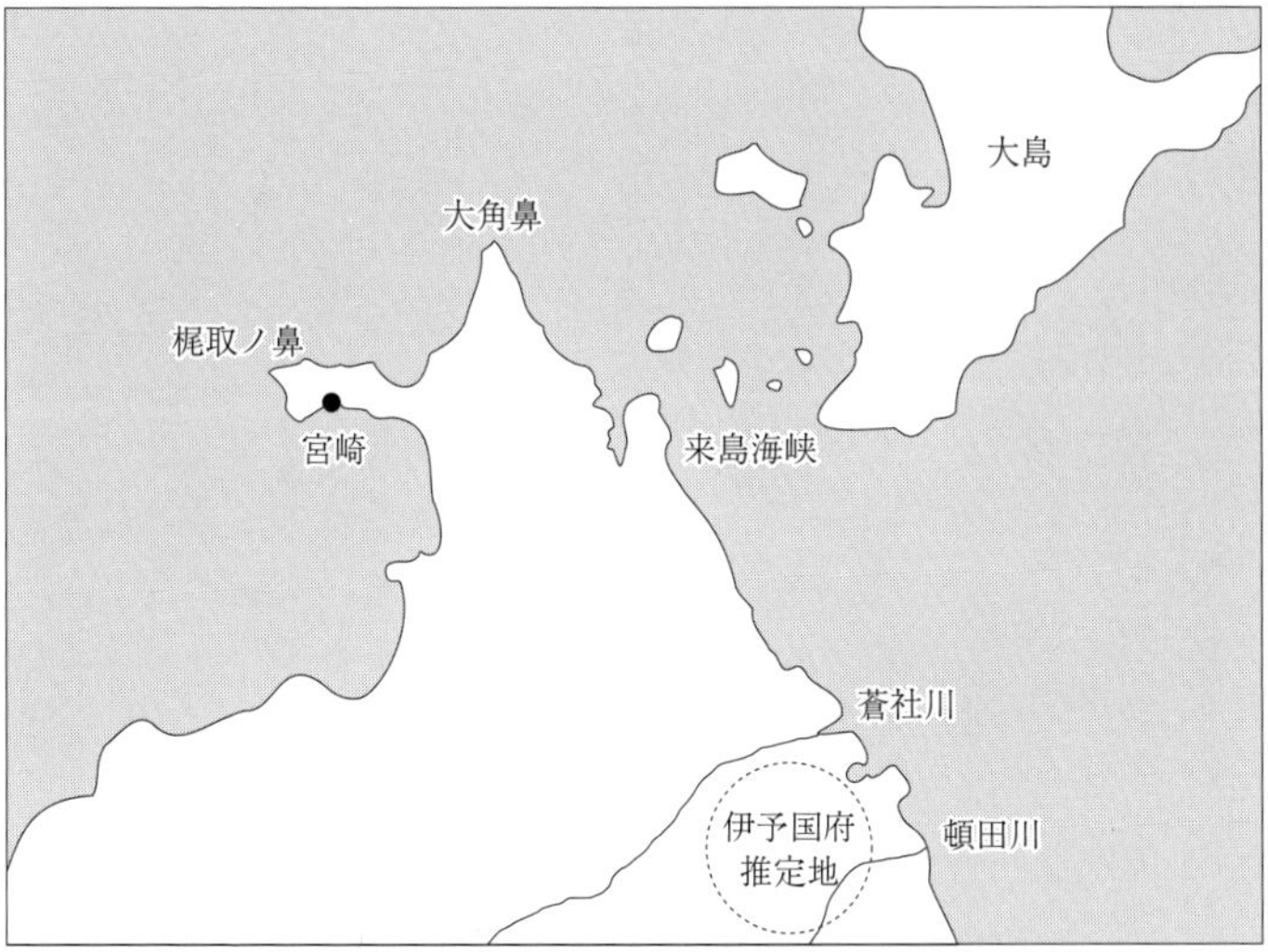

図表2－5　宮崎とその周辺

九年（⑥⑦）、そして元慶五年（八八一）（⑨）まで何度も海賊追捕の命令が出されている。この頃は新羅との緊張関係が高まっていた時期でもあるので、あるいは瀬戸内海の治安を維持するため繰り返し追捕が命じられたのかもしれない。もちろん海賊を捕らえることもあったが（⑦⑧）、諸国司は海賊の討伐に難渋した。その理由は海賊の機動性とそれに対する国司の不適切な対応にあった。

⑦には、「伊予国宮崎《みやざき》村に海賊群居す」とあり、伊予国の宮崎村が海賊の拠点とされている。この宮崎村は現在の愛媛県今治《いまばり》市波方《なみかた》町宮崎に比定されている（図表2－5）。ここは、すぐ東に来島《くるしま》海峡、そこを越えると伊予国府があり、海賊の根拠地としてふさわしい場所である。ただし、機動性に優れる海賊は拠点を一か所に固定せず、常に各地を移動し

ていた。⑦ではそうした海賊の様子を「海賊の徒は、南北に萍浮《へいふ》す、唯《た》だ其の利に殉《したが》ひて、其の居を恤《あはれ》まず、追捕すれば則ち鳥散《ちょうさん》し、寛縦すれば則ち烏合《うごう》す」と記している。つまり、海賊は浮き草のように各地を動き、利益のため居地にはこだわらない、捕らえようとするとさっと逃げ、油断するとすぐに集まってくる、というのである。

こうした機動力のある海賊に対し、国司の討伐は一国単位でしか行われず、諸国が連携して海賊追捕にあたることはなかった。⑦には「国司等、一境の咎《とが》を消さんと欲して、天下の憂を慮《おもんぱか》らず」、つまり、自国から海賊をなくすことだけを考えて、全体的なことは考慮していない、と指摘されている。このため、政府は往来する人物や船の情報を交換するなど海賊には共同で対処するよう命じている。また⑥では、五家《ごけ》に保長《ほちょう》(五家の長)を、市・津など人が集まるところに「偵邏《ていら》(見廻人)」を置いて監視させている。

海賊の取り締まりが命じられるのはだいたい山陽・南海道諸国だが、⑤では摂津国と和泉国も含まれているので、大阪湾も海賊の活動範囲であったことがわかる。さらに、⑩では山城・摂津・播磨国に海賊追捕のため衛門府《えもんふ》の官人が遣わされている。山城国で海賊があらわれるのは淀《よど》津と山崎《やまさき》津しかないので、海賊はその付近にも出没していたことになる。

海賊追討にあたる兵員については、③⑦で「人夫」「人兵」、すなわち国内の兵員の動員や俘囚の招募を命じている。また、⑪によると備前国では勇敢な浪人からなる「禦賊《ぎょぞく》兵士」が置かれることになった。畿内地域の海賊には⑩のように衛門府官人が派遣されている。

こうした海賊対策が功を奏したかどうかは不明だが、元慶七年以降承平《じょうへい》年間（九三一～九三七）まで海賊のことは史料にみえないので、元慶年間を過ぎると海賊の活動は次第に鎮静化したようである。

海賊の襲撃方法

ところで、瀬戸内の海賊はどのようにして船を襲うのであろうか。天元《てんげん》五年（九八二）二月七日、蔵人頭《くろうどのとう》藤原実資《さねすけ》は瀬戸内海賊のため租税の海上輸送が困難になっている旨を奏聞した。実資の日記『小右記《しょうゆうき》』の同日条には、瀬戸内海賊について、「月来《つきごろ》、海賊蜂起す、縁海の調庸、已《すで》に以て運び難し、愁苦《しゅうく》極まり無し、（中略）間者《かんしゃ》の賊徒、鼓《こ》を打ち金《かね》を叩《たた》き、往還の人を劫《おびや》かし、随身の物を掠《かす》む（最近海賊が蜂起した、沿岸諸国の租税が輸送困難になっているため、たいへん愁い苦しんでいる、（中略）近頃の海賊たちは、太鼓をうち鉦《かね》をたたき、往き来する人々を脅かし、持ち物を奪っている）」とある。この記事で興味深いのは、海賊が太鼓をうち鉦をたたく、としていることである。瀬戸内海賊といえば、大小さまざまな島の間を船が進んでいる時、島影から静かに忍び寄って輸送船などを襲撃する、というイメージがあるが、実際には太鼓や鉦をたたきながら船を襲っていたのである。太鼓や鉦は攻撃や撤退を合図する用具として使われていたのだろうが、その大きな音には相手の船に恐怖感を与えるという効果もあった。ただ、事前に大音響を発すると相手の船に逃げられてしまうのではないか、とも思われるが、海賊船の船足の方がよりまさっていたのであろう。船足に自信があるからこそ、とりえた戦法といえよう。

2　騒乱の主体と背景

本節では、受領襲撃と群盗を中心に、そうした騒乱をどのような者が起こしたのか、いかなる背景があったのかについて、将門・純友の乱と関連づけながら述べていきたい。

騒乱の主体

騒乱を起こした者として、まず第一にあげるべきは任用国司と郡司である。元慶七年（八八三）に筑後守都御酉が殺害された事件の真犯人は掾の藤原近成《ちかなり》や目の建部貞道《たけるべのさだみち》らであった。元慶八年に石見守上毛野氏永が郡司・百姓らに襲われ、国印・駅鈴などが奪われるが、山中に隠れた氏永を捕らえて打ち縛ったのは掾の大野安雄《おおののやすお》であった。氏永は介の忍海氏則《おしぬみのうじのり》も掾に加担していると思い、氏則の妻を殴傷している。郡司については、天安元年（八五七）に対馬守立野正岑を射殺したのは上県《かみつあがた》郡・下県《しもつあがた》郡の郡司と百姓、元慶八年に石見守上毛野氏永を襲ったのは邇摩《にま》郡・那賀《なか》郡の郡司と百姓であった。将門・純友の乱においても、足立郡司武蔵武芝《たけしば》と武蔵権守興世王《おきよおう》が対立し、その興世王が将門のもとに身を寄せたのは、新国守の百済貞連《くだらのさだつら》と不和になったためであった。

第二は富豪層である。九世紀になると利益の伸張をはかる富豪層が受領に抵抗するようになる。上総国では前司子弟や「富豪浪人」が国郡司に抵抗して租税を納めていない（『日本三代実録』元慶八年八月四日壬辰条）。三善清行《みよしきよゆき》の「意見十二箇条《いけんじゅうにかじょう》」で、徒党を率いて国府を囲み、受領を凌辱すると糾弾されている「部内の強豪、民間の凶暴」も富豪層である。富豪層は群盗とも関係しており、先述した「僦馬の党」は坂東諸国の富豪層からなっていた。

将門・純友の乱では、常陸守藤原維幾《これちか》に追われて平将門のもとに身を寄せ、「農節に望んでは町満の歩数を貪《むさぼ》り、官物に至りては束把《そくは》の弁済なし（多くの田地を持ちながら、官物は全く納めていない）」（『将門記《しょうもんき》』）と非難されている藤原玄明《はるあき》、藤原純友の片腕で摂津国葦屋《あしや》駅で備前介藤原子高《さねたか》を襲った藤原文元《ふみもと》もこうした富豪層の一人であろう。

第三は王臣子孫《おうしんしそん》（中央貴族の子孫）と前司（任期を終えた国司）である。王臣子孫や前司が集団で悪事をはたらき、人々の生業の妨げとなっていることはすでに八世紀末から指摘されているが、九世紀後半以降彼らが土着して国司に抵抗することが大きな政治問題となる。元慶七年の筑後守都御酉襲撃事件には、任用国司とともに前掾、前医師、京人、蔭子《おんし》・蔭孫《おんそん》などが加わっている。延喜一九年に武蔵国府を襲ったのも前権介源仕である。また、寛平三年（八九一）九月一一日の官符によると、王臣子孫が婚姻により、あるいは農業・商業を営むため地方に居住し、凶党を招いて受領に抵抗するなど国務の妨げとなっている。『藤原保則伝《ふじわらのやすのりでん》』には、「良家子弟」や「旧吏僕従」が「衣食之利」「婚姻之便」によって土着し、飢饉が起きると盗賊になる、とある。このように、九世紀になると地方に居住する王臣子孫や任国にそのまま土着する国司が多くなり、さらに地方豪族との婚姻により在地での勢力を強め、国司に抵抗するのである。延長《えんちょう》七年（九二九）に騒乱を起こした藤原秀郷《ひでさと》も、下野国司となったその祖が在地豪族の女を娶り土着したと考えられている。

将門・純友の乱では、平将門の祖父高望王《たかもちおう》が上総介として任国に下向し、そのまま土着したことは周知の通りである。そして、その子供たちが源護《まもる》一族との婚姻を通じて東国各地に盤踞し、同族間の紛争がやがて将門の乱に発展する。もちろん、藤原純友も前伊予掾である。『本朝世紀《ほんちょうせいき》』天慶二年一二月二九日条には、純友について「年来彼の国に住み、党を集めて群を結び、暴悪を行ふ（年来伊予国に住み、仲間を集めて集団をつくり、悪行をはたらいている）」とあるが、前司がそのまま任国に留まり騒擾を起こすのは決して純友だけではなかったのである。

どのような者が騒乱を起こしたかをみてきたが、騒乱の背景には院宮王臣家・諸司の在地への進出があった。

院宮王臣家と騒乱

先述したように、富豪層は地方に勢力を伸ばす院宮王臣家・諸司と利害が一致して結びつき、それらの権威を背景に国司に抵抗する。寛平六年（八九四）一一月三〇日の官符は、富豪層が王臣家人と称して騒擾することを禁じたものだが、そこでは彼らが王臣家の力を利用して乱暴をはたらき、国郡司に従わないとある。昌泰四年（九〇一）閏六月二五日の官符によると、播磨国では、彼らは衛府の舎人《とねり》となり、その地位を利用して群党を招き、濫悪をなしていた。さらに、延喜二年（九〇二）四月一一日の官符では、富豪層が衛府の舎人や王臣家の雑色となり、本司本主の威権を借りて国郡司の差配に従わないとしている。このように、院宮王臣家・諸司の在地への進出が、富豪層による受領への抵抗を助長していたのである。

院宮王臣家・諸司は群盗ともつながりがあった。東海・東山・北陸道諸国では院宮王臣家・諸司の使が「党を路頭に結び」「類を津辺に率いて」駄馬や運船を強雇《ごうこ》（強制的な雇用）していた（『類聚三代格』寛平六年七月一六日官符）。こうした強雇はすでに承和年間（八三四〜八四七）から問題になっていたが、これは院宮王臣家・諸司の荘園などからの運上物を京送する手段を確保するためであった。一方、同じ頃物資の輸送に従事した「僦馬の党」が強盗化して東海・東山道の駄馬を略奪していたが、行為内容は強雇とほぼ同じであり、院宮王臣家・諸司の使やその党類と「僦馬の党」とは一部で重なっていたと推定される。さらに、「僦馬の党」が強盗化したのは東国における院宮王臣家・諸司の荘園などの増大により駄送への需要が高まった結果とすると、院宮王臣家・諸司の在地進出が群盗の活動を惹起させたともいえるのである。

将門・純友の乱でも院宮王臣家や諸司に関わる者が多くみられる。平将門や平貞盛《さだもり》が東国で大きな力を持ちえたのは、将門が藤原忠平を主君と仰ぎ、貞盛が左馬允《さまのじょう》であったことによる。藤原純友が瀬戸内の海賊を率いることができたのも、北家の一員であることだけでなく、彼が陽成上皇に仕えていたとすれば、そのことも大きく作用していたものと思われる。

受領の武断政治

騒乱の背景としてもう一つあげられるのが受領の武断政治である。九世紀になると受領が権限を強めるのだが、受領が武人の場合は武断的な政治がしばしば行われた。第一章でみたように、利仁《りじん》将軍の祖父である藤原高房《たかふさ》は、国内に盗賊がいなくなるほど犯罪をきびしく摘発した。また、純友の曾祖父丹比門成《たじひのかどなり》は刑罰を厳格にするなど「猛政」を施して国内を鎮めた。これらは武断的な政治手法が成功した例だが、一方でその反対の場合もあった。承和の変の際に山崎橋を警護した朝野貞吉《あさののさだよし》は、備中守の時にわずかな罪も逃さない苛酷な政治を執《と》り、そのため群盗が横行し、百姓は逃散した。また、元慶二年（八七八）に出羽国で起きた夷俘《いふ》の反乱も秋田城司《あきたじょうし》良岑近《よしみねのちかし》の暴虐な苛政が原因であった。

このように武断的な政治には成功例と失敗例の両方があったのだが、そうすると貞観一七年（八七五）、元慶七年に下総国、上総国で起きた俘囚の騒乱は後者の例ではないだろうか。貞観一七年の下総守は元鎮守府《ちんじゅふ》将軍文室甘楽麻呂《ふんやのかんらまろ》、元慶七年の上総介はもと左馬允・右衛門大尉藤原正範《まさのり》、掾はその後対馬守となり新羅賊と戦った文室善友《よしとも》である。両乱の理由は「俘虜《ふりょ》の怨乱《えんらん》」とある他は不明だが、両国の国司がともに武人であったことを考えると、武断的な治政に対する反発が要因の一つだったと思われる。

武断的な政治が騒乱の要因となった場合があることを述べてきたが、将門・純友の乱の発端となった常陸国庁の攻撃、備前国司襲撃事件もあるいは同様の事例かもしれない。詳しくは後述するが、前者は常陸国を追われた藤原玄明が将門とともに常陸介藤原維幾の軍を破ったものである。藤原玄明はかなりの武力を有しており、藤原維幾はその玄明を追放したのであるから、彼もまた相当強力な政治を行ったといえよう。しかし、結果的にはそうした武断政治が将門らの襲来を招くことになったのである。一方、後者は備前国の海賊で純友配下の藤原文元が備前介藤原子高を捕らえ、子高の耳を切り鼻を割いて息男を殺したものである。こうした残虐な行為からみて、子高の政治はかなり苛酷だったと推定される。このように将門・純友の乱も受領による武断的・強権的な政治がその契機になっていたとみられるのである。

3　瀬戸内海賊の実態

同じ略奪行為をはたらく者でも、群盗の場合はこれまでみたように史料が比較的多く残されており、富豪層などが関係していたことがわかっている。しかし、海賊の場合は史料が少なく、それがどのような者たちであったのかについては不明な点が多い。そこで本節では、さまざまな史料を用いながら海賊の実態について考えていきたい。

瀬戸内海の輸送業

さて、海上や港で物資を強奪する者を海賊とすれば、そうした略奪行為のみで生活をしている者、いわば専業的・職業的な海賊は少数であろう。日常的には、その多くは一般の海民、すなわち漁業、塩業、輸送業、交易業などに従事する者だったと考えられる。では、どのような海民が海賊となっていたのかだが、機動力の高さや東国の「僦馬の党」が群盗化したことなどを考え合わせると、輸送業と交易業に従事する海民が海賊と最も関係が深いのではないだろうか。そこで以下では、当時の瀬戸内海で輸送業と交易業に従事していた海民についてみていくことにする。

瀬戸内海は古来より海上交通の盛んなところで、波の穏やかな海上を多くの人や物資が往き来していたが、律令制の時代になると租税制度が整えられ、調庸など多くの官物が沿岸諸国から都に送られるようになる。瀬戸内海は文字通り交通の大動脈となった。

こうした海上輸送を支えていたのが瀬戸内海の海民である。海民といっても漁業だけなく、その多くは農業、さらには塩業なども営んでいたであろうが、その操船技術を生かして海上輸送を担うことになった。そして、八世紀以降官物などの海上輸送が盛んになるにつれ、輸送を専業あるいは半専業とする者たちもあらわれるようになる。

『延喜式《えんぎしき》』主税上の諸国運漕功賃条には、そうした輸送業者が全国から物資を京へ運ぶ際の運送費が規定されている。伊予国を例にとると、平安京の外港である淀津まで、船賃は石別一束二把《そくわ》、功賃は挾杪《かんどり》(船頭)三〇束、水手《かこ》(一般船員)二五束、輸送量は一人あたり一〇石となっている。当時の輸送船は五〇～八〇石積みの小型船が中心だったので、一艘の船には船頭と水手四～七人が乗っていたことになろう。

このような海上輸送に従事する海民は、そのいずれもが自分の船を持っていたわけではなく、やはり貧富の差があった。菅原道真の「寒早十首《かんそうじゅっしゅ》」(訓み下し・現代語訳は日本古典文学大系『菅家文草《かんけぶんそう》 菅家後集《かんけこうしゅう》』による)は、道真が讃岐守在任中(八八六～八八九)に見聞した貧しい人々の様子を詠んだ漢詩だが、第七首に「賃船《ちんせん》の人」、すなわち雇われて船で働く水手が登場する(図表2-6)。そこには「彼らは自身で独立して農業や商業を自ら営まない」「いつまでたっても賃銀に雇傭せられる身の上である」「彼は錐《きり》を立てるほどの広さの土地ももっていない」「彼らの関心事は、船主に賃やといせられることがしきりであるかどうかということである」とあり、土地も持たずに不安定な賃労働で生計を立てる貧しい水手たちがいたことがわかる。このように、当時の瀬戸内海においては雇われて働くし

〈第七首〉

何《いず》れの人にか　寒気《かんき》早き（どんな人に、ことに早く寒さがきびしく感ぜられるのであろうか）

寒は早し　賃船《ちむせん》の人（船にやとわれて働く水手《かこ》に、早く寒さがきびしく感ぜられる）

農商の業《わざ》を許らず（彼らは自身で独立して農業や商業を自ら営まない）

長《とこしなへ》に直《あたひ》に僦《やと》はるる身となる（いつまでたっても賃銀に雇傭せられる身の上である）

錐《きり》を立てむに地勢なし（彼は錐を立てるほどの広さの土地ももっていない）

棹《さを》を行《や》ること天貧《てんぴん》なるに在《あ》り（棹《さお》をあやつり、船をはしらせることも、天性貧しくともしいさがに生れついているためだ）

風波の険《けは》しきは　屑《もののかず》にせず（海上風波があれるということは、眼中にないが）

ただ要《もと》む　雇《やと》ひを受くること頻《しきり》ならむことを（彼らの関心事は、船主に賃やといせられることがしきりであるかどうかということである）

〈第九首〉

何《いず》れの人にか　寒気《かんき》早き（どんな人に、ことに早く寒さがきびしく感ぜられるのであろうか）

寒は早し　塩を売る人（零細塩業者に、早く寒さがきびしく感ぜられる）

海を煮ること手に随ふとも（海潮を汲んで塩を焼くことは手あたり次第にできるしごとだとはいえ）

烟《けぶり》を衝《つ》きて身を顧《かへり》みず（藻塩《もしお》やく煙にむせることもかまわず、煙をついてたち働く）

旱天《かんてん》は価《あたひ》の賤《やす》きを平《たひらか》にす（日照りがつづいて生産があがるので、塩価が自然の公平な法則で廉《やす》く低落する）

風土は商人《あきなひびと》を貧しからしめず（この沿岸一帯製塩に適する風土は、塩商人を貧しくしない）

訴へまく欲《ほ》りす　豪民の擢《ほほあらあら》しきこと（土豪が勝手に威勢をほしいままにして、塩の売買輸出にあたって商利を独占することを、役人に訴えたいと思う）

津頭《しんとう》に吏《り》に謁《えつ》すること頻《しきり》なり（塩を売る人が、輸出港のはとばのあたりで、税関吏などに会って、実情を訴えることしきりである）

図表２－６　菅原道真「寒早十首」（第七首と第九首）

かない貧しい海民が多くいた。したがって、海上輸送業においては船を所有する富裕な海民がいる一方で、彼らに雇用される貧しい海民がいたと考えられるのである。

「寒早十首」の第九首には、「塩を売る人」、すなわち零細な塩業者や塩商人も登場する。そこでは「豪民」、すなわち富裕な塩業者や塩商人が威勢をほしいままにして利益を独占するとされている。塩業者にも貧しい者と富裕な者がいたのである。塩業者については『日本後紀《にほんこうき》』にも同じような内容の記事がある。備前国児島《こじま》郡では塩を焼くことを生業としてきたが、「勢家豪民《せいけごうみん》」が海浜を占有するため、「強勢《ごうせい》之家」は益々栄えるが、「貧弱《ひんじゃく》之民」は日に日に衰えるというものである（『日本後紀』延暦《えんりゃく》一八年一一月甲寅条）。一般村落では院宮王臣家や富豪層が力を伸ばして一般農民を圧迫する動きが次第に強まるが、塩業者の世界でも同じような動きがみられるのである。

瀬戸内海の交易業

八～九世紀の瀬戸内海における海上輸送物の多くは都に運ばれる官物だったが、交易のための物資輸送も行われていた。西海道の「官人・百姓・商旅《しょうりょ》の徒《と》」は、豊前国草野《くさの》津、豊後国国崎《くにさき》津、同国坂門《さかと》津から出て、豊前国門司《もじ》での検察を経ずに自由に「国物《こくもつ》」を輸送し、彼らはことごとく難波《なにわ》に集まっていた（『類聚三代格』延暦一五年一一月二一日官符）。また、西海道からの米の搬出は禁じられているにもかかわらず、大宰府官人、郡司・百姓、「往来の商賈《しょうこ》」が米を自由に運び出していた（『類聚三代格』大同《だいどう》四年正月二六日官符）。このように、官人、郡司、百姓、そして「商旅の徒」や「往来の商賈」とよばれる交易業者によって、九州から難波方面に物資が海上輸送されていた。

交易業者は瀬戸内海の東部でも確認できる。『続日本紀』天平神護《てんぴょうじんご》元年（七六五）二月乙亥条には、淡路国に流された淳仁《じゅんにん》天皇のところに、人々が「商人」と詐って向かっているとあり、畿内方面と淡路国との間に交易業者の往来があったことがわかる。史料にあまり多くはみえないが、官人・郡司・百姓だけではなく、「商旅の徒」「往来の商賈」「商人」とよばれる交易業者が瀬戸内海の海上交通を利用して交易活動を行っていたのである。

『類聚三代格』巻一六の「船瀬《ふなせ》幷《なら》びに浮橋《うきはし》布施《ふせ》屋《や》の事」には、摂津国の大輪田《おおわだ》船瀬（現在の神戸港）や播磨国の魚住《うおずみ》船瀬（現在の明石市江井ヶ島港）の修築に関わる九世紀の官符がいくつも載せられている。そこでは両港に出入りする船を「官私の船」「公私の船」「公私の舟船」などと表現している。官船、公船は主として租税を運ぶ船である。これに対し私船は、租税以外のさまざまなものを運ぶ船だが、交易物資はそうした私船によって運ばれていたのであろう。

以上のように、八世紀から瀬戸内海の各地には交易に従事する者がいたのだが、交易活動にはやはり一定の財力が必要であるから、そうした活動を行っていたのは郡司・富豪層クラスの者たちであろう。故に、先の史料には官人・郡司とならんで百姓とあるが、実際には富豪層と思われる。ただ、先にみた寛平三年（八九一）九月一一日の官符には、王臣子孫が農業・商業を営むため地方に居住するとしているので、王臣子孫などが交易活動に関わることもあったようである。

院宮王臣家と海賊

瀬戸内海の海民のうち、輸送、交易、そして製塩に従事している者をみてきたが、一般農村と同じく貧富の差があり、富豪層が力を持っていた。したがって、九世紀になると受領支配の強化にともない海民社会でも富豪層と国衙との間にさまざまな摩擦が生じ、それが海賊の蜂起につながっていくのではないだろうか。

その際に注意されるのは、瀬戸内海の海賊においても院宮王臣家・諸司との関わりがみられることである。承和一一年（八四四）五月、他国の漁人など二〇〇〇余人が王臣家の牒《ちょう》（王臣家が出す文書）を持って集まり、人々に暴行を加え、山林を伐採しているが、自国の力では対応できないので、官符を出して取り締まってほしい、との要請が淡路国より出されている。これは王臣家とつながりを持つ海民、おそらくは富豪層の海民が、その権威を背景に行ったものであろうが、海民たちの行為は海賊と全く同じである。つまり、院宮王臣家・諸司の進出がそうした海賊行為を引き起こしていたわけである。もちろん、海民、とりわけ富豪層の海民が海賊行為をはたらく理由はさまざまであろうが、院宮王臣家・諸司との結合がそうした行為を助長していたことは事実であろう。

なお、当時の瀬戸内海賊は富豪層の海民が率いる地域ごとの小集団からなっていた。承平年間の海賊は追捕南海道使紀淑人《きのよしひと》に帰降するのだが、史料（後掲）には首領が小野氏寛《おののうじひろ》・紀秋茂《きのあきしげ》・津時成《つのときなり》など三〇余人、総勢二五〇〇余人とあり、首領が率いる小集団の連合体であったことがわかる。瀬戸内海は地域により地形や潮流が大きく異なるので、海賊も地域ごとに集団が形成されていたのである。

飢饉・疫病と海賊

貧しい海民たちが海賊行為に手を染める契機となるのが飢饉・疫病である。飢饉・疫病の影響を最も強く受けるのが貧困層だからである。飢饉になると盗賊があらわれることはいくつもの史料にみえている。たとえば、『日本三代実録』貞観九年（八六七）二月一三日癸未条には、不作のため食糧が不足して人々は飢えに苦しんでいる、そのため多くの盗賊があらわれ、道路で物を略奪したり、家に放火して盗みをはたらいている、とある。

こうしたことは海賊も同じである。承和五年（八三八）は九世紀になって最初に海賊が蜂起した年だが、その数年前から全国で飢饉・疫病が起きていた。諸国で疫病が蔓延したため、承和二年四月に諸寺で祈禱や読経が行われている。しかし、その後も疫病は収まらず、承和五年まで毎年全国で読経がなされている。不作も重なり、承和四年には全国の約半数の国々から田損の申告があった。このため、各地で賑給《しんごう》（社会的弱者への食糧支給）が実施され、瀬戸内沿岸諸国では、和泉・備前・備中・備後・長門・淡路・伊予国で行われている。次に海賊が蜂起した貞観年間も、貞観四年に全国で「咳《がい》逆病《ぎゃくびょう》（呼吸器系の疾患）」が流行り、多くの人が亡くなった。このため同五年に疫病退散を願って平安京神泉苑《しんせんえん》で御霊会《ごりょうえ》が行われたことは周知の通りである。また、貞観八年は大干魃の年で、多くの人々が飢えに苦しんだ。

このように飢饉・疫病と海賊蜂起とは密接な関係にある。飢饉や疫病が続くと貧しい海民が大量に流民化したであろう。そして、生きるために海賊とならざるをえない者も多かったのではないだろうか。飢饉・疫病が起きた時に発生する海賊は、こうした困窮した海民が多くを占めていたものと思われる。

貧しい海民の中でも、とりわけ生産手段を持たない賃労働者には飢饉・疫病は大きな打撃となる。具体的には、先述した「賃船の人」、すなわち雇われて船で働く水手たちの生活は困難を極めたに違いない。おそらく真っ先に海賊に身を投じたのは彼らであろう。そして彼らは海民の中で最も操船技術にすぐれ、瀬戸内海の地理にも詳しい集団であった。瀬戸内海賊が単なる流民集団ではなく、「追捕すれば則ち鳥散《ちょうさん》し、寛縦すれば則ち烏合《うごう》す」とされる高い機動力を有していたのは彼らが加わっていたためであろう。

なお、将門・純友の乱が始まる天慶二年（九三九）も旱魃にみまわれ、春頃から群盗や海賊の活動が活発になっていた。翌天慶三年も不作のため飢饉が起きた年であった。

第三章　承平年間の純友

1　承平・天慶年間の政治と史料

朱雀天皇と藤原忠平

延長《えんちょう》八年（九三〇）九月、醍醐《だいご》天皇が亡くなり、その子の朱雀《すざく》天皇が即位した（図表3－1）。翌年四月、年号が承平《じょうへい》に改められた。新天皇が即位したことによる改元、いわゆる代始改元《だいはじめかいげん》である。朱雀天皇は承平八年（九三八）五月に年号を天慶《てんぎょう》と改め、天慶九年四月に弟の村上《むらかみ》天皇に譲位する。そして、翌年年号は天暦《てんりゃく》に改められる。このように、東国・西国での紛争や将門・純友の乱が起きた承平・天慶年間は、朱雀天皇の在位期間とほぼ重なることになる。

この朱雀天皇の下で政治を主導していたのが藤原忠平《ただひら》である。忠平は兄の時平《ときひら》が延喜《えんぎ》九年（九〇九）に亡くなった時には、まだ権中納言だったが、その後、中納言、大納言を経て、延喜一四年に右大臣、

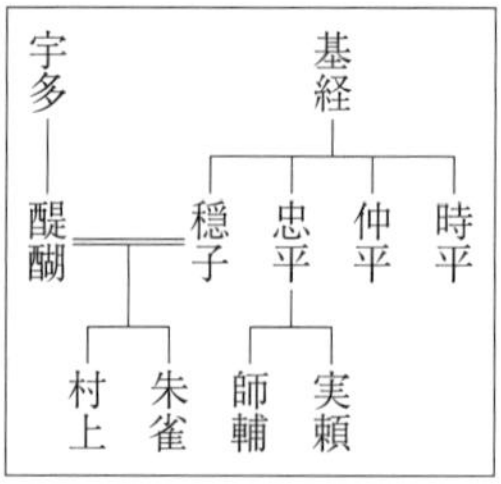

図表3－1　藤原忠平と朱雀天皇

延長二年に左大臣となり、忠平政権が確立する。朱雀天皇は、即位した時の年齢が八歳だったため、忠平が摂政《せっしょう》となった。朱雀天皇は承平七年に一五歳となり元服するが、忠平は摂政を続け、忠平が摂政を辞して関白《かんぱく》になったのは、天慶四年一一月である。

成人の天皇を補佐する関白と異なり、幼い天皇に代わって政治をとるのが摂政である。したがって、承平年間の東国・西国の紛争、天慶年間の将門・純友の乱に、形式的にも実質的にも政府の最高責任者として対応にあたったのは忠平である。忠平は朱雀天皇が元服してからは何度も摂政の辞任を奏上しているが、いずれも認められなかった。承平・天慶年間の紛争や戦乱の処理は朱雀天皇にはまだ荷が重く、ベテラン政治家で伯父でもある忠平に頼らざるをえなかった。忠平としても、これまでにない困難な局面において政府を主導できるのは自分しかいないと考え、摂政を続けたのである。純友および純友配下の者が討たれ、将門・純友の乱がすべて終わった直後の天慶四年一一月に摂政辞任が認められて関白となっているのは、忠平が摂政を継続した理由が将門・純友の乱にあったことを明確に示している。

将門・純友の乱の史料

ここで、本書で使用する将門・純友の乱に関する主な史料について簡単に説明をしておきたい。一〇世紀前半は概して史料の少ない時代である。六国史《りっこくし》は九世紀末で終わり、貴族の日記が多く現れるのは一〇世紀後半以降である。一〇世紀前半は、平安時代のいわば史料の端境期《はざかいき》なのだが、いくつかの史料は残されている。そのうち将門・純友の乱に関する史料としては以下のものがある。

編纂物（後代に編纂された歴史書）では、『日本紀略《にほんきりゃく》』『扶桑略記《ふそうりゃっき》』『本朝世紀《ほんちょうせいき》』がある。『日本紀略』は平安末期成立の編年体歴史書で、編者は不明である。前半は六国史の抄出、後半は史書・記録などから編集されている。『扶桑略記』も平安末期成立の編年体歴史書で、編者は延暦寺僧の皇円《こうえん》といわれている。仏教関係記事が多いのが特徴である。『日本紀略』と『扶桑略記』は、記述内容は簡略だが、承平・天慶年間の記事がすべて残されている。『本朝世紀』は平安末期成立の編年体歴史書で、編者は藤原通憲《みちのり》（信西《しんぜい》）である。外記日記《げきにっき》（太政官の外記が作成した政務・儀式の記録）をもとに編集されており、内容が非常に詳しい。ただ、大部分が散逸して現在残されているのは一部だけである。承平・天慶年間では、承平五年五〜六月、天慶元年七〜一二月、同二年四〜一二月、同四年七〜一二月、同五年二〜六月、天慶八年七〜一二月が残っている。

古記録（貴族の日記）では、『貞信公記《ていしんこうき》』『吏部王記《りほうおうき》』『園太暦《えんたいりゃく》』『師守記《もろもりき》』がある。『貞信公記』は藤原忠平の日記である。政府の最高責任者の日記なので、将門・純友の乱の最重要史料だが、原本やその写本は残されておらず、忠平の子実頼《さねより》が抜き書きした抄出本が伝存するのみである。また、欠落期間も多く、承平・天慶年間では、承平元年一月〜同二年一二月、天慶元年一月〜同三年六月、天慶八年一月〜同九年一二月が残されている。『吏部王記』は醍醐天皇皇子重明《しげあきら》親王の日記で、残っているのは逸文のみだが、承平六年の純友の伊予国下向記事など貴重なものが含まれている。『園太暦』

は洞院公賢《とういんきんかた》、『師守記』は中原師守《なかはらもろもり》の日記である。いずれも南北朝時代の日記だが、『園太暦』は貞《じょう》和《わ》三年（一三四七）一二月二四日条の「近国兵革の時、仙洞禁中元三儀の間の事《せんとうきんちゅうがんざんのぎ》」、延文《えんぶん》五年（一三六〇）正月七日条の「兵革により、警固を仰せらるる事」、『師守記』は貞和三年一二月一七日条の「天下兵革《へいかく》の時に行はるる御祈《おいのり》の例」として、大外記中原師茂《もろしげ》の勘文《かんもん》（朝廷の政務儀式の先例や故実を調べたもの）が多く記されている。この中には、当時の歴史書などにはみられない記事が多くあり、将門・純友の乱の貴重な史料となっている。

軍記物語（軍記物、軍記文学）では、『将門記《しょうもんき》』と『純友追討記《すみともついとうき》』がある。『将門記』には、承平年間の平氏一族の内紛から天慶年間の将門の乱までが詳しく叙述され、将門の乱の基礎史料となっているが、あくまで軍記物語である点には留意が必要である。作者は不明で、成立時期も、乱後あまり時間がたたない頃とする説から、約一世紀後とする説までさまざまある。『純友追討記』は、『扶桑略記』の天慶三年一一月二一日条に引用されているもので、したがって成立時期は平安時代末期以前となる。作者は不明、純友の乱の始まりから終わりまでを叙述しているが、文字数約八〇〇字というごく短いものである。『純友追討記』は一貫して純友を暴悪な海賊の首領としているので史料批判が必要だが、藤原子高《さねたか》襲撃事件や博多津の戦いなどの描写はきわめてリアルで、一定の事実を伝えていると考えられる。

この他、『門葉記《もんようき》』は京都・青蓮院《しょうれんいん》の諸記録を集大成したもので、編者は尊円《そんえん》親王である。四天王《してんのう》法《ほう》（四天王を本尊とする修法《しゅほう》）の先例や四天王法に関する記録類を集めた巻一六七に将門・純友の乱についての記述がみえる。

2　承平年間の海賊と政府

最初に、承平年間の瀬戸内海賊と政府の動きについて述べておく（図表3－2）。承平年間に入ると瀬戸内海に再び海賊が姿をみせるようになった。かつて貞《じょう》観《がん》・元慶《がんきょう》年間に瀬戸内海で海賊が蜂起したが、約半世紀ぶりに海賊が瀬戸内海で活動を始めたのである。

承平年間の海賊

『貞信公記』によると、承平元年（九三一）一月に海賊のことが奏上され、翌年四月に追捕海賊使《ついぶかいぞくし》が定められ、一二月には備前国から海賊の報告があった。承平三年一二月には海賊追捕のため南海道諸国に警固使《けいごし》が置かれた。承平四年になると、六月に神泉苑《しんせんえん》で右衛門志《うえもんのさかん》比部貞直《くらべのさだなお》らが弩《ど》の試射を行い、七月に諸家兵士と武蔵兵士を率いる兵庫允《ひょうごのじょう》在原相安《ありはらのすけやす》が発遣され、一〇月には追捕海賊使が定められている。また、五月には山陽・南海道の諸社に臨時奉幣使が出され、海賊の平定が祈願された。しかし、海賊の活動は収まらず、この年の年末には伊予国喜多《きた》郡の倉庫が襲撃され、不動穀《ふどうこく》（非常用として国郡の倉庫に備蓄された穀）が三〇〇〇余石も盗まれている。喜多郡は伊予国西部の瀬戸内海に面した郡である（図表3－3）。当時一般的であった五〇～八〇石積みの船だと四〇～六〇艘必要になるので、かなり大規模な海賊集団が襲ったことになる。承平五年になっても海賊の活動は続き、六月に

年　月　日	事　　　項
承平1.1.21	藤原忠平が海賊のことを奏上する（貞信）
2.4.28	藤原忠平が追捕海賊使を定め行うべきことを命じる（貞信）
12.16	備前国が海賊のことを申上する（貞信）
3.12.17	南海道諸国に海賊が遍満しているので，国々に警固使を定め遣わす（扶桑）
4.4.23	海賊のことにより諸社に奉幣する（扶桑）
5.9	山陽・南海道の諸社に奉幣して海賊平定を祈る（紀略・扶桑）
6.29	海賊の所に遣わすため，右衛門志比部貞直らに神泉苑で弩を試射させる（扶桑）
7.26	兵庫允在原相安が諸家兵士と武蔵兵士を率いて海賊追捕に向かう（扶桑）
10.22	追捕海賊使等を定める（紀略）
12末	伊予国喜多郡の不動穀3000余石が海賊に盗まれる（扶桑）
5.6.28	京中および山陽・南海道の諸社に奉幣し，諸寺諸社で仁王経を読んで海賊平定を祈る（紀略・世紀・『門葉記』）
6.3.5	海賊平定のため太元帥法を修す（紀略）
3	前伊予掾藤原純友が伊予国に向かう（『吏部王記』）
5.26	追捕南海道使紀淑人を伊予守とする（『古今和歌集目録』・『勘例』）

＊貞信は『貞信公記』，扶桑は『扶桑略記』，紀略は『日本紀略』，世紀は『本朝世紀』

図表3－2　承平年間の海賊と政府の動き

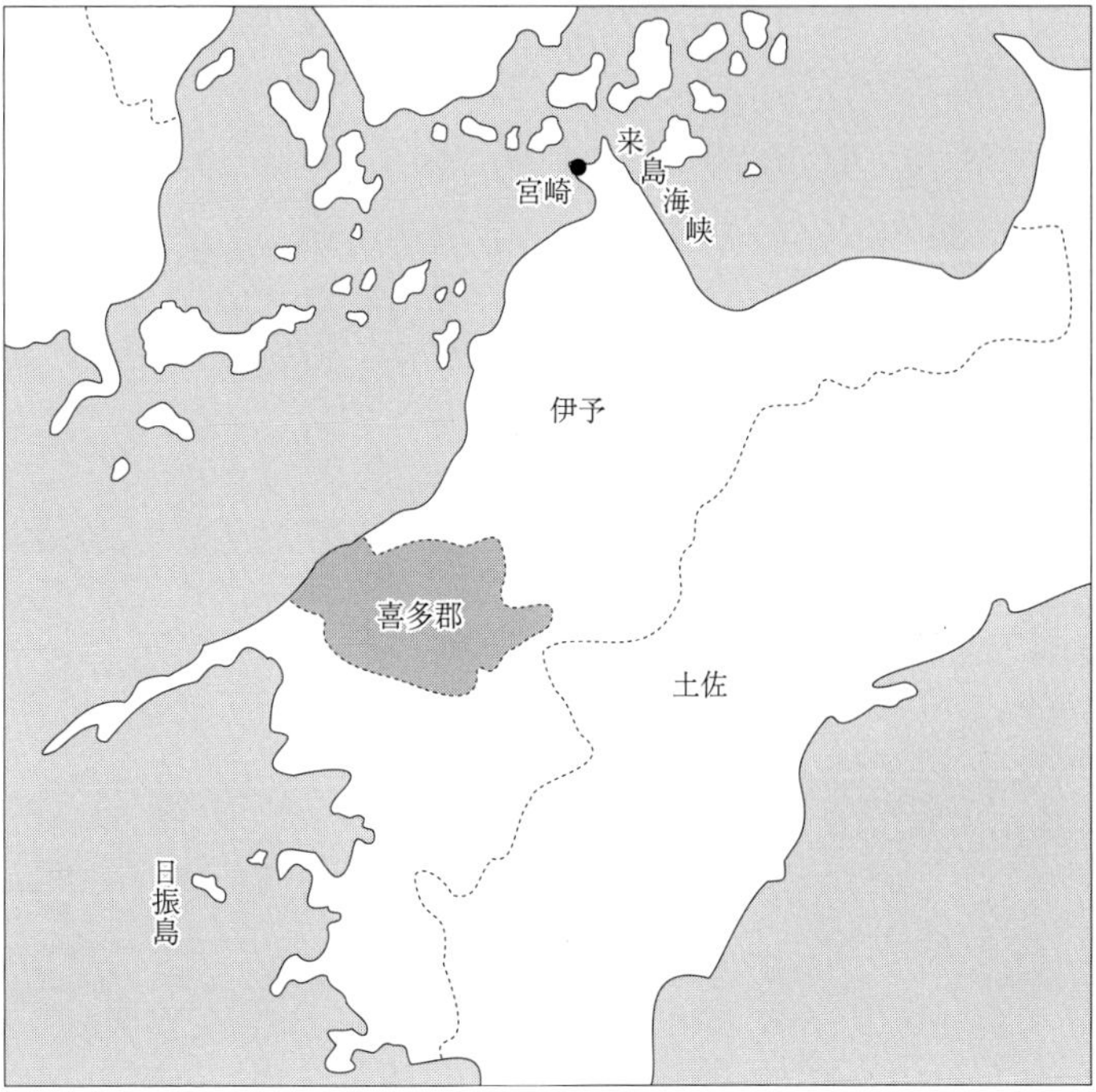

図表３－３　伊予国喜多郡

は海賊平定を願って京中および山陽・南海道の諸社に臨時奉幣使が出され、諸寺諸社で仁王経《にんのうきょう》が読まれている。しかし、承平五年が過ぎ、承平六年になると海賊の活動は下火になったようであり、承平六年三月に太元帥法《たいげんのほう》（国家鎮護を祈る密教の修法）を行ったことを最後に政府の海賊対策はみられなくなる。

『土佐日記』と海賊

承平年間の海賊は瀬戸内海だけではなく、土佐国から紀伊水道方面にも出没していた。そのことは紀貫之《きのつらゆき》の『土佐日記《とさにっき》』にみえている。周知のように、『土佐日記』は土佐国守としての任期を終えた紀貫之が、承平四年（九三四）一二月末〜同五年二月に船に乗って都へ帰る時の様子を描いたものである（図表3－4）。一行は一二月二七日に大津を出発し、浦戸《うらと》、大湊《おおみなと》、奈半《なは》を経て一月一一日に室津《むろつ》に着く。そこにしばらく滞在して、一月二一日に室津を出港するが、二一日条には、「国よりはじめて、海賊報《むく》いせむといふなることを思ふうへに、海のまた恐ろしければ、頭《かしら》もみな白《しら》けぬ（任国を出て以来、海賊が報復してくるだろうという風評を心配するうえに、海がまた恐ろしいので、頭もみんな白くなってしまった）」とあり、海賊が報復しようとしているとの噂があることを心配する様子が記されている（本文・現代語訳は新編日本古典文学全集『土佐日記　蜻蛉日記』による）。したがって、貫之は任期中に海賊追捕を行っていたのかもしれない。一月二三日条には「このわたり、海賊の恐りあり、といへば、神仏を祈る（このあたりは、海賊襲来の恐れがあるということなので、神仏を祈る）」とある。「このわたり」は阿波国日和佐《ひわさ》付近に比定されている。また、一月三〇日条には「海賊は、夜歩《よるあ》きせざなりと聞きて、夜中ばかりに船を出だして、阿波の水門《みと》をわたる（海

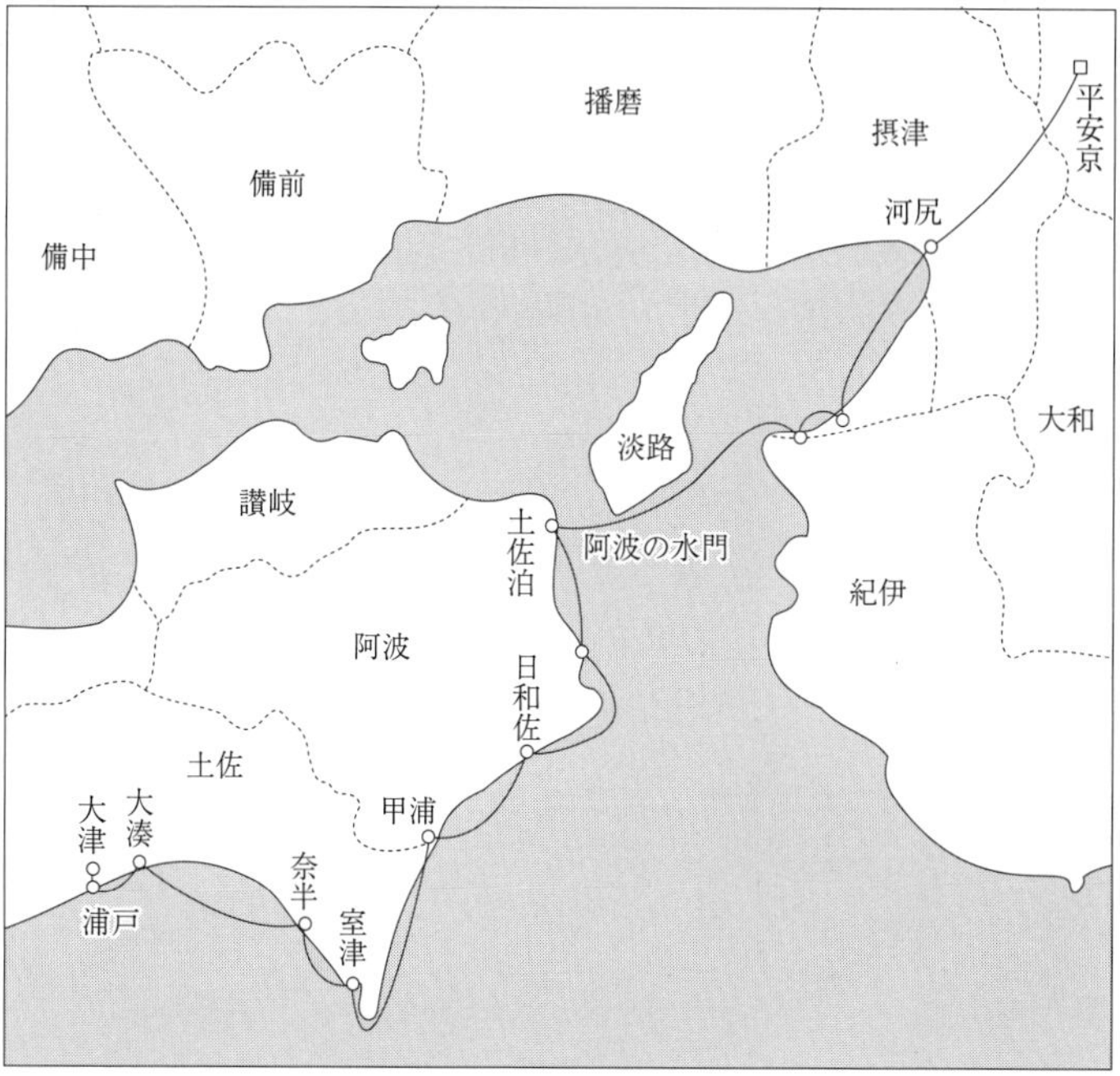

図表３－４　『土佐日記』の航路

賊は、夜間は活動しないものと聞いて、夜中から船を出して、阿波の海峡を渡った）」とある。海賊が出没するというので昼間を避けて夜に「阿波の水門」（鳴門海峡）を渡ったようである。このことから、紀伊水道から鳴門海峡付近も海賊の活動範囲だったことがわかる。

政府の対応

こうした海賊に対して政府がとった対応についてもう少し詳しくみていこう。まず、承平三年（九三三）一二月に置かれた警固使だが、これは騒乱などを鎮圧するため国ごとに置かれたもので、中央から六位クラスの武人が派遣された。九世紀にはみられなかったものだが、将門・純友の乱では多くの関係国に置かれている。これらの警固使を統括するのが道別に置かれた追捕使《ついぶし》であり、中央から四・五位クラスの武人が派遣された。後述するように、承平年間には紀淑《きのよし》人《ひと》が追捕南海道使となっている。九世紀の海賊追捕は、俘囚《ふしゅう》や禦賊兵士《ぎょぞくへいし》などを除けば、基本的には各国内の兵士によって行われていた。しかし、それだけでは不十分であり、かつ海賊のような機動力のある敵に連携して対処するため、一〇世紀になるとこうした新しいポストがつくられるのである。

承平四年に発遣された兵庫允在原相安はこの警固使かもしれない。ただ、派遣された国名がみえないので、あるいは追捕使の一員であった可能性もある。相安は天慶年間には大宰府追捕使として純友勢と戦っている。その時には左衛門尉とみえるので、承平四年の海賊討伐での活躍により兵庫允から左衛門尉に転じたのであろう。

在原相安が率いた諸家兵士と武蔵兵士のうち、前者の諸家兵士は中央の貴族が保持・組織していた武力である。第一章で陽成《ようぜい》上皇が多くの武人をかかえていたこと、第二章で院宮王臣家《いんぐうおうしんけ》の使が道路や

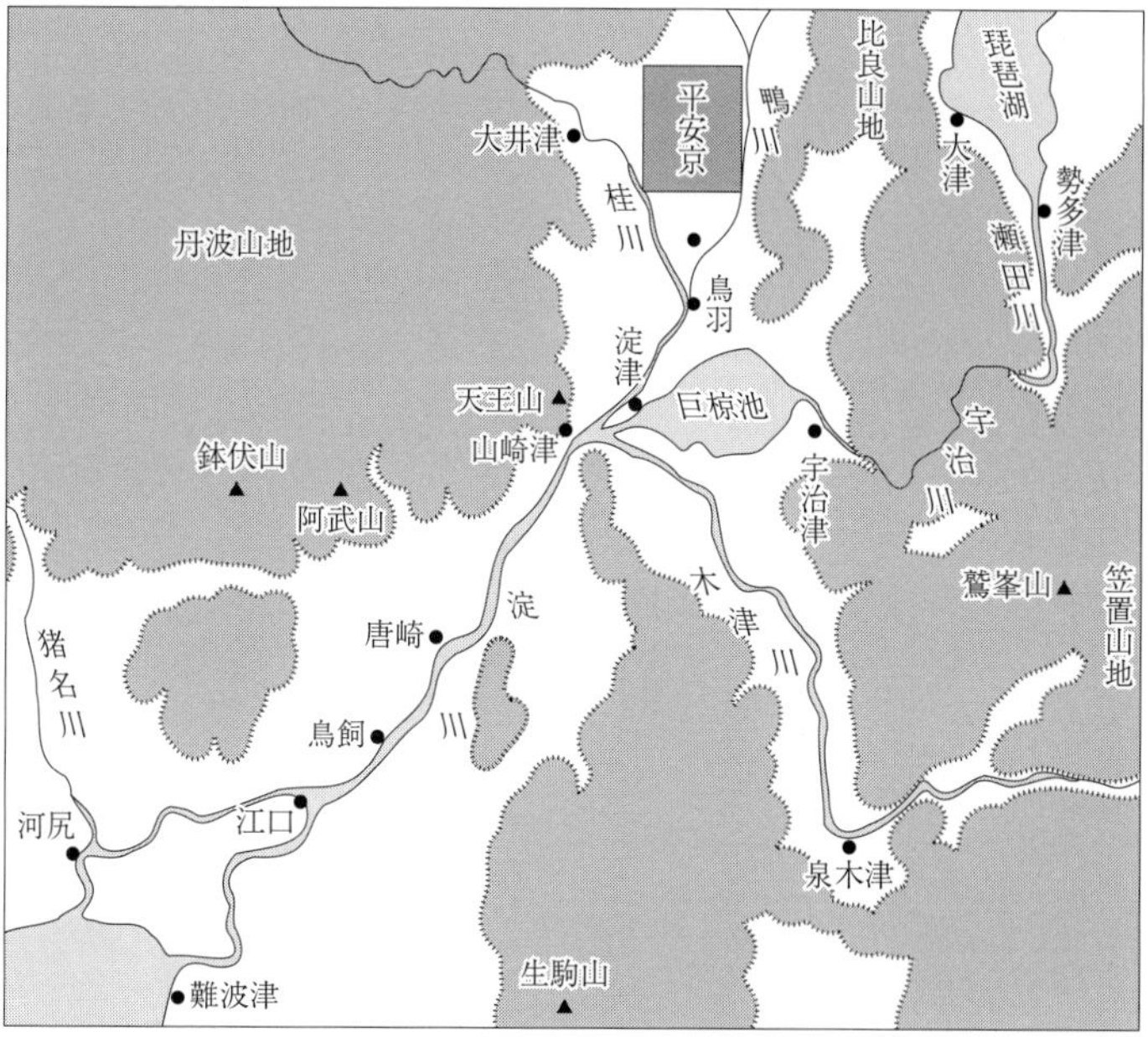

図表 3 - 5　淀川流域の主要港津

津で駄馬や運船を強雇《ごうこ》していたことを述べたが、当時の貴族の多くはこうした武力を有しており、それが海賊の討伐に利用されたのである。後者の武蔵兵士は武蔵国の兵士だが、なぜわざわざ東国の兵士が瀬戸内海に送られたかはわからない。

　承平四年六月に試射された弩《ど》は、引金によって矢を発射する強力な武器である。射程距離が長く、海賊を迎撃するのに有効なため、貞観年間に新羅海賊への備えとして日本海諸国に配備された。ただ、製作と使用には弩師《どし》とよばれる専門家が必要なので、承平年間の瀬戸内海賊追捕にどの程度有効であったかは不明である。なお、弩を試射した右衛門志比部貞直は検非違使《けびいし》である（検非違使は衛門府の官人が兼任する）。

承平年間は平安京でも群盗の活動が活発であった。承平元年二月に、群盗横行のため検非違使に夜間の見廻りをさせ、一二月には山城国に淀・山崎などの警備を命じている（図表3－5）。承平三年一月に、大内裏の門前で官人が群盗に襲われるという事件が起きたため諸衛府に夜間の巡検をさせている。承平五年九月には、検非違使が群盗を捕らえている。一方で、承平元年閏五月に常平所《じょうへいしょ》（米価高騰に備えて穀を備蓄する施設）の穀が売られ、承平二年四月には疫病のため賑給《しんごう》や諸社への奉幣がなされているので、承平年間は京およびその周辺には飢饉・疫病が広がっていたようである。群盗の活動が活発だったのは、飢饉・疫病がその大きな要因であったと考えられる。

3　純友の伊予国下向

承平年間の純友関係史料

藤原純友といえば瀬戸内海賊の首領というイメージが強い。それは『日本紀略』承平六年六月某日条の「南海賊徒の首藤原純友、党を結び伊予国日振島に屯聚《とんしゅう》し、千余艘を設け、官物私財を抄劫《しょうきょう》す」という印象的な文章によるところが大きい。確かに、天慶年間になると純友は瀬戸内海賊を率いて反乱を起こすのだが、承平年間の純友は逆に海賊を討伐する側に立っていた。ここではそのことを述べていきたい。最初に関係史料を四つ掲げておく。

（ア）『日本紀略』承平六年六月某日条
南海賊徒の首藤原純友、党を結び伊予国日振島に屯聚《とんしゅう》し、千余艘を設け、官物私財を抄劫《しょうきょう》す、爰に紀淑人《きのよしひと》を以て伊予守に任じ、追捕の事を兼行せしむ、賊徒、其の寛仁《かんじん》を聞き、二千五百余人、過《あやまち》を悔《く》ひて刑に就《つ》く、魁帥《かいすい》小野氏彦《おののうじひこ》・紀秋茂《きのあきしげ》・津時成《つのときなり》等、合せて卅余人、手を束《つか》ねて交《きょう》名《みょう》を進め帰降す、即ち衣食田畠を給ひ、種子を行ひ、農業を勧めしむ、之を前の海賊と号す

（イ）『扶桑略記』承平六年六月条
南海道の賊、船千余艘を、海上に浮かべ、官物を強取《きょうしゅ》し、人命を殺害す、仍て上下往来、人物通ぜず、勅して、従四位下紀朝臣淑仁〔人〕を以て、賊地伊予国の大介《おおすけ》に補し、海賊追捕の事を兼行せしむ、賊徒其の寛仁泛愛《はんあい》の状を聞き、二千五百余人、過を悔ひて刑に就く、魁帥小野氏寛・紀秋茂・津時成等、合わせて卅余人、手を束ね夾名《きょうみょう》を進め、降《くだ》りて帰伏《きふく》を請《こ》ふ、時に淑仁〔人〕朝臣、皆に寛恕《かんじょ》を施し、賜ふに衣食を以てす、田疇《でんちゅう》を班給し、種子を下行し、耕に就き農を教ふ、民烟《みんえん》漸《ようや》く静まり、郡国興復《こうふく》す

（ウ）『本朝世紀』天慶二年一二月二一日条
今日、伊予国解状を進む、前掾《さきのじょう》藤純友、去《いぬ》る承平六年、海賊を追捕すべきの由、宣旨《せんじ》を蒙《こうむ》る

（エ）『吏部王記』承平六年三月某日条
是日、伊与前掾藤原純共〔友〕、党を聚《あつ》め伊予に向かふ、河尻《かわじり》の掠内《くらのうち》に留連《るれん》す

（ア）冒頭の純友の部分を除けば、（ア）と（イ）の内容はほぼ同じで、南海道で海賊が千余艘の船を設けて官物私財を奪っていたが、紀淑人が伊予守になって海賊追捕を行うと、淑人が寛仁（心が広くて情け深いこと）と聞いて、二五〇〇余人の海賊が過ちを悔いて刑に服し、小野氏彦ら首領三〇余人も恭順し名簿を進めて帰降した、淑人は海賊に衣食、田畠、種子を与えて帰農させた、と記されている。そして、（ア）の冒頭に「南海賊徒の首藤原純友、党を結び伊予国日振島に屯聚《とんしゅう》し、千余艘を設け、官物私財を抄劫《しょうきょう》す」とあることから、かつては承平年間から純友は海賊の首領であったとするのが通説だった。しかし、近年はこの説は否定され、承平年間の純友は反対に海賊を討伐していたとする説が一般的になっている。

純友の立場

考え方が大きく変わった理由は、まず第一に、（イ）は（ア）とほぼ同内容なのだが、冒頭には「南海道の賊、船千余艘を、海上に浮かべ、官物を強取《きょうしゅ》し、人命を殺害す」とあるだけで、純友の名前がみえないことである。承平年間の純友が海賊の首領であったならば、当然（イ）にも名前が記されるはずだが、それがみえないのは不自然といわざるをえない。

第二は、（ア）（イ）ともに帰降した海賊のなかに純友の名がみえないことである。承平年間の海賊は紀淑人によって鎮められ、海賊の「魁帥《かいすい》」三〇余人が帰降した。故に、純友が海賊の首領であったならば、当然帰降者の中に名前がみえるはずだが、なぜかそこに純友の名前はみえないのである。

第三は、（ウ）に「前掾《さきのじょう》藤純友、去《いぬ》る承平六年、海賊を追捕《ついぶ》すべきの由、宣旨《せんじ》を蒙《こうむ》る」とみえることである。（ウ）の『本朝世紀』は大部分が散逸し、承平六年は残っていない。（ウ）は天慶二年一二月二一日条にみえる伊予国の解状の一部である。この解状は、純友が随兵を率いて伊予国から船に乗って出ようとしているので、早く京に召し上げてほしいというもので、（ウ）はその冒頭部分である。これによれば純友は承平六年に海賊追捕の命令を受けていたことになり、承平年間の純友が海賊の首領であったとする説と全く矛盾するのである。

第四は、（エ）に「伊与前掾藤原純共（友）、党を聚《あつ》め伊予に向かふ」とあること、すなわち承平六年三月に純友が京から伊予に向かったとされていることである。つまり、承平六年三月まで純友は京にいたのである。（エ）の『吏部王記』は重明親王の日記である。貴族の日記はリアルタイムで書かれるので、一般的にいって後の時代に編纂された歴史書よりは信憑性が高い。（エ）は近年紹介された逸文で、かつては知られていなかったものだが、そこにあるこうした記述は、当時の純友が海賊の首領であったならばとうていありえないことである。

以上のことから、特に史料（ウ）（エ）により、近年では、承平年間の純友は海賊の首領ではなく、逆に海賊追捕の命令を受けて伊予国に向かったとするのが通説になっている。（ア）に「南海賊徒首藤原純友」とあるのは、天慶年間になると純友は反乱を起こすので、それを踏まえて後に書き加えられたもの、すなわち追記《ついき》と考えられている。（ア）の最後に「之を前の海賊と号す」とあるが、これは天慶年間の海賊に対して承平年間の海賊を「前の海賊」としたもので、明らかに天慶年間以降の追記である。このことも（ア）には後の人の手が入っていることを示している。

このように、近年では「南海賊徒首藤原純友」は追記とみなされているのだが、そうであれば、

（イ）の冒頭に「南海賊徒首藤原純友」がないこと、（ア）（イ）の帰降した海賊のなかに純友の名がみえないことも矛盾なく理解できる。かつては、（ア）の「南海賊徒の首藤原純友、党を結び伊予国日振島に屯聚《とんしゅう》し、千余艘を設け、官物私財を抄劫《しょうきょう》す」に着目して、承平年間から純友は海賊の首領だったとされていたが、近年は史料批判が進み、さらに新しい史料がみつかったこともあって、承平年間の純友は海賊を追捕する側にいたことが明らかになったのである。

（ア）の「南海賊徒首藤原純友」が追記されたものだとすると、（エ）が純友の名前が初めてみえる史料ということになる。ここでは（エ）から当時の純友についても考えてみることにしたい。

『吏部王記』の純友

（エ）には前掾とあるので、純友は承平六年（九三六）には伊予掾をやめていたことになる。純友が伊予掾だったのはいつからいつまでなのか、海賊が活動する前なのか活動を始めてからなのかなどは残念ながらわからない。もちろん、純友は伊予掾になったとはいえ遙任であって、実際には伊予国には赴任していないと考えられなくもない。しかし、承平六年に純友が海賊追捕の宣旨を蒙って伊予国に向かったのは、純友には伊予掾として何らかの実績があったためと思われるので、純友はやはり伊予国に実際に赴任していたとすべきであろう。

純友は海賊追捕のため伊予国に向かうのだが、その頃中央から派遣されて海賊追捕にあたっていたのは、国ごとに置かれた警固使と追捕南海道使である。南海道については、承平三年一二月に国々に警固使を定め遣わすとある。伊予国に向かったとあるので、純友は伊予国警固使に任命されたのかもしれない。その場合、それまで伊予国に警固使が置かれていなかったとは考えにくいので、前任者と交替したのであろう。『貞信公記』天慶三年四月六日条には、阿波国警固使を藤原村蔭《むらかげ》に交替させたとの記事があるので、これと同じことが行われたのであろう。ただし、警固使ではなく追捕南海道使の一員として遣わされた可能性もないわけではない。問題は、純友が遣わされたのがなぜこの時期なのかだが、この史料からはうかがうことはできない。承平年間に警固使、あるいは追捕使として派遣された者で名前がわかるのは、右衛門志比部貞直、兵庫允在原相安、左衛門権佐紀淑人の三名で、いずれも武官の職に就いている。故に、警固使、追捕使にはそうした現役の武官がまず配備されたので、純友の派遣はこの時期になったのかもしれない。

（エ）によると、純友は「党を聚《あつ》め」て伊予に向かった。党は「なかま」「ともがら」（『日本国語大辞典』）のことだが、この頃の「党」には、「党を結《むす》んで群居し、同悪相済《な》す」（『類聚三代格《るいじゅうさんだいきゃく》』斉衡二年六月二五日官符）、「非理無道に、党を成して粮を求む」（同延喜六年七月二八日官符）など、同じ仲間でも悪い仲間の意味で使用される場合が多い。しかし、慶滋保胤《よししげのやすたね》の勧学会《かんがくえ》（文人と僧侶が合同で開催した念仏と詩文の会合）に関する文章に「何ぞいはんや党結《とうけつ》の徒《と》は、貧しくして道を楽しむ人ならくのみ（まして今の会の仲間は、貧乏でわが道たる学問を楽しんでいるだけの人たちである）」（『本朝文粋《ほんちょうもんずい》』巻一二、訓み下し・現代語訳は新日本古典文学大系『本朝文粋』による）とあるように、単なる仲間の意味でも使われている。（エ）の場合は追捕宣旨を受けてのことであるから、悪い仲間の意ではないだろう。

承平四年七月に海賊追捕に向かった在原相安は諸家兵士と武蔵兵士を率いていた。在原相安が警固使なのか追捕使の一員なのかは不明だが、純友もそうした兵士を率いていたのならば、そのことが書かれてあるはずであり、またわざわざ「党」を集める必要もないので、純友には特別に兵士は付けられていなかったと思われる。故に、「党を聚め」たというのは、伊予国に向かうにあたって必要な人員を私的に集めたの意であろう。

次に、「河尻《かわじり》」は淀川（当時は現在の神崎川が本流であった）の河口部のことで、租税を積んだ輸送船はここから淀川をさかのぼって平安京に至る。延喜一四年（九一四）の三善清行《みよしきよゆき》「意見十二箇条《いけんじゅうにかじょう》」に、山陽・南海・西海の三道からやってくる船の瀬戸内海最後の停泊地を河尻としているように、瀬戸内海航路最東端の重要な港であった。

「掠《くら》」は、『類聚三代格』仁寿《にんじゅ》三年一〇月一一日官符（「大輪田船瀬《おおわだのふなせ》の石掠《いしくら》并びに官舎等の小破を修造すべき事」）に「件《くだん》の石掠は風波を起こす毎《ごと》に頗《すこぶ》る破損を致す」とあるように、石積みの防波堤のことである。したがって、「河尻《かわじり》の掠内《くらのうち》」は河尻の港の中ということになろう。

「留連《るれん》」は「同じ所にいつまでもとどまること」（『日本国語大辞典』）だが、当時の史料では「京下《きょうげ》に留連して、久しく帰らず」（『類聚三代格』貞観一〇年六月二八日官符）、「意に任せて留連し、日を経て遊蕩す」（同寛平《かんぴょう》七年一二月三日官符）など、本来は留まるべきではないのにぐずぐず逗留している、という用法で使われることが多い。しかし、「尾張国郡司百姓等解文《おわりのくにぐんじひゃくせいとうげぶみ》」の一九条では、「馬津《うまつ》の渡《わたし》は、是《これ》海道第一の難処にして、官使上下の留連する処なり」とあり、「留連」は交通の難所のためやむなく足止めされるという意味で使われている。河尻は港なので、あるいはこれと同じような意味、たとえば船便を待つ、気象条件が整うのを待つ、などかもしれない。したがって、「留連」から、純友一行が河尻の港で留まっていることは間違いないとわかるが、詳細な事情は不明とせざるをえない。

4　純友と紀淑人

紀淑人　承平六年（九三六）三月、純友は海賊追捕の命令を受けて伊予国に向かった。伊予国で純友とともに海賊追捕にあたったのが紀淑人《きのよしひと》である。以下では、この二人が海賊追捕でどのような役割を果たしたかをみていきたい。

紀淑人の経歴については次の『古今和歌集目録《こきんわかしゅうもくろく》』（古今和歌集の歌数と作者の略伝を記したもので、原著者は藤原仲実《なかざね》）が詳しい。

（オ）『古今和歌集目録』

紀淑人　従三位中納言長谷雄《はせお》卿の二男、母□、延喜九年正月十一日、左近将監に任ず、閏八月廿三日、蔵人に補す、十一年正月十三日、備前権大掾を兼ぬ、十三年正月七日、従五位下に叙す、廿一年八月十九日、右兵衛佐に任ず、延長三年正月七日、従五位上に叙す、六月九日、左衛門権佐に任ず、承平五年正月廿三日、河内守に任ず、六年五月廿六日、追捕南海道使たるにより伊予守に任ず、左衛門権佐を兼ぬ、天慶六年二月廿六日、丹波守に任ず、天暦二年正月

卅日、又河内守に任ず

紀氏は、九世紀前半までは、鎮守将軍紀広純《ひろずみ》、征夷大将軍紀古《こ》佐《さ》美《み》、征東副使紀真人《まひと》など多くの武人を出したが、次第に文人が多くなった。淑人の父長谷雄《はせお》は著名な漢詩人で、文章博士《もんじょうはかせ》、大《だい》学頭《がくのかみ》などを経て、延喜一二年（九一二）に従三位中納言で亡くなっている（図表3-6）。子も文人が多く、大学頭・東宮学士《とうぐうがくし》をつとめた長男の淑望《よしもち》は『古今和歌集』真名序《まなじょ》の著者として有名である。四男の淑光《よしみつ》も漢詩人で、文章生《もんじょうしょう》、式部大丞《しきぶたいじょう》を経て参議となっている。これに対し、淑人は一貫して武官の道を歩み、左近衛将監、右兵衛佐から左衛門権佐・検非違使となっている。追捕南海道使になったのはこうした経歴によるものであろう。淑人の生年は不明だが、弟の淑光は貞観一一年（八六九）生まれなので、淑人は承平六年には七〇歳前後になっていたことになる。

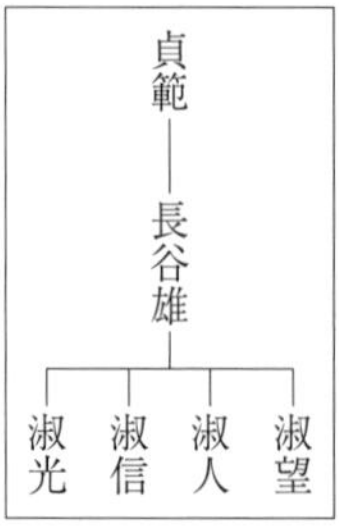

図表3-6
紀淑人関係系図

紀淑人が伊予守になったことは先の（ア）（イ）にもみえるが、この史料によるとそれは承平六年五月二六日のことであった。また、「追捕南海道使たるにより」とし、淑人が追捕南海道使だったため伊予守に任じられたとしている。

追捕南海道使と伊予守

紀淑人の伊予守補任については史料がもう一つある。次に掲げる陽明文庫《ようめいぶんこ》所蔵の『勘例《かんれい》』がそれである。

（カ）『勘例』一三―一〇
廷尉佐《ていいのすけ》　受領を兼ぬる例
紀淑人　承平六年五月、伊予守に任ず、左衛門権佐、元の如し
藤顕頼　元永二年四月、右衛門権佐に任ず、丹波守、元の如し
同長房　文治□年四月、右衛門権佐に任ず、和泉守、元の如し

『勘例』は、朝廷の政治・儀式の先例や故実を集成したもので、編集されたのは一四世紀後半である。ここは検非違使・衛門佐で受領を兼任した者の先例である。承平六年五月に紀淑人が伊予守に任命されたことはここにもみえており、先の『古今和歌集目録』の記載が信頼できるものであることを示している。また「左衛門権佐、元の如し」とあることから、淑人は以前から左衛門権佐であったことになる。

このように、紀淑人は承平六年五月に「追捕南海道使たるにより」伊予守となったのだが、その経緯を検討する前に、道単位の追捕使は現地の受領を兼ねないことを述べておきたい。

承平・天慶年間は海賊あるいは群盗の活動が活発な時期なのだが、政府がその対策として設置したのが国単位の警固使・押領使《おうりょうし》と道単位の追捕使である。このうち前者の警固使・押領使は国ごとに置かれ、承平年間の瀬戸内海では三年の一二月に諸国の警固使が定め遣わされている。一方、後者の道単位の追捕使はそれら警固使を全体として統轄する任務を負っていたと考えられる。承平年間では

追捕南海道使紀淑人が知られるだけだが、将門・純友の乱が始まると、天慶三年一月一日に藤原忠舒《ただのぶ》が東海道追捕使に、小野維幹《これもと》が東山道追捕使に、小野好古《よしふる》が山陽道追捕使になり、八月には長官小野好古、次官源経基《つねもと》、判官藤原慶幸《よしゆき》、主典大蔵春実《はるざね》からなる追捕山陽南海両道凶賊使が任じられている。このように騒乱が大規模な場合は道追捕使が置かれるのだが、道追捕使になった者を調べてみると、少なくとも天慶年間には追捕使で任地の受領を兼ねた者はいない。道追捕使は道全体の統轄者なので、特定国の受領にならないのはある意味では当然のことであろう。したがって、承平年間の追捕南海道使紀淑人も任地の受領、具体的には伊予守を兼ねてはいなかったと考えられる。

伊予守補任の理由

さて、紀淑人が伊予守に任じられた理由だが、(ア)(イ)に紀淑人を伊予守に任じて海賊を追捕させたとあることから、これまでの研究はいずれも海賊討伐のためとしている。しかし、その考えは成り立たないものである。承平年間の海賊と政府の動きをまとめた図表3－2をみてもらいたい。これによると、海賊の活動のピークは承平四～五年あたりで、承平六年になると三月に太元帥法が行われ、純友が伊予国に下って以降は関係記事がみえず、海賊の動きは次第に収まっている。また、(ア)(イ)の史料が承平六年六月条とされていることも注意されよう。(ア)(イ)は海賊の蜂起から鎮圧までの過程をまとめて記したものだが、通常はこうしたまとめの記事は海賊の活動が終わった時点に置かれるものである。したがって、六月までには海賊の活動は収まっていたとせねばならない。とすると、五月末に海賊を討つため伊予守に任じられた紀淑人が翌月には海賊の追捕を終えていたことになる。これは時間的にみてとうていありえないことであり、海賊討伐のため淑人を伊予守にしたという考えは成り立たないのである。

そうすると、注目されるのは（オ）の「六年五月廿六日、追捕南海道使たるにより伊予守に任ず」、つまり追捕南海道使なので伊予守に任じたという記述である。では、なぜ追捕南海道使であることによって伊予守に任じられたのであろうか。結論を先にいえば、それは追捕南海道使として海賊を追捕した功績によるものであろう。先述したように、追捕南海道使は伊予守を兼ねないとすると、伊予守に任じられた時に淑人は追捕南海道使を辞めていたことになるが、海賊追捕の中心人物である淑人が追捕南海道使の地位を去るのは、その時点で海賊は鎮圧されていたことを意味する。すなわち、淑人は海賊追捕を終え、追捕南海道使の任を解かれ、そして伊予守に任じられたのである。とすると、淑人が伊予守になった理由はもはや明らかであろう。それは追捕南海道使として海賊を鎮圧した功績によるものであり、さらには海賊追捕後の伊予国の統治を彼に委ねるためである。

海賊追捕と伊予守補任

同様な事例は阿波国で海賊追捕がなされた際にもみられる。正暦《しょうりゃく》三年（九九二）、阿波国守藤原嘉時《よしとき》が海賊に捕らえられるという事件が起き、源忠良《ただよし》が阿波国海賊追討使として遣わされた。忠良は海賊追捕に成功し、海賊の首領一六人の首と降人二〇人を連れて京に凱旋した。そして、忠良は前守に代わって阿波国守に任じられたのである。これも海賊追捕の褒賞であるとともに、海賊追捕後の阿波国の統治を任せるためである。このように、海賊を追捕した者が追捕後にその国の受領になることは伊予国のことだけではない。東国の例ではあるが、将門を討った藤原秀郷《ひでさと》もその後下野国守になっている。このように、追捕南海道使として海賊を追捕した勲功により淑人は伊予守に任じられたのである。

これまでの説と異なり、淑人が伊予守に任命されたのは海賊追捕の功績によるものとしたが、このように考えると五月末という任命の時期も理解しやすい。つまり、五月末までに海賊は鎮圧され、伊予守補任が海賊追捕に対する褒賞であったとすると、伊予守に任じられた時期として決して遅くはないのである。

従来は（ア）（イ）の史料により、淑人が伊予守に任じられてから海賊追捕にあたったとされていたのだが、（オ）の「六年五月廿六日、追捕南海道使たるにより伊予守に任ず」という記述により、淑人は追捕南海道使に任じられて海賊の鎮圧にあたり、その功績によって伊予守に任じられたと考えた方が論理的であることを述べた。したがって、（ア）の「紀淑人を以て伊予守に任じ、追捕の事を兼行せしむ」、（イ）の「従四位下紀朝臣淑仁《〔人〕》を以て、賊地伊予国の大介に補し、海賊追捕の事を兼行せしむ」という記述は正確さに欠けるといわざるをえない。（ア）（イ）には淑人が追捕南海道使であったことは書かれていないので、本来は追捕南海道使に任じられて海賊追捕にあたったとするべきところを誤って伊予守に任じられて海賊追捕にあたったとしたのであろう。（ア）（イ）は内容が類似しているので、おそらくは共通の原史料から書かれたものと思われるが、この記事は海賊蜂起から国内興復に至るまでの長期間の出来事を一括して簡略に記したものなので、原史料がまとめられる段階で何らかの誤りが生じたものと考えておきたい。

純友の役割

以上のように、五月末には海賊活動は収まっていたと考えられる。そうすると、三月に伊予国へ向かった純友は海賊追捕でどのような役割を果たしたのであろうか。残念ながら、この時の海賊追捕には純友はあまり関わっていないとせざるをえない。なぜなら、純友の伊予国下向から海賊活動の終結までの時間があまりに短かすぎることである。（エ）の『吏部王記』は三月のいつの記事かは不明だが、河尻で「留連《るれん》」したことからすれば、純友が伊予に着いたのは早くとも三月の後半以降であろう。そうすると純友の活動期間は長くみても二か月程度しかなく、このような短期間で何年も続いた海賊活動をおさえることができたかどうか疑問である。もちろん、純友が加わったことにより海賊追捕が一挙に進んだと考えられなくもない。しかし、もし長期にわたった海賊活動が純友によって短期間で鎮圧されたならば、海賊追捕の最大の功績者は純友ということになろう。とすると、純友には淑人以上の褒賞が与えられたはずである。将門・純友の乱後には、勲功者は叙爵されたり、衛府の官人に任命されたりしている。承平年間の海賊追捕でも、先述したように、兵庫允在原相安が左衛門尉になっている。したがって、純友が功績者であったならば同様の措置がとられたはずだが、その後純友は叙爵されておらず、身分も前伊予掾のままである。故に、こうした点からも伊予国下向後に純友が海賊追捕で重要な働きをしたとは考えられないのである。

むしろ純友は、海賊たちが帰降した後に、淑人を助けて彼らをもとの生業に戻す業務で活躍したのではないだろうか。つまり、利益の拡大を求める富豪層の海民と支配を強化しようとする受領の対立、飢饉・疫病により貧窮した海民の流民化などが海賊発生の要因であったとすると、富豪層の海民の場合は受領との対立を解消する方策を探り、貧困層の海民の場合は生活が維持できるようつとめたであろう。このうち後者については、前掲史料（イ）に、「淑仁〔人〕朝臣、皆に寛恕《かんじょ》を施し、賜ふに衣食を以てす、田疇《でんちゅう》を班給し、種子を下行し、耕に就き農を教ふ」、つまり、淑人は、衣食、田畑、種子を下給して、海賊たちに帰農させたとある。史料（ア）もほぼ同内容である。もっとも、海賊たちの本来の生業はさまざまであったから、この文章の通りのことが行われたとは考えにくいが、帰降した海賊たちに対して何らかの施策がとられたことは間違いない。

海賊の盟主へ

純友はかつて伊予掾をつとめ、伊予国、さらには瀬戸内海賊の実情には詳しいので、淑人は純友を伊予国に留め、こうした任務に就かせたのではないだろうか。そして、純友は瀬戸内海各地を訪れ、各地域の海賊たちと交わるなかで、彼らとの関係を深めていったのだろう。もちろん、純友はあくまで政府側の人間であり、彼の任務は海賊活動が再び起きないようにすることであった。しかし、海賊たちとすごす時間が長くなるうちに、ひたすら収奪にはげむ国司や窮乏化する海民に対して無策な国司などに反発を覚えるようになったのではないだろうか。こうして純友はそのスタンスを次第に海賊の側に移し、海賊の盟主となっていくのである。

純友が瀬戸内海賊の盟主になりえたのは、藤原北家出身で前伊予掾だったことだけでなく、承平年間に瀬戸内海賊が連合体をつくりあげていたことも関係していよう。九世紀後半の貞観・元慶年間には瀬戸内海賊が連携して活動をした様子はみられない。しかし、承平年間になると、伊予国喜多郡の倉庫を大規模な海賊集団が襲ったこと、また海賊の首領三〇余人が一斉に投降していることなどからすると、この頃には瀬戸内海賊の連合体が形成されていたとみられる。承平年間に南海道全体を管轄する追捕南海道使が置かれたのも、こうした海賊の連合の動きに対処するためであろう。天慶年間になると純友は瀬戸内海賊を率いて反乱に立ち上がるが、純友が短期間で彼らの盟主になることができた理由の一つはこうしたところにあるのではないだろうか。

5 承平年間の東国

瀬戸内海で海賊が活動していた頃、東国では将門の乱の前史ともいえる平氏一族の内紛が起きていた（図表3－7）。そこで、本章の最後に承平年間の東国の様子を述べておく。

平氏一族の内紛

東国の平氏は高望《たかもち》王が上総介として赴任・土着したことに始まる（図表3－8）。その子供たちは東国の豪族源護《まもる》一族と婚姻関係を結び、各地で勢力を競った。承平年間の平氏一族の内紛は将門とその伯父良兼《よしかね》を軸に展開したが、将門の乱の基本史料である『将門記』は「女論」により将門と良兼が仲違いしたとする。将門の妻は良兼の娘なので、彼女をめぐって両者が対立したらしいが、詳細は不明である。

承平五年（九三五）二月に将門は源扶《たすく》・平国香《くにか》らとの戦いに勝って常陸国筑波《つくば》・真壁《まかべ》・新治《にいはり》の三郡にある敵方の家々を焼き払い、一〇月には伯父の良正《よしまさ》を常陸国川曲《かわわ》村で破る。承平六年六月にもう一

年　月　日	事　　　項
承平1	将門と良兼が「女論」により対立
承平5. 2	将門が常陸国で源扶・国香らを破る
10. 21	将門が常陸国川曲村で良正を破る 良正が良兼に援軍を要請し，良兼が応じる
6. 6. 26	良兼が上総国より常陸国に向けて出陣
7. 26	将門が下野国で良兼を破る
10. 17	将門が弁明のため上京する
7. 5. 11	将門が恩赦にあって帰国する
8. 6	良兼が将門を常陸・下総国境の子飼の渡しで破る
8. 17	良兼が将門を下総国堀越の渡しで破る
10	将門と良兼が筑波山で戦う
12. 14	良兼が将門の石井営所を夜襲
天慶1. 2	将門が上京する貞盛を信濃国に追う
2. 6	良兼が死去

＊出典はいずれも『将門記』

図表3－7　承平年間の平氏一族の内紛

人の伯父の良兼が軍勢を率いて上総国から常陸国に入り、良正・貞盛《さだもり》方に付いたが、下野国府の戦いで将門に敗れた。一〇月、将門は源護の訴えに対する弁明のため上京し、翌承平七年五月に恩赦により罪を許され帰国する。同年八月、雪辱を期す良兼は軍備を整え、常陸・下総国境の子飼《こがい》の渡しで将門に戦いを挑んで勝利した。続いて、良兼は堀越《ほりこし》の渡しの戦いでも勝利を収めた。その後、将門は態勢を立て直し、一〇月に常陸国真壁郡に出陣し、良兼の服織宿《はとりのやど》を焼き、さらに筑波山に良兼を追った。一二月には良兼が将門の石井営所《いわいのえいしょ》を夜襲するが、逆に撃退されている。翌年、将門は上京する貞盛を信濃国まで追うが、逃げられている。こうした平氏一族の内紛は、天慶二年（九三九）六月に反将門勢力の中心人物である良兼が亡くなるまで続く。

『将門記』の内容

『将門記』によって平氏一族の内紛のあらましをみてきたが、なぜかこうした東国の騒乱は、先の瀬戸内海賊と異なり、『日本紀略』『扶桑略記』などの歴史書には記録されていない。『将門記』の内容通りであれば、内紛は大規模なもので、当然政府としても何らかの措置をとったはずだが、そうしたことを記す史料は残されていないのである。

これは政府が東国の騒乱を重大事態とは考えていなかったためであろう。瀬戸内海は京都に近く、瀬戸内海賊の活動は貴族の経済生活に大きな脅威であったのに対し、東国の騒乱はあくまで平氏一族内部の私闘であり、国衙権力を直接に脅かしたわけではないと政府は認識していたのであろう。

もう一つの理由は、騒乱の規模が実際には『将門記』が描いているほどのものではなかったためであろう。『将門記』には、良兼が承平六年（九三六）に上総国から常陸国に入った時の様子を「常陸国を指し、雲の如くに湧き出でつ、上下の国上総・下総を言ふなり、禁遏《きんあつ》を加ふといへども、因縁《いんねん》を問ふと称して、

図表3－8
平将門関係系図

遁るるがごとくに飛び去りぬ」とする。つまり、大軍を率い、上総・下総両国の制止を振り切り、親類縁者を訪ねるといって常陸国に向かったとしている。また、良兼はその後下野国府に入り、将門に包囲されるのだが、『将門記』は良兼軍の数を「数千許《ばかり》」とする。『将門記』はこのように記すのだが、いくら一族の内紛とはいえ、これだけの大軍を上総・下総両国の制止を無視して動かし、さらに下野国府で戦闘を行っていたならば、政府が何らかの対応をとり、それが記録として残っていたはずである。ところが、全く史料にみえないのは、『将門記』の記述と異なり、実際には平氏一族の内紛が小規模のものであったためであろう。『将門記』はあくまで軍記物語であり、叙述のすべてが史実というわけではないのである。

第四章　藤原子高襲撃事件

1　将門の乱

天慶改元

瀬戸内海賊の活動は承平《じょうへい》六年（九三六）にようやく収まったが、翌々年の承平八年は天災地変の絶えない年となった（図表4-1）。四月に京で大地震が起き、平安宮内にある内膳司《ないぜんし》の建物が倒れ、四人が圧死した。その死穢《しえ》のため、賀茂祭《かものまつり》は中止となった。五月にも大地震にみまわれ、年号が天慶《てんぎょう》に改められた。いわゆる災異改元《さいいかいげん》（天災や兵乱が起きた時に行う、災いを攘《はら》い人心を一新するための改元）である。大地震はその後も続き、八月の大地震の際には、天皇が内裏の常寧殿《じょうねいでん》の前庭に避難するほどであった。六月と八月には大雨で鴨川が氾濫し、なかでも六月の洪水では西堀川以西は海のようになり、往来できなくなった。この年は京内で春から妖言が絶えず、秋には各所に奇怪な木神像が置かれた。また、東国では治安が悪化し、五月に武蔵国とその隣国に橘近安《ちかやす》

年　月　日	事　　　項
天慶1. 4. 15	大地震，内膳司の建物が倒れ，圧死者4人，宮城四面の垣の多くが倒れる（貞信，紀略）
4. 18	余震がおさまらないので，21か寺で読経（貞信）
5. 6	大地震，その後も余震が続く（貞信）
5. 22	天慶改元（貞信，紀略）
5. 26	大雨・洪水（紀略）
6. 2	地震を止めるため，諸寺で最勝王経を転読する（貞信）
6. 16	震災を攘うため，諸社に奉幣使を発遣する（貞信）
6. 20	鴨川洪水，京中の人屋漂流（貞信，紀略）
7. 8	地震が止まないため，諸寺諸社に仁王経1万部を読経させる（貞信，世紀）
7. 27	諸社に祈雨奉幣（紀略）
8. 6	大地震，天皇が常寧殿の前庭に避難（貞信，世紀）
8. 27	大雨・鴨川洪水（世紀）
9. 2	地震，その後も余震が続く（貞信，世紀）
10. 9	震災を攘うため，宇佐八幡に奉幣使を発遣する（紀略）
10. 21	地震，その後も余震が続く（貞信，紀略）
11. 3	地震，その後も余震が続く（貞信）

＊貞信は『貞信公記』，紀略は『日本紀略』，世紀は『本朝世紀』

図表4－1　天慶元年の天災地変

の追捕、一一月には駿河・伊豆・甲斐・相模国に平将武《まさたけ》（将門の弟）の追捕が命じられた（図表4－2）。

天慶の時代はこうした異例の幕開けとなったが、翌天慶二年（九三九）も旱魃にみまわれ、春から米価が高騰した。六月には祈雨のため大極殿《だいごくでん》で大般若経《だいはんにゃきょう》を読み、七月には全国の名神社《みょうじんしゃ》（霊験にすぐれた諸国の神社）に奉幣し、国分寺と定額寺《じょうがくじ》（官寺に準じる寺院）で仁王経《にんのうきょう》を読んでいる。京では盗賊が多くあらわれ、四月には衛《え》府《ふ》や馬寮《めりょう》による捜索が行われた。出羽国では四月に俘囚《ふしゅう》の反乱が起き、秋田城軍との間で合戦がなされている。この出羽国の俘囚反

年　月　日	事　　　項
天慶1. 5. 23	武蔵国と隣国に，橘近安の追捕を命じる（貞信）
11. 3	駿河・伊豆・甲斐・相模国に，平将武の追捕を命じる（世紀）
天慶2. 3. 3	源経基が将門謀反を告発する（貞信，世紀）
3. 25	忠平が将門謀反の実否を問う使を送る（将門）
4. 17	出羽国が，俘囚が反乱を起こし，秋田城軍と戦ったことを言上する（貞信，紀略）
5. 2	将門が常陸・下総・下野・武蔵・上野国の解文を付して無実の由を言上する（将門）
5. 5	忠平が坂東諸国の騒乱が鎮まらないことについて定めさせる（貞信）
5. 6	出羽国が，秋田郡で俘囚が官稲を奪い，百姓の財物を焼いたことを言上する（貞信）
5. 16	乱逆の事により，相模権介に橘最茂，武蔵権介に小野諸興，上野権介に藤原惟条を任じる（世紀）
6. 7	武蔵国推問使を定める（貞信，世紀）
6. 9	橘最茂，小野諸興，藤原惟条を押領使とする（貞信）
6. 21	橘最茂，小野諸興，藤原惟条に群盗追捕を命じる（世紀） 陸奥国より，出羽国から援兵を送るよう要請があったとの知らせが届く（世紀）
8. 11	尾張国より，国守共理が射殺されたとの知らせが届く（貞信，紀略）

＊貞信は『貞信公記』，紀略は『日本紀略』，世紀は『本朝世紀』，将門は『将門記』

図表 4 - 2　天慶初年の東国の騒乱

乱はすぐには収まらず、六月には陸奥国に援軍の要請がなされた。

出羽国だけでなく東国の治安も天慶二年になるとさらに悪化した。橘近安、平将武に続いて群盗も蜂起したのである。延喜《えんぎ》年間（九〇一～九二三）の東国は、群盗蜂起のため「東国乱」（『本朝世紀《ほんちょうせいき》』天慶二年五月一五日丙辰条）とよばれる混乱状況に陥ったが、その時以来の大騒乱であった。政府は五月に橘最茂《よしもち》を相模権介に、小野諸興《もろこし》を武蔵権介に、藤原惟条《これなが》を上野権介に任じるとともに、六月にはそれぞれを各国の押領使《おうりょうし》とし、群盗追捕を命じた。また、群盗平定を願って、五月に諸寺社で仁王経を読み、六月に法琳寺《ほうりんじ》で太元帥法《たいげんのほう》を、七月に延暦寺で大威徳法《だいいとくほう》を修した。こうした混乱状態のなかで将門の乱が始まるのである。

謀反告発

天慶二年（九三九）三月三日、武蔵国から上京した武蔵介源経基《つねもと》が将門の謀反を告発した。『将門記《しょうもんき》』によると告発までの経緯は以下の通りである。

武蔵国で権守興世王《おきよおう》・介源経基と足立郡司武蔵武芝《たけしば》とが対立し、興世王と経基は比企《ひき》郡狭服山《さやきのやま》に籠もってしまった。これを聞いた将門は、両者の争いを収めるため武蔵国府に赴き、国府に戻った興世王と武芝を和睦させた。ところが、武芝の兵が理由もなく山に残った経基の陣を囲んだため、経基の兵たちは驚き騒いで逃げ散ってしまった。このことが国府に伝えられ、将門は双方の和解がならなかったので下総国に帰り、興世王は国府に留まった。経基は、将門と興世王が自分を討とうとしているのではないかと疑い、怨みを持って京に上った。そして、復讐のため虚言をもって将門と興世王が謀反を企てていると訴えた。このため京中は大騒ぎとなった。

謀反告発を受けて、政府は寺社で祈禱をしたり、六衛府舎人に命じて京内の警備強化を行ったりしたが、摂政忠平は告発を正式に受理せず、謀反が本当か否かを問う文書を多治助縄《たじひのすけただ》を使として将門のもとに送る。助縄は忠平の家司《けいし》（摂関家の事務をつかさどる職員）であり、将門への使が私的なものであったことがわかる。これは、将門が忠平のことを「私の君」と言い、『将門記』に載せる将門奏状に「そもそも将門少年の日に、名簿《みょうぶ》を太政の大殿《おおとの》に奉りて数十年、今に至りぬ」とあるように、かつて将門は忠平に仕えていたことがあったためである。つまり、忠平は将門との個人的関係を利用して告発が真実か否かを確認するとともに、できれば穏便に事を済ませたいとの意図があったものと思われる。この忠平からの使者に対し、将門は常陸・下総・下野・武蔵・上野の五か国の解文を取り、謀反が無実である旨を言上した。

推問使の任命

六月七日、将門を推問《すいもん》するための使が武蔵国に出されることになった。できれば内々に解決を図ろうとしていた忠平の意図に反して推問使が派遣されることになったのは、一つは将門が上京しなかったためである。承平六年（九三六）に源護《まもる》の訴えによって召喚官符が下された時には、将門はすぐさま上京し、朝廷で弁明をしている。ところが、その後英保純行《あほのともゆき》が将門を召す使として下向した時は上京せず、そして今回もまた東国に留まったままであった。こうした将門の態度が政府に不信感を抱かせたものと思われる。

二つめは、東国の群盗の活動がさらに激しくなったことである。五月には群盗追捕のため東国の介が任じられ、諸寺社で読経・奉幣がなされるなど、群盗の動きが活発化するのだが、彼らと同じく追捕の対象となっていたのが将門の弟将武であった。天慶元年（九三八）一一月に将武追捕の官符が駿河・伊豆・甲斐・相模国に下されるが、活動地域の重なりからみて、将武と群盗が無関係であったとは考えられない。こうして、群盗活動が激しくなっただけでなく、弟の将武がその一角にいたため、政府は将門をそのまま放置するわけにはいかなかったのであろう。

三つめは、出羽国で俘囚の反乱が続いていたことである。俘囚の反乱は四月に始まり、五月に秋田郡の官稲が奪われ、六月には陸奥国に援軍要請が出されている。このように陸奥・出羽国は不安定な状況にあったのだが、その陸奥国に将門の弟将種《まさたね》がいたのである。将門が討たれた後のことだが、天慶三年二月末に将門が兵を率いて陸奥・出羽国を襲撃しようとしているとの飛駅《ひえき》（駅馬を用いた非常事態時の緊急連絡）が陸奥国から届いている。さらに四月には、陸奥権守伴有梁《とものありはり》とその婿になっていた将門の弟将種が陸奥国で謀反を企てているとの情報が常陸国から京にもたらされる。天慶二年三月の段階で将種の存在を政府が把握していたかどうかはわからないが、いずれにせよ陸奥・出羽国の情勢が不安定であるため、政府は東国の不穏な動きを早く鎮めねばならないと考えたのではないだろうか。

右衛門権佐源俊《すぐる》を長官とする推問使は六月七日に任命されたが、この推問使はなかなか出発しようとしなかった。将門の威勢を恐れたためであろう。一〇月二日には兵士を随行することを申請したが却下され、一一月一二日には出発が遅れていることで叱責されている。一二月一九日になってようやく二五日に出発することになったが、結局都を出ることはなかった。

藤原玄明

将門の乱は天慶二年（九三九）一一月二一日の常陸国府攻撃に始まる（図表4－3）。これは常陸国を追われた藤原玄明《はるあき》が将門を頼ってきたことがそもそものきっかけであった。『将門記』によると、玄明は多くの田地を営むが官物は全く納めず、催促に来た国の使に暴力を振るい、人々を虐げていた。国守藤原維幾《これちか》が官物納入を催促しても拒否し、国府にもやって来ず、悪事ばかりはたらいていた。『将門記』にみえるこうした玄明の姿は、第二章でみた受領に抵抗する富豪層と全く同じである。

図表4－3　常陸国府跡

ただ、玄明が一般の富豪層と異なるのはその力の大きさである。『将門記』には、玄明は常陸国から将門の所に逃れる際に、行方《なめかた》・河内《こうち》両郡の不動倉《ふどうそう》の穀《もみ》・糒《ほしいい》を奪ったとあるが、これは承平四年（九三四）に伊予国喜多《きた》郡の不動穀を盗んだ瀬戸内海賊を彷彿させる行為である。また『将門記』には、国守維幾は官符を得て玄明を追捕しようとしたとある。つまり、玄明に追捕官符が出されたのである。この頃の追捕官符は、天慶元年五月に橘近安、一一月に平将武、同二年六月に相模・武蔵・上野国の群盗に出されているとはいえ、決して簡単に出されるものではない。したがって、玄明に本当に追捕官符が下されたのであれば、それだけの勢力を玄明が持っていたことになろう。さ

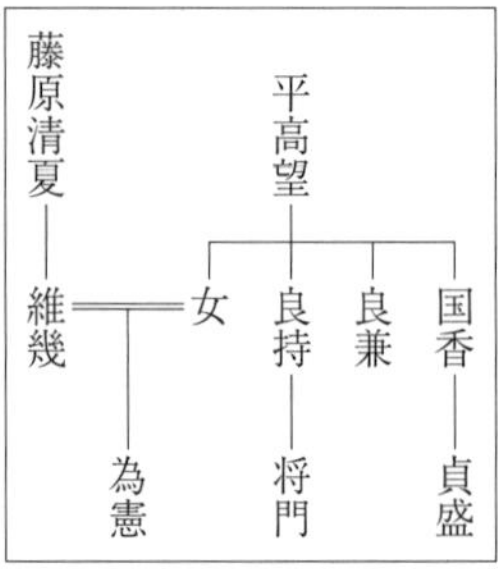

図表4-4
藤原維幾と平氏一族

らに『将門記』には、玄明と同族と思われる藤原玄茂《はるもち》という人物が登場する。この人物は将門が上野国を占領した時は常陸掾としてみえ、将門が坂東諸国の受領を任命した際には常陸介となっている。また、藤原秀郷《ひでさと》・平貞盛《さだもり》との戦闘では副将軍とされている。玄茂はおそらく常陸国の有力豪族であり、こうした点からも玄明が一般的な富豪層ではないことがうかがえる。

藤原維幾と為憲

この藤原玄明と対立したのが常陸国守藤原維幾だが、この人物も一般の受領ではなかった。維幾は玄明を追放しただけでなく、将門と合戦を行うなど、相当な武人であった。そのことは彼の姻戚関係からわかる（図表4-4）。『尊卑分脈《そんぴぶんみゃく》』には、子の為憲《ためのり》の母は「平高望の女」とある。つまり、維幾の妻は平高望の娘であり、良兼《よしかね》は義理の兄弟、将門や貞盛は義理の甥ということになる。子の為憲と将門は従兄弟である。維幾の父清夏《きよなつ》も下総守、上総介を歴任しているので、父の代から東国と関係があったのかもしれない。維幾は常陸介になる前は武蔵守であった。前守の藤原善方《よしかた》が延長七年（九二九）一〇月に亡くなっているので、維幾の武蔵守の任期は延長八年～承平三年（九三三）であろう。将門と良兼の争いは承平元年に始まるので、維幾は妻方の親族同士の紛争を隣国で直接にみていたことになる。常陸介の任期については、常陸国交替使《こうたいし》が天慶二年（九三九）六月に任命されていること（この交替使は『将門記』にもみえる）、天慶五年四月に藤原雅量《まさかず》が常陸介としてみえることが参考となる。交替使は、受領が任期中に亡くなり、新司との交替業務ができない時に派遣される使で、本来は新司とともに任命・派遣されるものである。しかし、この頃になると任命が遅れることが多くなっていたので、維幾が常陸介になったのは天慶元年か天慶二年となろう。そして、天慶五年四月に常陸介藤原雅量とあるので、維幾が常陸介になったのは天慶元年、任期は天慶元～四年とすることができよう。天慶元年は平氏一族の内紛がまだ続いていた時期である。そうしたなかで常陸介に任じられたのは、武蔵国守としての経験があり、かつ事情をよく知る親族として維幾に平氏一族の紛争を抑えることが期待されたからであろう。

維幾とともに玄明や将門と対立したのが維幾の子為憲である。『将門記』に載せる将門書状には、為憲は父親の権威を借りて非法行為をはたらいていたとある。受領の子弟が苛酷な収奪を行うのはよくあることだが（『政事《せいじ》要略《ようりゃく》』天慶九年一二月七日官符、「尾張国《おわりのくに》郡司《ぐんじ》百姓等《ひゃくせいとう》解文《げぶみ》」第二七条など）、玄明と対峙していたのはむしろ為憲の方だったかもしれない。為憲も父と同様武人であった。将門が常陸国府を襲った際に国衙の武器庫を開いて貞盛とともに戦ったのは為憲であった。なお、為憲は将門・純友の乱後に将門追討の功で兵庫《ひょうご》権《ごんの》少允《しょうじょう》となり、その子孫は東国に土着して、工藤氏、二階堂氏となっている。

将門の常陸国府攻撃

『将門記』前半に描かれた平氏の内紛に玄明は登場しないので、その頃の玄明のスタンスは不明だが、維幾が天慶元年（九三八）に常陸国に赴任すると、玄明と維幾が対立し、玄明と将門、維幾と貞盛が手を結んだことになる。ただ、天慶二年三月に経基が将門謀反を告発した際、将門は常陸国以下五か国の解文を取って無実の由を言上しているので、双方が争うようになるのはそれ以降ということになろう。同年六月に反将門陣営のトップである良兼が亡くなり、同じ頃貞盛が東国に戻ってきているので、そうしたことが要因となって両陣営の対立が激化したのかもしれない。

さて、玄明をかくまった将門が常陸国府を攻撃した理由を、『将門記』は「将門は素《もと》より、侘人《わびびと》を済《たす》けて気を述べ、便《たより》なき者を顧みて力を託《つ》く（将門は昔から失意の人を助けて意気を示し、頼る人がいない者の面倒をみて力を貸す）」としている。つまり、弱きを助け、強きをくじくのが将門の性格だからとするのだが、そうした理由だけで常陸国に多くの兵を送ったとはとうてい考えられない。藤原維幾・為憲と平氏一族との姻戚関係からすれば、そこにはやはり平氏一族の内部紛争が関係していたとすべきであろう（上横手雅敬「平将門の乱」）。

将門は常陸国を手始めに坂東諸国を占領するが、大規模な戦闘があったのは常陸国攻略時だけである。また、他の国の受領は京に帰らせているが、維幾だけは下総国に連行・軟禁されており、扱いが全く異なる。さらに、坂東諸国占領後、将門は常陸国に向かい貞盛と為憲を執拗に追い求めている。こうした点からみても、常陸国攻略には平氏一族の内紛の延長という側面があったことがわかるのである。

将門の坂東占領

将門は、一一月に常陸国府を攻略し、翌月には坂東諸国を手中に収める。『将門記』には、将門が坂東諸国を占領したのは、興世王の「一国を討つと雖も公《おほやけ》の責め軽からじ、同じくは坂東を虜掠《りょりゃく》して暫《しばら》く気色《けしき》を聞かん（一国を討っただけでも重く罰せられるであろう、それなら坂東を占領してしばらく様子をみよう）」という意見に従ったからとしている。しかし、これも先の常陸国攻略の理由と同じく、そのまま信用することはとうていできない。

将門が坂東諸国攻略に突き進み、かつそれが迅速に行えたのは、以前から坂東諸国では群盗などの活動が盛んだったからであろう。将門は常陸国府に続いて下野・上野国府に兵を進め、占領する。そして、将門が坂東諸国の受領を任じたことを聞いて、各国の受領は京に逃げ帰る。将門は武蔵・相模等の国を巡検して下総に帰る（図表4－5）。以上が『将門記』の語るところである。これによると、将門は坂東南西部の国々を難なく手に入れたことになるが、その地域こそ群盗などの活動が最も盛んだったところなのである。先述したように、天慶元年（九三八）五月に橘近安、一一月に平将武の追捕を命じられた国は、武蔵国とその隣国、駿河・伊豆・甲斐・相模国である。そして、天慶二年六月に群盗追捕のため押領使が置かれた国は相模・武蔵・上野国である。こうしてみれば、橘近安・平将武と群盗の活動地域は重なっており、双方が反国衙という点で手を結んでいた可能性は十分にある。いずれにせよ、武蔵・相模・伊豆国などは将門が常陸国を攻撃する前から群盗や橘近安・平将武の活動により国内は混乱状態にあったと思われる。そうしたところに将門の常陸・下野・上野国府占領の情報が入り、それらの国々の受領が京に逃げ帰ったというのが真相ではないだろうか。さらにいえば、坂東諸国攻略にあたって将門が近安・将武および群盗と連携していたことも十分に想定できよう。このように、『将門記』には橘近安・平将武や群盗のことは全く触れられていないが、実際には将門の

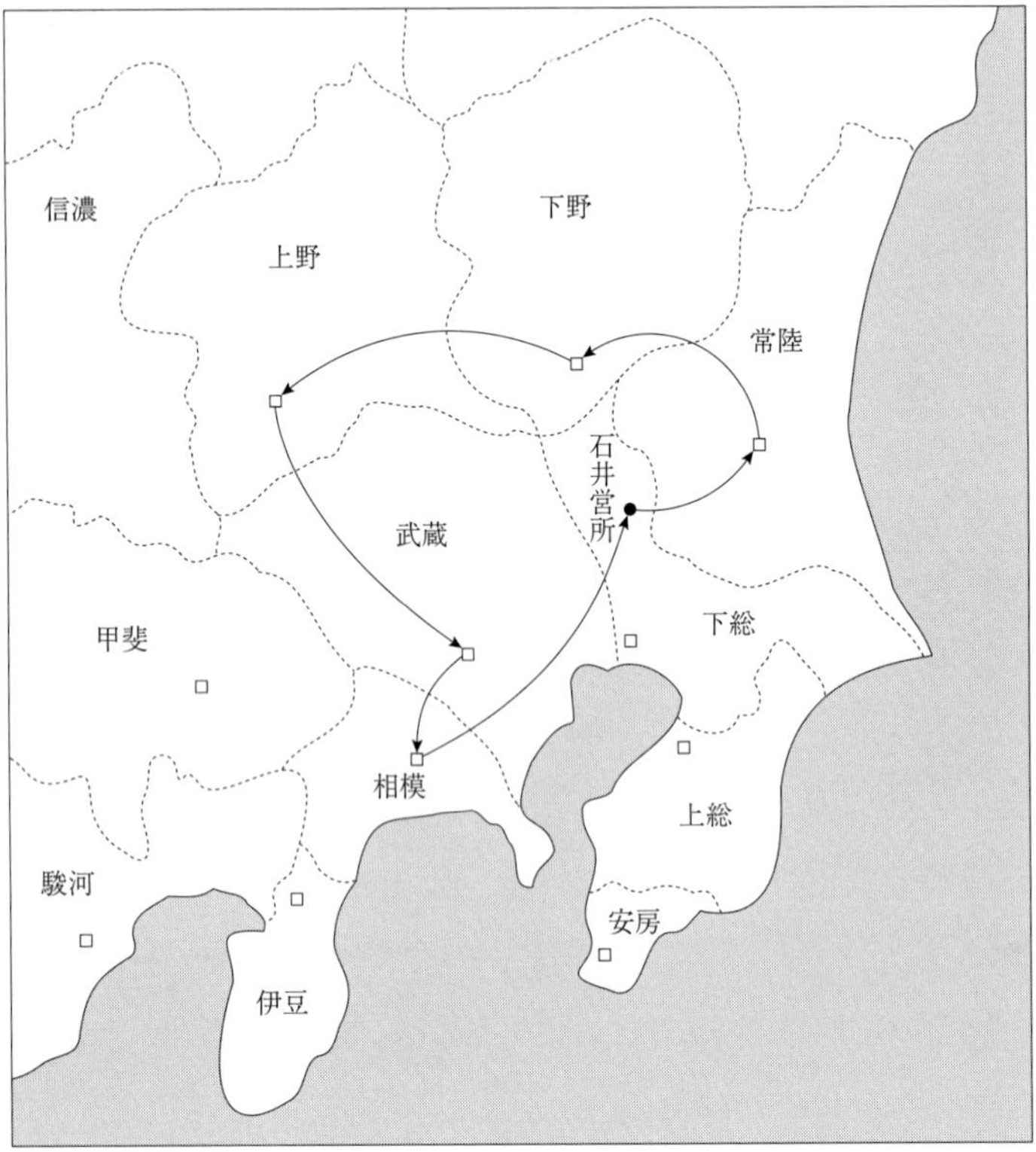

図表4-5　平将門の坂東占領

坂東諸国占領と天慶元年以来の彼らの動きとは密接に関わっていたと考えられるのである。

2 子高襲撃と純友

天慶二年の西国と純友

将門の乱の勃発について述べてきたが、この天慶二年（九三九）は東国だけでなく西国でも各地で騒乱が続いた。『類聚符宣抄《るいじゅうふせんしょう》』第八の天慶八年三月八日宣旨は、天慶年間の長門国の財政支出に関するものだが、そのなかで、天慶二年春の初めから海賊がしきりにあらわれ、海上交通が困難になった、と述べられている。つまり、天慶二年になると瀬戸内海賊の動きが再び活発化したのである。

こうした西国の騒乱は、兵乱等による奉幣や読経からうかがうことができる。第三章でもみたように、当時は騒乱や兵乱が起きるとその平定を願って奉幣や読経が行われることが多い。次表（図表4-6）は、天慶二年におけるそれらの事例を集めたものである。これによると東国の兵乱の平定を願うものが多いが、西国の事例もいくつかみられる。

五月一五日、東国・西国の群賊の討滅を願って伊勢神宮以下の諸社と東海・東山道の名神社に奉幣が行われた。名神社への奉幣は東海・東山道だけなので、祈願の中心は東国の群盗討滅にあるものの、西国でも諸社に奉幣せねばならないほど群賊、おそらくは瀬戸内海賊が盛んに活動していたのである。九月二六日にも貞救《ていきゅう》が祇園社《ぎおんしゃ》において「南海濫行」のことで祈禱を行っている。「濫行」の具体的な

年　月　日	事　　　項
天慶2.3.4	坂東兵革のため，祭主大中臣奥生に祈禱させる（紀略，貞信）
3.9	源経基の密告により，11社に祈禱，延暦寺に修法を行わせる（貞信）
5.15	東国・西国の群賊のことにより，諸社および東海・東山の名神社に奉幣する（紀略，貞信，世紀） 建礼門で大祓をする（世紀）
5.16	兵乱のため，八省院で太一式祭を行わせる（貞信）
5.19	坂東兵賊のため，15大寺および諸社で仁王経を読経させる（世紀，門葉）
6.1	坂東謀逆のため，諸寺諸社で読経，法琳寺で太元帥法を行わせる（貞信，『柳原家記録』）
7.5	坂東の乱のため，延暦寺の義海律師に大威徳法を行わせる（貞信，門葉）
8.18	出羽兵乱のため，幣帛使を発遣する（貞信）
9.26	南海濫行のため，祇園社で貞救に祈禱させる（貞信）

＊貞信は『貞信公記』，紀略は『日本紀略』，世紀は『本朝世紀』，門葉は『門葉記』

図表4-6　兵乱・騒乱による奉幣・読経等

内容や場所は記されていないが、祈禱を必要とするような騒乱が南海道で起きていたのである。

この他、奉幣・読経ではないが、七月二一日の相撲節会《すまいせちえ》では、三合《さんごう》（陰陽道の厄年の一つ）、東西国の兵乱、旱魃のため音楽は演奏されなかった。東国だけでなく西国でも兵乱があり、それが音楽中止の理由の一つとなったのである。

このように天慶二年は西国も次第に不穏な状況になっていたが、そうした騒乱を起こしていた者たち、とりわけ海賊たちには純友とつながりを持つ者が多くいた。純友は伊予掾をつとめただけでなく、承平六年（九三六）には海賊追捕宣旨を受けて再び伊予国に下って海賊の追捕を行い、そのまま伊予国に留まり、伊予守紀淑人《よしひと》とともに瀬戸内海地域の治安回復にあたっていたと考えられる。そうしたことから海賊たちとの関係が深まり、やがて盟主と仰がれるようになったのである。

各地で騒乱を起こしていた海賊たちの背後に純友がいることは政府もだいたい把握していたようである。『本朝世紀』天慶二年一二月二九日条に「前伊与掾藤純友、年来彼の国に住み、党を集めて群を結び、暴悪を行ふ」と記されているのは、純友が海賊集団を率いていたことを政府も知っていたからであろう。

ただ、純友はかつて協力関係にあった紀淑人とは一定の関係を保っていた。詳細は後述するが、天慶三年二月三日と三月二日に純友から申文、「悦《よろこ》びを申す状」が政府に届くが、いずれにも伊予国解文があわせて進上されているのは、純友と淑人との関係が維持されていたことを示している。したがって、場合によっては純友は紀淑人の要請に応じて海賊たちの活動を抑える役割を果たすこともあったであろう。海賊の盟主でありながら国司ともつながりがあるという微妙な立場に純友は立っていたのである。

こうしたなかで起きるのが、一二月の純友の伊予国出国騒動とそれに続く藤原子高《さねたか》襲撃事件である。それまでは各地で起きた騒乱に純友が直接に関与することはなかった。しかし、この時は純友が随兵を率いて自ら乗り出したのである。

純友召喚官符

天慶二年（九三九）一二月一七日、伊予国から、前伊予掾藤原純友は承平六年（九三六）に海賊追捕宣旨を蒙ったが、近ごろ驚くことがあって随兵を率いて海上に出

年　月　日	事　　　項
天慶2. 12. 17	伊予国が，海上に出ようとしている純友の召喚を求める（貞信）
12. 21	純友召喚の官符を摂津など7か国に下す，明方らを遣わす（貞信，世紀）
12. 26	摂津国葦屋駅で藤原子高が純友兵士に襲われる（貞信，世紀，紀略など）
12. 29	将門が上野・下野国司を追放したとの飛駅が届く，東西の要害の警固を命じる（世紀，紀略）
天慶3. 1. 1	藤原忠舒を東海道追捕使，小野維幹を東山道追捕使，小野好古を山陽道追捕使とする（貞信，紀略）
1. 3	海賊追捕で功績があった者を任官する，宮城の諸門に矢倉を設ける（貞信，園太）
1. 9	源経基を従五位下に叙す，推問使の源俊以下を解官する（貞信，世紀，紀略）
1. 11	将門を討ち取った者を褒賞するとの官符が下される（紀略，『本朝文粋』）
1. 12	兵士を宮城14門に配置する（貞信）
1. 14	平公雅・橘遠保ら8人を東国の掾にする（貞信，園太）
1. 16	山陽道追捕使小野好古が出発する（貞信）
1. 18	藤原忠文を征東大将軍とする（貞信，紀略）
1. 19	遠方，成康を任官する，軍監・軍曹を補す（貞信）
1. 20	文元を任官する，軍監を補す（貞信） 西国兵船が多く来て，備中軍が逃散したとの知らせが届く（貞信）
1. 25	駿河国岫崎関が凶党に破られ，国分寺が囲まれたとの飛駅が届く，参河・尾張国に援兵を送らせる（貞信，紀略）
1. 30	純友を五位に叙す（貞信）
2. 3	明方がもどり，伊予国解文と純友等の申文を進める（貞信） 純友の位記を蜷淵有相に給い，遣わす（貞信）
2. 4	山陽道追捕使小野好古の前進を停止する（貞信）
2. 5	淡路国から，賊徒が襲来して兵器等を奪取したとの解文が届く（貞信）
2. 8	征東大将軍藤原忠文が節刀を賜り，進発する（貞信，扶桑） 諸司・所々より兵に堪える人を召す（貞信）
2. 9	兵士を進める国々を勘申させる（貞信）
2. 19	右中弁に摂津国が進めた「西国の人々の書」を読ませる（貞信）
2. 22	小野好古から，純友が船に乗って上京しようとしているとの知らせが届く（貞信）
2. 23	山崎，河尻，備後の警固使を定める，阿波，讃岐の国司を帰国させる（貞信）
2. 25	信濃国から，将門が平貞盛・藤原秀郷によって討ち取られたとの飛駅が届く（貞信，紀略） 藤原慶幸が兵士を率いて山崎関に向かう（貞信）
2. 26	内竪頭義友を伊勢掾に任じ，備後警固使とする，橘定平を軍監とする（貞信） 陸奥国から，将門が13000の兵を率いて陸奥・出羽国を襲撃しようとしているとの飛駅が届く（『九条殿記』）

＊貞信は『貞信公記』，紀略は『日本紀略』，世紀は『本朝世紀』，扶桑は『扶桑略記』，園太は『園太暦』

図表4－7　将門・純友と政府の動き

ようとしている、そのため国内が大騒ぎになっている、紀淑人が制止を加えたが承知しない、騒ぎを鎮めるため早く純友を召し上げてほしい、という内容の解文が届いた（図表4－7）。一九日、この解文を受けて陣定《じんのさだめ》（公卿会議）が開かれた。また、兵乱が起きないことを願って諸寺で仁王経が読まれ、法琳寺で太元帥法が修された（図表4－8）。二一日、伊予国の要請に従い、政府は純友を京に召喚する旨の官符を摂津・丹波・但馬・播磨・備前・備中・備後国に下した（図表4－9）。

伊予守紀淑人が引き止め、かつ国内に騒動が生じるほどであるから、純友は相当数の兵を率いていたのであろう。いよいよ純友本人が動き出したことに政府は強い危機感を抱いたようである。多くの兵を集めているとはいえ、この段階では純友はまだ国外に出ておらず、ましてや兵乱を起こしたわけでもない。にもかかわらず、陣定が開かれ、仁王経が読経されたりしているのである。仁王経は国家の安泰を願って読まれる経典、太元帥法は国家鎮護を祈る密教の修法で、天慶元年の大地震の時や天慶二年夏の東国群盗・将門謀反告発の際にも読経・勤修されている。こうした仁王経が読まれ、太元帥法が修されたのであるから、純友の出国が兵乱につながるものと政府は考えていたのであろう。

政府の恐れていたことを具体的に示すものが、二一日に七か国に対して出された純友召喚官符である。純友は備前国の藤原文元《ふみもと》に加勢しようとしていたのだが、備前国に向かう純友を召し上げるだけなら備前・備中・備後の三か国で十分なはずである。ところが、三か国にとどまらないのは、三か国以外にも純友が行く可能性があったためである。もちろん、純友がそうしたところに出向くのは、それらの国々の海賊や豪族などに助勢を依頼するためであろう。後述するように、博多津《はかたつ》の戦いで敗れ

年　月　日	事　　　項
天慶2. 12. 19	祈兵の事により，諸寺で仁王経を読ませる（貞信）
12. 25	南海凶賊消伏のため，法琳寺で太元帥法を修す（『柳原家記録』）
天慶3. 1. 3	七壇修法，延暦寺四王院での四天王法を始める（貞信，『明匠略伝』など）
1. 6	東西の兵乱平定のため，全国の名神等に一階を増す（貞信，師守など）
1. 7	兵乱のため，伊勢神宮に使者を派遣する（貞信，紀略）
1. 13	東西兵乱のため，12社に奉幣する（貞信，師守など）
1. 14	将門調伏のため，法琳寺で太元帥法を修す（『法琳寺別当補任』，『柳原家記録』など）
1. 19	東西の兵乱により，山陵使を発遣する（師守）
1. 20	5か所で修法をさせる（貞信）
1. 21	10余社で仁王経を読み，伊勢神宮に奉幣する（貞信，師守など）
1. 22	諸寺で修法を行い，海賊時の諸神の位記をつくる（貞信）
1. 24	美濃国で明達に四天王法を行わせる。東西兵事により，山陵使を派遣する（貞信，扶桑など）
1. 30	東西兵乱により，石清水・賀茂・住吉の3社に奉幣する（貞信，師守）
2. 1	13社に授位，諸寺に49日の読経をさせる（貞信，「長寛勘文」）
2. 18	東西兵乱のため，内裏と法性寺で修法を行う（貞信，『門葉記』）
2. 25	賊徒降伏のため，臨時仁王会を行い，太元帥法を修す（貞信，扶桑など）

＊貞信は『貞信公記』，紀略は『日本紀略』，扶桑は『扶桑略記』，師守は『師守記』

図表4－8　兵乱・騒乱による奉幣・読経等

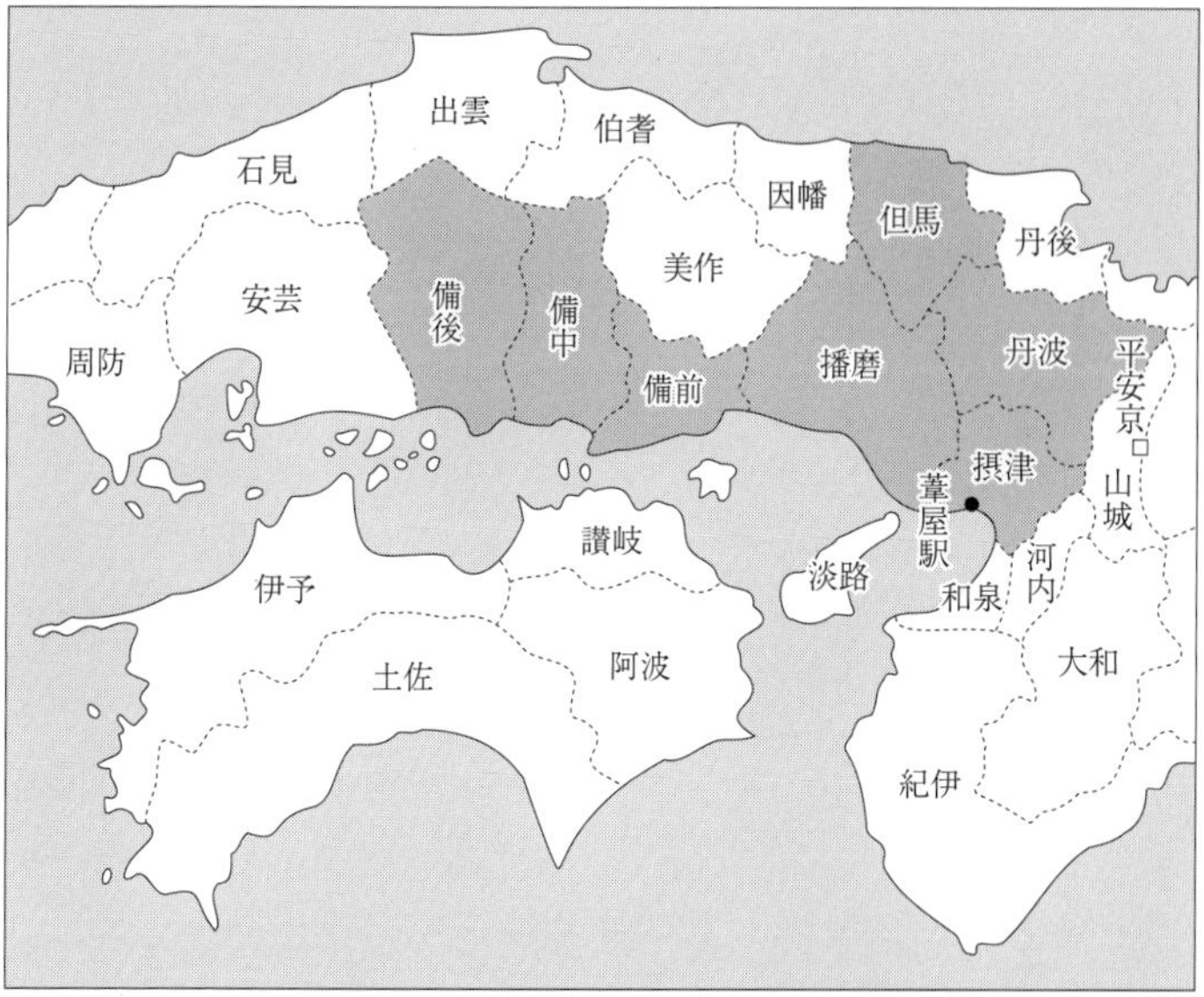

図表4－9　純友召喚官符が下された国々

た文元は旧知の但馬国の豪族賀茂貞行《かものさだゆき》のところに逃げのびている。純友や文元はこれらの国々の海賊や豪族などと何らかの関係を有していたものと思われる。もし彼らが純友の要請に応じて兵を出せば兵乱になることは必至である。政府が恐れたのはこうした事態であろう。

藤原明方

二一日には、純友召喚官符にあわせて、藤原明方《あきかた》・伴彦真《とものひこざね》・平安生《やすなり》の三人が遣わされることになった。このうち、明方は純友の甥である。明方は、天慶四年（九四一）に右衛門大尉《だいじょう》としてみえるが、一方で明方は摂政忠平の側近でもあった（『本朝世紀』天慶四年一一月五日辛酉条、『貞信公記《ていしんこうき》』天暦二年二月五日条）。側近であり、かつ純友の甥である明方を忠平が派遣したのは、兵を率いて出国しようとする純友を説得するためであろう。先述したように、謀反の疑いをかけられた将門のところに忠平は将門との個人的関係を利用して使を送るが、それと同様の措置といえよう。なお、明方は翌年二月三日に純友等の申文と伊予国解文を持って京に戻っている。

伴彦真は天慶五年四月二五日に備中国での治政が評価され従五位上に叙されている（『本朝世紀』）。この時は他に七人の者が同様の理由で加階されているが、その多くが直近までそれぞれの国の受領をつとめていた。故に、天慶二年の彦真は備中国の受領であったと考えられる。隣国の備前国で騒乱が起きそうなので、京に滞在していた彦真に帰国が命じられたのであろう。平安生は、承平二年（九三二）に近衛将監としてみえている。おそらくは純友召喚の官符を諸国に下す使として遣わされたのであろう。

子高襲撃事件の史料

二六日、政府の不安は的中し、備前介藤原子高が摂津国葦屋《あしや》駅付近で純友の兵士に襲われたとの知らせが京に届く。子高襲撃事件についての史料は次の通りである。

（ア）『貞信公記』天慶二年一二月二六日条

子高朝臣の従者、馳せ来たりて云はく、子高、摂津国に於て、純友の兵士の為に虜《りょ》せらると云々

（イ）『本朝世紀』天慶二年一二月二六日条

是の日、備前介藤子高入京の間、摂津藁〔葦〕屋駅家《うまや》の辺《あた》りに、前伊予掾藤純友の士卒迫《せま》り来て、子高幷に息男を囲凌《いりょう》す

（ウ）『日本紀略《にほんきりゃく》』天慶二年一二月二六日条

備前介子高、摂津国須岐《すき》駅に於て、前伊予掾藤原純友海賊首たりの為に囲まる、矢を放ちて合戦すると雖も、随兵の員《かず》少なく、子高降を乞う、即ち子高を縛る、子高の太郎、賊の為に殺され了《おわ》んぬ、又播磨介嶋田惟幹《これもと》朝臣、件の兵の為に虜掠《りょりゃく》せらる

（エ）『純友追討記《すみともついとうき》』

是に於て、備前介藤原子高、其事を風聞し、其旨を奏せんがため、天慶二年十二月下旬、妻子を相具《あいぐ》して、陸より上道す、純友、之を聞き、将に子高を害さんがため、郎等文元等をして摂津国兎原《うはら》郡須岐《すき》駅に追ひ及ばしむ、同十二月廿六日壬戌の寅剋《とらのこく》、純友の郎等等、矢を放つこと雨の如し、遂に子高を獲《え》て、即ち耳を截《き》り鼻を割《さ》き、妻を奪ひ将《い》て去るなり、子息等は賊のために殺され畢《おわ》んぬ

（子高は純友が謀反を企てていることを聞き、そのことを奏上するため天慶二年一二月下旬に妻子を連れて陸路より上京した、それを聞いた純友は、子高を殺害するため、郎等の藤原文元らに跡を追わせた、文元らは摂津国菟原郡須岐駅で子高に追いつき、一二月二六日の午前四時頃に、多くの矢を放って子高を捕らえ、耳や鼻を切った、さらに、妻を奪い去り、子息らを殺害した）

子高襲撃事件について、『貞信公記』は、摂津国で子高が「純友の兵士」に捕らえられた、『本朝世紀』は、子高が入京しようとしたところ摂津国葦屋駅の付近で「純友の士卒」に追いつかれ子高と息男が捕まったと記す。『日本紀略』は、子高が摂津国須岐駅で純友に囲まれて合戦となり、随兵が少なく降伏した子高は縛られ、子高の子は殺され、また播磨介嶋田惟幹《これもと》も捕らえられたとする。この事件を詳しく記すのが『純友追討記』である。そこには、純友謀反を奏上するため京に向かった子高を殺害するため、純友は藤原文元に跡を追わせ、摂津国菟原郡須岐駅で子高に追いついた文元は、子高を捕らえて耳や鼻を切り、子息らを殺して妻を奪い去ったとある。

子高襲撃事件の犯人と場所

子高を襲った人物について、『貞信公記』『本朝世紀』は「純友の兵士」「純友の士卒」とするだけだが、『純友追討記』には純友の郎等藤原文元とある。「純友の兵士」「純友の士卒」は具体的には文元のことと思われる。『日本紀略』は純友が襲ったとするが、それは藤原文元が純友の配下だったためであろう。この襲撃を行ったのが純友であったとするならば、『貞信公記』や『本朝世紀』に、「純友の兵士」「純友の士卒」ではなく、「純友」と書かれていたはずであるから、この事件に純友は直接には関わっていないとすべきである。なお、『日本紀略』には播磨介嶋田惟幹も捕らえられたとあるが、惟幹も襲撃の対象になっていたのか、あるいは偶然巻き込まれただけなのかはわからない。

この襲撃事件が起きた場所について、『本朝世紀』は摂津葦屋駅、『日本紀略』は摂津国須岐駅、『純友追討記』は摂津国兎原郡須岐駅とする。全国の駅名を載せる『延喜式《えんぎしき》』兵部に、摂津国の駅と

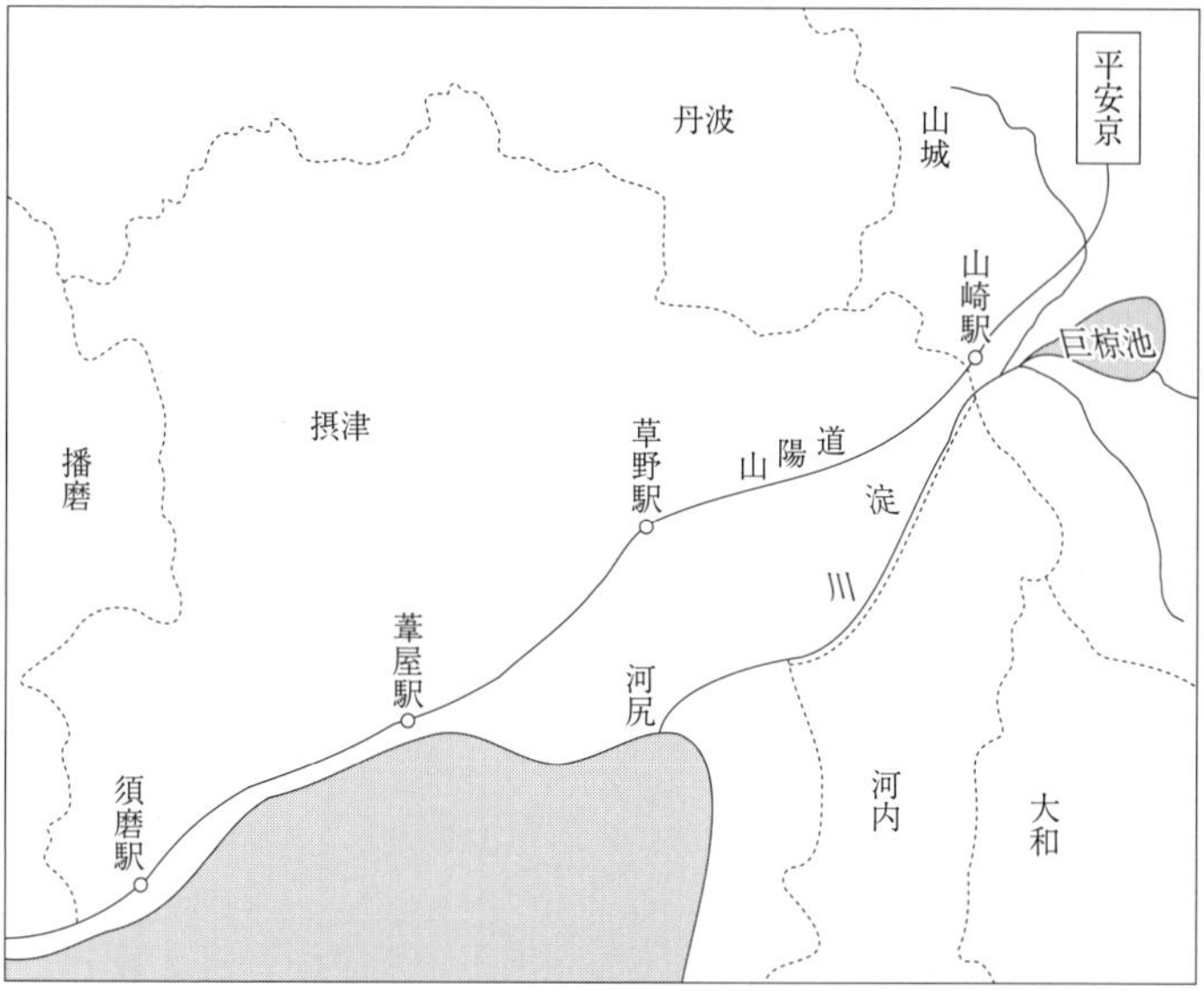

図表4－10　摂津国の山陽道と駅

してみえるのは草野《すすき》駅、葦屋駅、須磨《すま》駅の三つだけで、須岐駅はない（図表4－10）。葦屋駅は、兎原郡に葦屋郷があるので、兎原郡にあったと考えられる。そして、『純友追討記』は須岐駅を兎原郡としており、距離的にみて兎原郡にもう一つ駅があったとは考えられないので、須岐駅は葦屋駅の別名であろう。

この葦屋駅は兵庫県神戸市東灘区の深《ふか》江《え》北町《きたまち》遺跡付近と想定されている（図表4－11）。深江北町遺跡近くには古代山陽道が通っている。そして近年、この遺跡から「□駅長等」と書かれた木簡や「駅」「大垣」などの墨書《ぼくしょ》土《ど》器《き》、さらに公的機関の存在を示す論語の習書《しゅうしょ》木簡《もっかん》や米の支給伝票木簡などが出土しており、葦屋駅はこの近辺にあったと考えられている。

子高と文元

備讃《びさん》諸島のある備前国は、伊予国とならんで瀬戸内海賊の拠点が多く存在し、海賊活動が盛んだったところである。元慶七年（八八三）に海賊に備えるため勇敢浪人からなる「禦賊《ぎょぞく》兵士」が置かれたのはこの備前国である。承平二年（九三二）には備前国が海賊のことを申上している。また、天元《てんげん》元年（九七八）には備前介橘時望《ときもち》が海賊に殺されるという事件が起きている。

備前介藤原子高を襲った藤原文元はこの備前国の海賊であろう。天慶四年（九四一）五月に純友勢が博多津の戦いで敗れて四散した後、伊予国に帰った純友をはじめとして、純友勢の中心メンバーは本拠地に戻る。その際文元は備前国に戻っており、こうした点からも文元は備前国の海賊と考えられる。また、備前国に帰った文元は、その後但馬国の豪族賀茂貞行のところに逃げのびるのだが、賀茂貞行とは旧知の間柄だったことからすると、単なる海賊ではなく富豪層としての側面も合わせ持っていたようである。

文元を『貞信公記』や『本朝世紀』は「純友の兵士」「純友の士卒」とする。また、純友の乱最後の博多津の戦いまで文元は純友と行動をともにしているので、山陽・南海道の海賊のなかでも純友に

図表4－11　深江北町遺跡

特に親しく仕えていた人物といえる。

子高が襲われたのは、備前国で子高と文元との間にトラブルがあったためであろう。受領と海賊、あるいは受領と富豪層との争いはよくあることだが、受領が任国を逃げ出すようなケースはきわめて珍しい。文元の息男が殺され、子高も耳や鼻を切られるという凄惨なリンチを加えられていることからみて、かなり深刻な対立だったのだろう。息男が殺されたのは、先述した常陸国の藤原維幾・為憲父子と同じく、息男も文元の恨みをかっていたためかもしれない。

道中で受領が襲撃された例としては、永祚《えいそ》元年（九八九）四月に元筑後守藤原文信《ふみのぶ》が大和国金峰山《きんぷせん》からの帰途に襲撃を受けるという事件がある。犯人は文信が筑後守だった時に父母兄弟姉妹を殺された者で、その復讐のために文信を襲った。この事件と同じく、文元が子高を襲ったのは何かの復讐だったのかもしれない。なお、文信は第一章の国経流の武人のところで触れた人物である。偶然かもしれないが、藤原文信は子高の孫である。

子高が備前介に任じられたのは天慶二年閏七月五日である。したがって、赴任してすぐにトラブルが生じたことになる。子高はその後讃岐介になるが、藤原実資の日記『小右記《しょうゆうき》』天元五年（九八二）二月一九日条に、子高の時に「任中不利」だったため、子高以来の讃岐守・讃岐介は権を付けて権守・権介にするとある。貴族の日記では「不利」という用語は「よろしくない」という意味で使われることが多いので、子高は讃岐介の任期中に今後守・介の職名を使用しないとされるほどの事件を起こしたのであろう。子高は次の任地の讃岐国でこうした問題を起こす受領であるから、備前国でも海賊の厳しい取り締まりや地域の富豪層から大きな反発を受ける強権的な施策を行ったのではないだろうか。

海に乗り出そうとした純友が多くの兵を率いていたとすると、その目的は合戦か、あるいは相手を威嚇するためであろう。もちろん、その目的地は備前国方面、目的とする人物は子高であろう。つまり、純友が兵を率いて伊予国を出ようとしたのは、子高と対立する文元に加勢するためと思われる。純友が実際に伊予国を出たかどうかは不明だが、子高が京に向かったことを聞いて、純友は出国を中止した、あるいはまもなく伊予国に戻ったようである。

子高は文元に襲われそうになり、そのうえ純友が備前国にやってくると聞いて逃亡をはかったのであろう。『純友追討記』では、子高が純友謀反のことを聞き、それを奏上するため京に向かったので、純友が文元に跡を追わせたことになっているが、実際には身の危険を感じた子高が京に逃げ戻ろうとしたのではないだろうか。

3　将門と純友

将門の蜂起

一二月二九日、将門が上野・下野国の国司館《こくしのやかた》を襲って印鎰《いんやく》を奪い取り、両国司を追放したとの飛駅が信濃国から届いた。子高襲撃に続く大事件発生に都の貴族は驚愕する。政府は直ちに平安宮諸門の警備、三関《さんげん》（伊勢国鈴鹿《すずか》関、美濃国不破《ふわ》関、近江国逢坂《おうさか》関）および東国・

西国の要害の警固を命じた。

『本朝世紀』同日条は、こうした将門の乱勃発記事に続いて「前伊与掾藤純友、年来彼の国に住み、党を集めて群を結び、暴悪を行ふ、去る廿六日備前介藤原子高を虜《りょ》すること已《すで》に了《おは》んぬ、平将門と謀《はかりごと》を合はせ、心を通はせて、此事を行ふに似たり」と記す。前半は、純友が伊予国に留まり、仲間を集めて悪行をはたらいているとするもので、「党を集めて群を結び、暴悪を行ふ」は、任国に留まって国務の妨げとなっている前国司によく使われる表現である（『類聚三代格《るいじゅうさんだいきゃく》』斉衡《さいこう》二年六月二五日官符の「秩満解任《ちつまんかいにん》の人、王臣子孫の徒、党を結んで群居し、同悪相済《な》す」など）。つまり、純友は本来は都に戻るべきであるのに、伊予国に留まって仲間を集めて悪事をなし、さらに子高を襲って捕らえたと非難しているのである。ただ、純友の場合は、その仲間が山陽・南海道の諸国に及んでいるところが、一般の前国司と異なるところである。

後半は、将門と純友が共謀していたとするもので、後に述べるように、これは事実ではない。ただ、子高襲撃事件と信濃国からの将門の乱勃発の通報がほぼ同時期だったので、政府は両者が事前に示し合わせて事を起こしたと考えたようである。政府は純友出国の知らせを受けた時に西国で兵乱が起きるのではないかと強い危機感を持っていた。そのタイミングで子高襲撃事件が発生し、兵乱がいよいよ現実になったと思った矢先に将門蜂起の知らせが届いたのであるから、将門と純友が共謀していたと考えるのは当然であろう。

三道追捕使の任命

新しい年を迎えた政府は緊張感につつまれていた。元日恒例の元日節会《がんじつせちえ》（元日朝賀の後に行われる饗宴）は行われたものの音楽は停止された。年末の二九日からこの日まで摂政忠平は自宅に戻らず職御曹司《しきのみぞうし》（中宮職にある執務室）に詰めたままであった。四日の忠平家の大臣大饗《だいじんだいきょう》（毎年正月に大臣家で行われる饗宴）、七日の叙位も中止となった。

一月一日、従四位上藤原忠舒《ただのぶ》が東海道追捕使、従五位下小野維幹《これもと》が東山道追捕使、正五位上小野好古《よしふる》が山陽道追捕使に任じられた。藤原忠舒は、第一章で述べたように、藤原式家の出身で、兄の忠文《ただふみ》も後に征東大将軍となっている。

小野維幹は承平五年（九三五）に左衛門少尉として群盗一三人を捕らえ、天暦年間には右衛門権佐となっている。小野好古は右衛門権佐を経てこの時は右少将、年齢は五七歳であった。小野氏は、元慶の乱の際に鎮守将軍となった小野春風《はるかぜ》が「累代《るいだい》の将家《しょうか》」（『藤原保則伝《ふじわらのやすのりでん》』）といわれたように、春風の他にも永見《ながみ》（征夷副将軍）、春枝《はるえ》（鎮守将軍）など多くの武人を出している氏族である。好古の祖父篁《たかむら》は文人として著名だが（図表4-12）、一方で少年時代に父の陸奥守岑守《みねもり》とともに陸奥国に下向し、乗馬に専念して帰京後も学問に励まなかったため、嵯峨天皇が「弓馬の士」になるのかと嘆いたというエピソードを持っている（『日本文徳天皇実録《にほんもんとくてんのうじつろく》』仁寿《にんじゅ》二年一二月癸未条）。好古の子武古も武人である（『長谷寺霊験記《はせでられいげんき》』下—一六）。なお、能書家の道風は好古の弟である。

三日には除目《じもく》（官職任官の政務）があり、承平年間の海賊討伐に功績のあった者たちを任官している。彼らを東西の警固使《けいごし》や三道の追捕使に関わるポストに登用するためであろう。また、この日には平安宮の諸門に矢倉《やぐら》を構えることになった。

兵乱平定を願って寺院ではさまざまな修法が行われ、神社には奉幣がなされた。三日には延暦寺四《し》王院《おういん》で四天王法《してんのうほう》が修せられ、七日には伊勢神宮に奉幣使が遣わされた。これ以降も連日のように修法や奉幣が続く。

山陽道追捕使の任命理由

こうして年末年始の政府は東西の大事件勃発への対応に追われるのだが、注意しておきたいのは、子高襲撃事件を受けて山陽道追捕使が任命されたことである。東国は、将門が坂東諸国を占領したので、東海・東山道追捕使が任命されるのは当然のことである。しかし西国は、この時点では国司襲撃事件が起きただけである。もちろん、犯人の藤原文元は追捕せねばならないが、そのためだけに山陽道追捕使が任じられたとは考えにくい。たとえば、天慶二年（九三九）八月に尾張守藤原共理《ともまさ》が殺されるという事件が起きている。しかし、政府がこの事件に対して特段の措置をとった様子はなく、一一月に早く捜査するよう催促しているだけである。同じ国司襲撃・殺害事件でありながら、対応が全く異なっているのは、もちろん子高襲撃事件の背後に純友がいたためである。これまで伊予国に留まっていた純友が随兵を従えて出国しようとし、そして子高襲撃事件が起きたので、これをきっかけに山陽道方面で純友が反乱を起こすかもしれない、さらにほぼ同時期に将門が東国で蜂起しており、将門と共謀していたならば、その可能性はきわめて高いと政府は考えたのであろう。そこで、文元を

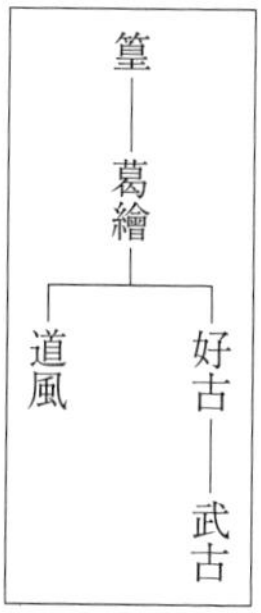

図表4－12　小野好古関係系図

追捕するとともに、純友が反乱に立ち上がるのを未然に防ぎ、もし反乱が起きた場合には迅速に対応できるよう山陽道追捕使が任じられたのである。

七日の伊勢神宮奉幣からも、純友が反乱を起こすかもしれないと政府が考えていたことがわかる。この奉幣がなされた理由は「是武蔵権守興世王・平将門等、東国に謀逆を成し、前伊予掾藤純友、西国に暴悪を企《くはだ》つる故なり」である（『師守記《もろもりき》』）。将門が「謀逆を成し」たのに対し、純友は「暴悪を企《くはだ》」てたから奉幣するというのである。つまり、純友はまだ反乱には至っていないけれども、それを計画・準備しているとみなされているわけである。

このように、政府は子高襲撃事件が反乱に発展することを非常に警戒していた。そこで、文元を追捕するとともに、純友の蜂起に備えるために山陽道追捕使を置いたのである。

将門の乱への対応

年明け直後の政府は東国・西国両方面の対応に追われたが、しばらくたつと政府は次第に将門の乱鎮圧の方に重点を置くようになる。これは、純友にはその後動きがみられないのに対し、三日に美濃国から、一二日に駿河国から飛駅が到着し、東国の状況が深刻であることが次第に明らかになったためである。

九日、将門の謀反を告発したことを賞して源経基に従五位下が授けられた。一方、東国推問使の右衛門権佐源俊《すぐる》、左衛門尉高階良臣《よしおみ》、勘解由主典阿蘇広遠《かげゆさかんあそのひろとう》の三人はそれぞれの職を解かれた。推問使に任命されながら、出発を意図的に遅らせ、その間に将門の乱が起きた責任を問われたのである。

一一日、将門を討ち取った者には褒賞を与えるとの官符が東海・東山道諸国に下される。褒賞と引き換えに反乱者の討伐を呼びかけるこうした措置は、天平一二年（七四〇）の藤原広嗣《ひろつぐ》の乱や天平宝字八年（七六四）の藤原仲麻呂《なかまろ》の乱の際にもみられるもので（『続日本紀《しょくにほんぎ》』天平一二年九月癸丑条、天平宝字八年九月丙午条）、いわば国家の常套手段である。

一四日に平公雅《きみまさ》、橘遠保《とおやす》ら八人が東国の掾に任じられ、押領使も兼帯した。公雅は良兼の子であり、八人はいずれも将門に敵対していた東国の豪族たちである。この八人の掾任命は、「将門防戦による賞なり」（『園太暦《えんたいりゃく》』）とあるように、将門と敵対し、戦っていた者たちを政府の側に引き入れるためのものであった。

そして、一八日に参議正四位下藤原忠文が征東大将軍に任じられた。年が明けて東国の軍事情勢が具体的に判明するにつれ、東海道追捕使・東山道追捕使では乱鎮圧が難しいと政府が判断した結果、大規模な征討軍が編成されたのである。軍防令《ぐんぼうりょう》の規定では、征討軍には、将軍―副将軍―軍監《ぐんげん》―軍曹《ぐんそう》が置かれることになっており、副将軍には忠文の弟で東海道追捕使だった藤原忠舒が任じられた。また、一九日、二〇日には軍監、軍曹が任命された。なお、『貞信公記』の二〇日条に、「文元」が任官されたとあるが、これは子高を襲った文元とは別人である。子高が襲撃されてその子が殺害され、そのことにより山陽道追捕使が置かれたのであるから、その実行犯の文元が任官されることなどとうていありえないことである。

純友の叙位

西国の方は、山陽道追捕使に任命された小野好古が一六日に出発する。その四日後の二〇日に、「西国兵船」が多数やってきて備中軍が逃散したとの報告が京に届いた。

備中国は、年末に受領であった伴彦真を帰国させ、備前国への備えを命じていた国である。「西国兵船」を率いていたのはおそらく藤原文元であろう。隣国の備中国で兵員が集められているのをみて、先制攻撃をかけたのではないだろうか。いずれにせよ、備中国の軍勢が敗れたことは、山陽道追捕使の出発直後だっただけに、政府にとって衝撃は大きかったようである。政府はすぐさま五か所で修法を行わせている。

二五日、遠江・伊豆国から、官符使卜部松見《うらべのまつみ》が駿河国で群盗に官符を奪われたこと、駿河国岫崎《くきがさき》の関が打ち破られたこと、国分寺が囲まれて雑物が奪われ人々が殺されたことなどの報告が届いた。将門の坂東諸国占領に勢いづいた群盗勢力が駿河国にまで及んできたのである。政府は参河・尾張国に援兵を送るよう命令を出すが、東国の反乱がさらに拡大したことに政府の危機感はいっそう高まったであろう。

こうしたなか、三〇日に純友に従五位下の位が与えられることになった。年末には子高襲撃事件の黒幕とされ、将門との共謀すら疑われた人物が従五位下に叙されるのは不可解なことである。しかし、備中軍が「西国兵船」に敗れ、駿河国まで群盗勢力が及ぶなど、東西の情勢がますます悪化するなかで、政府にとって東国に加えて西国でも反乱が起きることだけは絶対に避けねばならないことであった。純友への叙位は、将門の乱鎮圧に力を注ぎたい政府が、純友が反乱に立ち上がることを防ぐために案出した窮余の策と理解すべきである。

政府の目的は純友を懐柔して反乱を起こさせないようにすることである。将門謀反を告発した褒賞として源経基に従五位下が与えられたように、純友のような下級官人にとって貴族になることを意味する従五位下の位は魅力的なものであった。政府はそうした下級官人の心理を利用し、反乱を思いとどまらせ、さらには純友を利用して海賊などの動きを抑えようとしたのである。

もう一つの目的は、純友の召喚である。当時は五位以上の貴族は畿外に出ることを禁止されていた（『類聚三代格』寛平七年一二月三日官符、「尾張国郡司百姓等解文」第三〇条など）。天慶二年末に政府は純友を都に召喚する官符を下したが、純友は応じなかった。しかし、五位になれば立場は異なり、政府の許可がないと畿外には出ることができないのである。もちろん、禁令を守らない者も多かったが、政府としては純友を五位にすることにより、うまくいけば純友を都に戻すことができるかもしれないと考えたのであろう。

政府が純友を五位にするという方策をとった背景には、子高襲撃事件から一月たっても純友が蜂起しなかったことがある。将門反乱の情報は純友にもすでに届いているはずなのに、純友は伊予国に留まり動こうとはしなかった。もし、反乱を起こす意図を持っていたならば、将門が東国を席巻している今がチャンスなのに純友は蜂起していない、純友には反乱を起こすつもりはなく、将門との事前の共謀もなかったらしい、したがって、純友を懐柔することができるかもしれない、と政府は考え、従五位下の位を与えることによって、今後も蜂起を思いとどまらせようとしたのである。

藤原明方の帰京

二月三日、年末に忠平の使として伊予国に出向いていた藤原明方が都に戻り、純友等の申文と伊予国解文を進めた。同日、従五位下の位記《いき》（位階を授ける時に発給される文書）を給う使として蜷淵《になぶちの》有相《ありすけ》が純友のところに遣わされた。同日に位記使が派遣されたことから考えて、純友の申文の内容は純友への叙位を決めた政府の意図にかなうものだったようである。伊予守紀淑人が書いた伊予国解文があわせて進上されたことも政府の安心材料になったであろう。純友の申文には、文元に加勢はしたけれどもこれ以上騒乱を拡大するつもりは全くない、という趣旨のことが書かれていたのではないだろうか。伊予国解文も、純友には反乱の意図はないといった純友を擁護する内容だったと思われる。なお、純友等の申文とあるので、純友以外の者、もしかすると文元の申文もあわせて進上されたのかもしれない。もし文元が申文を進めたとすると、そこには子高襲撃に至る経緯や弁明が記されていたであろう。

二月四日、政府は山陽道追捕使小野好古をしばらくは前進させないと決めた。山陽道追捕使は、文元を追捕するとともに、純友の蜂起を未然に防ぎ、もしそうなった場合には迅速に対応すべく設けられたものなので、この決定は文元の追捕を停止したこと、そして純友が蜂起する心配はないと政府が考えたことを意味する。政府は、前日に届いた純友の申文と伊予国解文から、今のところ純友には反乱の意図はないと判断したのである。また、無用な刺激を純友や文元に与えないため、文元の追捕をしばらくは棚上げとするのが得策と考えたのであろう。

政府がこうした措置をとることは、おそらくは蜷淵有相によって純友にも伝えられていたはずである。その後、三月二日に蜷淵有相が戻り、純友の「悦《よろこ》びを申す状（叙位のお礼状）」と伊予国解文を進めた。純友も叙位を受け入れたのである。

このように、二月の初めに政府は純友が当面は反乱を起こすことはないと判断し、山陽道追捕使の前進を停止した。そして、二月八日に政府は征東大将軍藤原忠文に節刀《せっとう》（天皇から指揮権の象徴として与えられる刀）を賜い、東国に進発させた。東海・東山道追捕使に替えて征東大将軍を任命したのは一月一八日であった。その後も群賊が駿河国に侵入するなど東国の情勢は悪化する一方であり、征東大将軍の東国下向は急ぐ必要があった。しかし、純友の動向が定まらないため、政府は安易に多くの兵士を東国に送ることができなかった。だが、純友が蜂起するという心配がなくなったため、ようやく征東大将軍を下向させることが可能となったのである。同じ八日に諸司・所々から兵士になりうる者を集めたのは、征討軍の下向により手薄になった京の兵力を補充するためであろう。翌九日に兵士を出すことができる国々を調べさせたのは、同じ理由か、あるいは征討軍の兵士増員のためであろう。

西国の情勢

二月五日、淡路国から、賊徒が襲来し兵器等が奪い取られたとの解文が届いた。淡路国では官舎や駅家が海辺にあったので（『続日本後紀《しょくにほんこうき》』承和一一年五月辛丑条）、そこが狙われたのであろう。淡路国周辺の海賊の仕業とも考えられるが、一般の海賊ならば奪うのは物資・財物であろうから、これは藤原文元が山陽道追捕使との戦いに備えて兵器を奪取した可能性が強い。山陽道追捕使の前進を止めた翌日の出来事ではあったが、この時は「淡路事等を定む」とあるだけで、一月に備中軍が攻撃された時のように修法などはなされていない。純友等の中文と伊予国解文が届いていたので、ここは静観したのであろう。あるいは大きな被害がなかったのかもしれない。

一九日、忠平は摂津国が進めた「西国の人々の書」を右中弁に読ませた。「西国の人々の書」の内容は記されていないが、西国の情勢を記したものかもしれない。

二二日、山陽道追捕使小野好古から、純友が船に乗って京に向かっているらしい、との知らせがあった。『貞信公記』には、この報告に続いて「庭に下りて諸社に祈禱す」と記されている。忠平のこうした祈禱は、『貞信公記』ではここだけにしかみえない。純友が蜂起する心配はないと考えて征討軍を下向させ、京周辺の兵力は手薄になっているのに、純友が攻め上ってくるかもしれないという報告に接した忠平の驚きと恐怖のあらわれであろう。政府はすぐさま宮城の警備状況を確認するとともに、翌日には山崎、河尻、備後国に警固使を置くこととした。二五日には藤原慶幸《よしゆき》が兵士を率いて山崎に向かい、二六日には内竪頭義友《ないじゅのとうよしとも》を備後国警固使としている。これらはいずれも純友上京に備えての措置である。純友申文や伊予国解文が届いて一安心したのもつかの間、忠平は再び不安な日々を送ることになったのである。

二三日には、阿波・讃岐国司に帰国が命じられている。子高襲撃事件以降、山陽道だけでなく、南海道も不穏な状況にあったらしい。前年九月には「南海濫行」のため祇園社で祈禱が行われている。「南海濫行」の具体的内容は記されていないが、あるいは阿波・讃岐両国で騒擾があり、それがその後も尾を引き、両国司は京に戻っていたのかもしれない。しかし、政府はそれを認めず、純友上京に備えるため両国司を国に帰らせたのである。

その後、純友上京についての記事はみえない。純友が京に向かっているというのは誤報だったようである。

年　月　日	事　　項
天慶3. 2. 22	東町および東市付近で失火
2. 26	山崎が焼亡
2. 27	西町が焼亡
3. 1	郁芳門大路南で失火
3. 7	左京三条および談天門・大宮西大路間で失火
3. 9	常住寺僧坊が焼亡

図表4－13　『貞信公記』にみえる火災記事

連夜の火災　この頃忠平を悩ませたもう一つの出来事が、二月下旬から三月上旬にかけて京で頻発した火災である（図表4－13）。連夜の火災に対して、政府は二月二八日に、衛門・兵衛府、検非違使に京内を夜間に巡行させ、宮城の一四門にそれぞれ兵士二人を置くなどの措置をとったが、その後も火事は続いている。時期が集中していること、藤原慶幸が兵士を率いて山崎に向かった翌日に山崎が焼けていることなど不審な点が多いので、これらの火事は人為的なものと思われる。おそらくは京周辺の群盗の仕業であろうが、純友上京の知らせが届いた時期と重なるので、政府だけでなく京内の人々をも不安に陥れたことであろう。

なお、『純友追討記』に、子高襲撃事件以前の出来事として、純友の士卒が京で連夜放火し、そのため人々は「男は夜を屋上に送り、女は水を庭中に運ぶ（男は夜になると見張りのため屋根に上がり、女は消火に備えて水を庭に運ぶ）」という様子だったという話がみえている。この頃の京は、これに似た状況だったであろう。もちろん、純友が二月下旬から三月上旬にかけて京で放火をさせる理由はないので、『純友追討記』の記述から、この頃の火災を純友あるいは純友士卒の放火によるものとすることはできない。むしろ、『純友追討記』の放火の話は、この頃の京の様子をヒントに創作されたものではないだろうか。

将門の死

二月二五日、信濃国から将門が討たれたとの飛駅が届いた。政府は半信半疑だったようで、翌二六日に征東大将軍の要請により新たに軍監を任じている。しかし、二九日に遠江・駿河・甲斐国からも同様の知らせが届き、政府も将門の死を確信した。将門は一四日に下総国幸島《さしま》であった戦いに敗れ、藤原秀郷・平貞盛によって討ち取られていたのである。坂東諸国占領から約二か月、あっけなく将門の乱は終った。やがて征東大将軍も到着し、残党捜索が行われた。平将武は甲斐国、興世王は上総国で討たれ、その知らせは三月七日と一八日に都に届いている。四月六日には警固のため碓氷関《うすいせき》、木曽道《きそみち》などに派遣されていた使が停止されているので、四月初めには残敵掃討もほぼ終わったようである。三月九日、勲功として秀郷が従四位下、貞盛が従五位上に叙され、四月二五日に秀郷によって将門の首が都に進められた。五月一五日、征東大将軍藤原忠文が凱旋して節刀を返上した。五月二一日には、「凶賊已《すで》に静謐《せいひつ》」(『園太暦』)のため、三関が開かれ、東海・東山道諸国の要害の警固も解かれた。

第五章　純友の乱

1　将門の乱後の西国

「悦びを申す状」

天慶《てんぎょう》三年（九四〇）三月二日、純友の「悦《よろこ》びを申す状」と伊予国解文が忠平《ただひら》のところに届いた（図表5－1）。二月三日に蜷淵有相《になぶちのありすけ》が純友の位記《いき》を持って伊予国に下ったのだが、「悦びを申す状」はそれに対する礼状である。そこには従五位下を賜ったことへのお礼の文言の他に、反乱を起こす意図などないこと、備中軍の敗走や淡路国襲撃が文元の仕業であったとすると、それは純友としては不本意な出来事であること、今後はそうしたことが起きないようにすること、子高《さねたか》襲撃事件以下のことについては承平《じょうへい》年間の海賊と同じく穏便な方法での解決を望んでいること、などが記されていたのではないだろうか。純友としては今さら五位に叙されても煩わしいだけでほとんど意味はなかったであろうが、山陽道追捕使《ついぶし》の活動を再開させないためにも、今は

年　月　日	事　　　項
天慶3.3.2	位記使蜷淵有相が戻り，純友の「悦びを申す状」と伊予国解文を進める（貞信）
3.4	追捕南海凶賊使等を定める（紀略）
3.7	甲斐国から，平将武等を殺害したとの知らせが届く（貞信）
3.9	将門追討功として，藤原秀郷を従四位下，平貞盛を従五位上に叙す（貞信，紀略など）
3.18	征東大将軍藤原忠文から，興世王を討ち取ったとの知らせが届く（貞信，紀略など）
4.6	碓氷関・身崎・木曽道使を停止する（貞信） 阿波警固使を藤原村蔭に改定する（貞信）
4.10	山陽道追捕使が，「凶賊発起の疑ひの解文」を進める（貞信）
4.12	常陸国から，平将種・伴有梁が陸奥国で謀反との飛駅が届く（師守）
4.13	東西の国に「凶賊官符等」を賜う（師守）
4.25	藤原秀郷が将門の首を進める（貞信，紀略など）
4.29	所々の警固使等を改め遣わす（師守）
5.15	征東大将軍藤原忠文が入京し，節刀を返上する（貞信，紀略）
5.21	三関を開き，東海・東山道諸国の要害の警固を解く（紀略，園太）
6.18	山陽道追捕使に純友の「暴悪士卒」を追捕させる（貞信）
8.20	南海凶賊藤原文元等の討滅を願って諸社に奉幣する（紀略，師守）
8.22	近江国兵士100人を徴発して阿波国を討たせる（紀略）
8.26	伊予・讃岐国から，賊船400余艘に襲われ，備前・備後国兵船が焼かれたとの飛駅が届く（紀略，師守）
8.27	小野好古を追捕山陽南海両道凶賊使とする（師守） 国々から兵士を召し，宇治・淀渡・山崎に警固使を遣わす（紀略，師守）
8.29	紀伊国が，南海賊の事を言上する（紀略）
9.2	重ねて諸国から兵士を召す，讃岐国が凶賊の党類紀文度を捕らえ進める（師守）
10.22	安芸・周防国から，大宰府追捕使が賊に敗れたとの飛駅が届く（紀略）
11.7	周防国から，鋳銭司が賊のために焼かれたとの飛駅が届く（紀略）
12.19	土佐国から，幡多郡が海賊のために焼かれ，合戦により多くの死者が出たとの知らせが届く（紀略）

＊貞信は『貞信公記』，紀略は『日本紀略』，師守は『師守記』，園太は『園太暦』

図表５－１　将門・純友と政府の動き

政府の意向に応じた方が得策とみて叙位を受け入れたのであろう。伊予国解文には、前回と同じく、純友が蜂起する心配はないなど、紀淑人による純友を擁護する文言が記されていたと思われる。

二月二二日に純友上京との報告が山陽道追捕使から届いて以来、不安な日々を送っていた忠平にとって、純友の「悦びを申す状」は将門敗死の知らせに続く朗報であり、胸をなで下ろしたに違いない。また、三月になっても純友には蜂起する気配はなく、今回も伊予国解文が添えられていたので、忠平は純友自身には反乱の意図はないと判断したであろう。

阿波・讃岐国の警固使

『日本紀略《にほんきりゃく》』三月四日条に「追捕南海凶賊使《ついぶなんかいきょうぞくし》等を定む」という記事がみえる。ここには「追捕南海凶賊使」とあるので、山陽道追捕使と同じものが南海道にも置かれたと読めなくもない。ただ、もしそうした重要な出来事であれば、『貞信公記《ていしんこうき》』にも載せられるはずだが、『貞信公記』にはこのことはみえない。また、山陽道追捕使のことはこれ以降の史料に何度かみえるが、追捕南海凶賊使がみえるのはここだけである。さらに、『日本紀略』一月一四日条に「追捕凶賊使等を任ず」とあるが、先述したように、任命されたのは東国の掾八人で、彼らは押領使も兼ねていた。こうしたことからすれば、『日本紀略』三月四日条は、南海道の国々で凶賊の追討を担当する者、具体的には警固使《けいごし》を置くという内容ではないだろうか。四月六日に阿波警固使が藤原村蔭《むらかげ》に改定されているので、それまでに阿波国には警固使が置かれていたことになる。また、『純友追討記《すみともついとうき》』には、純友が八月に讃岐国府を襲った時に、坂上敏基《さかのうえのとしもと》が警固使としてみえており、両国には警固使がいたことがわかる。このように、『日本紀略』三月四日条は、南海道追捕使ではなく、阿波・讃岐両国の警固使設置の記事と解されるのである。二月に阿波・讃岐両国の国司が京に戻っていたように、両国の治安状況には不安定なところがあった。こうしたことから、阿波・讃岐両国に警固使が置かれたのであろう。

この時期にこれまで置かれていなかった警固使を阿波・讃岐両国に置いたのは、やはり将門の敗死と関係があろう。これまで政府は、山陽道追捕使の前進を停止するなど、西国での軍事行動を抑制していたが、将門の死によって積極的になり、警固使の設置に踏み切ったのである。もう一つは、三月二日に純友の「悦びを申す状」と伊予国解文が届いたことである。阿波・讃岐両国への警固使設置は純友への刺激・挑発になりかねないので、政府はこれまでは設置を見合わせていた。しかし、純友が蜂起する心配はないと判断し、警固使を設置したのである。

こうして阿波・讃岐両国に警固使が置かれたのだが、讃岐国についていえば、受領に抵抗していた者たちの中心は前山城掾藤原三辰《みたつ》である。八月に純友勢が讃岐国府を襲って焼亡させるが、その後政府軍の反攻を受け、三辰は翌年一月に伊予国で討ち取られる。『師守記《もろもりき》』には「海賊の中、暴悪の者なり、讃岐国の乱、斯《これ》より発《お》こる」とされている。文元が備前国で受領と対立していたように、讃岐国でも三辰が受領と対立していたのである。三辰は讃岐国の海賊と思われるが、前山城掾とあるので純友と同様京から下ってきて土着した者かもしれない。三辰は文元と同様純友の配下にあり、讃岐国で受領に抵抗していたのである。阿波国の首領の名前は不明だが、第三章で述べた『土佐日記』にみえる海賊たちが再び活動を始めたのであろう。

年　月　日	事　　　項
天慶3.3.1	左中弁来たりて，縁兵の雑事を定め承る
3.5	左中弁，国々申す所の縁兵の雑事を定め承る
3.7	左中弁，縁兵の事を申し承る
3.14	左中弁，縁兵の事を申し承る
3.29	左中弁，縁兵の雑事を奉ず
4.5	左中弁，縁兵の事
4.6	左中弁，縁兵の雑事を承る
5.8	左中弁，縁兵の事を申し承る
	右中弁，縁兵の事云々
5.13	左中弁，縁兵の事を申し承る
5.17	左中弁，縁兵の雑事を申し承る
6.12	左中弁，縁兵の事を定め承る
6.15	公卿をして縁兵の雑事を定めしむ
6.18	公卿をして縁兵の事を定めしむ
6.23	左中弁来たりて，縁兵の事を申し承る

図表5-2　『貞信公記』の「縁兵」記事

「縁兵雑事」　将門が討たれたとの知らせが都に届いて以降、『貞信公記』に「縁兵雑事」「縁兵事」という短い記事が頻りにみえるようになる（図表5-2）。具体的な内容は記されていないが、「縁兵」とあるので軍事に関することに間違いない。当初は将門の乱の戦後処理のことも含まれていたであろうが、四月あるいは五月以降はもっぱら純友側の動きおよび政府軍の西国への展開状況についての忠平への報告・指示であろう。

四月一〇日、「将門の事・西方の事」により、臨時奉幣使が諸社に発遣された（図表5-3）。『師守記』では、この日の奉幣を「東国の凶賊討滅、幷《なら》びに西国の凶類猶《な》ほ反乱の由なり」としているので、将門を討伐できたことのお礼と、西国方面の治安安定を願っての奉幣である。「西国の凶類猶《な》ほ反乱」とあるので、西国には政府に反抗する者たちがいるとの認識を政府が持っていたことがわかる。なお、この日は、山陽道追捕使から「凶賊発起《ほっき》の疑ひの解文」が届いている。その後の動きはみえないので、兆候だけで終わったようである。

一三日、東西の国に「凶賊官符等」が下された。一〇日に山陽道追捕使から「凶賊発起《ほっき》の疑ひの解文」が届き、一二日には平将種《まさたね》らによる陸奥国での謀反の知らせが届いているので、具体的内容は不明だが、騒乱・反乱への備えを命じたものであろう。

二九日、所々に警固使等が改め遣わされた。『師守記』には、続けて「左馬・兵庫等なり」とある。諸国ではなく所々とあり、また八月二七日にも同じく所々に警固使が遣わされているが、そこには宇治、淀渡、山崎とみえるので、今回の警固使等の派遣先も京近辺であろう。二月二三日に、山崎・河尻《かわじり》などに警固使が置かれているので、それらの警固使が左馬寮や兵庫寮などの官人と交替したのであろう。東国派遣軍が都に戻ってきたので、配置換えをしたのかもしれない。二月の警固使は純友上京に備えてのものだったが、その後も西国方面に対する警戒が依然として続いていることがわかる。

五月は、政府、純友双方ともに目立った動きはない。ただ、一五日に征東大将軍が帰京し、節刀《せっとう》を返しているので、征討軍の帰還はほぼ終了し、西国への出動の準備が進められたものと思われる。八日、一三日、一七日に「縁兵」のことが報告・指示されているのは、そうしたことと関連するものであろう。

将門の乱後の西国情勢

このように、三月から五月にかけての山陽・南海道は、決して落ち着いた状況ではなく、依然として警戒が続いているが、二月初めの淡路国襲撃事件以降両道で大きな騒乱や事件がみられなかったことも事実である。このことは図表4－8および図表5－3からもわかる。大きな事件や兵乱が起きると、その平定を願って寺院での読経や神社への奉幣等がなされることが多い。それらの表によると、将門が東国を席巻していた一月から二月にかけては頻繁に読経・奉幣等が行われている。ところが、二月末に将門敗死の知らせが京に届いて以降は、読経・奉幣等は、四月一〇日の臨時奉幣を除くと、全くみられないのである。

つまり、山陽・南海道では子高襲撃事件以降、備中軍の敗走、淡路国襲撃などの事件・騒乱が続くのだが、二月中旬以降はそうしたことが起きていないのである。これはどのように考えればよいのであろうか。二月は、将門が坂東諸国を支配下に置き、その鎮圧のため多くの軍勢が東国に向かっていた。しかも、二月四日に山陽道追捕使は動きを止めているのである。したがって、文元や三辰など瀬戸内海賊にとっては絶好のチャンスだったはずである。しかし、彼らは二月だけでなく三月以降も動くことはなかったのである。

これは、純友が彼らの動きを抑えていたためであろう。純友は、備前国における藤原子高と藤原文元の紛争については随兵を率いて介入しようとし、結果的には子高襲撃事件が起きたが、国家に対して反乱を起こすといった考えは持っておらず、備中軍の逃散や淡路国襲撃は意図に反した出来事であった。また、子高襲撃事件などについては穏便に解決したいと考えていた。こうした純友の意向は、

年　月　日	事　　　項
天慶3.4.10	将門の事・西方の事により，諸社に臨時奉幣使を発遣する（貞信，師守）
8.20	南海凶賊藤原文元等の討滅のため，12社に奉幣する（紀略，師守）
8.28	南海賊徒のことにより，諸社に奉幣する（師守）
8.29	延暦寺で五壇法，法琳寺で太元帥法を修す（紀略）
9.3	山陽・南海の凶賊のことにより，石清水・賀茂社等に奉幣する（師守）
9.17	凶賊および怪異のことにより，京畿・山陽・南海道の諸神に奉幣する（師守）
9.21	延暦寺総持院で凶賊討滅のため49日の修法を行う（門葉）
10.5	南海道の凶賊および怪異のことにより，内裏などで仁王会を行う（師守）
10.28	南海道の凶賊および怪異のことにより，諸社に奉幣する（師守）
11.5	南海凶賊消滅のため，河内国春米を摂津国難波祭，住吉海神以下の神料米に充てる（師守）
11.21	西海凶賊藤原純友降伏のため，明達が住吉神宮寺で毘沙門天調伏法を修す（扶桑）
天慶4.2.6	山陽・南海道の凶賊により，諸社に奉幣する（師守）
5.12	凶賊の事により，諸社に臨時奉幣する（師守）
5.18	凶賊調伏のため，延暦寺，長谷寺，法性寺で修法を行う（門葉，『華頂要略』）
5.23	山陽・南海道凶賊純友追討のために仁王会を行い，熾盛光法を修す（師守，門葉）
5.26	凶賊討滅のため，延暦寺，法琳寺，法性寺で修法を行う（門葉）
8.9	藤原文元・佐伯是本等の討滅のため，石清水・賀茂社に奉幣する（世紀）

＊貞信は『貞信公記』，紀略は『日本紀略』，扶桑は『扶桑略記』，師守は『師守記』，世紀は『本朝世紀』，門葉は『門葉記』

図表5-3　兵乱・騒乱による奉幣・読経等

文元など配下の者たちにも伝わっていたはずである。特に、二月の淡路国襲撃事件が起きた時には、彼らに強く自制を求めたであろう。また、将門が討ち取られたとの情報が届いた際には、今騒乱を起こすと軍事力に余裕ができた政府に武力鎮圧の口実を与えることになるので、再度注意をうながしたに違いない。文元や三辰などは純友のこうした態度を不満に思うところがあったかもしれないが、最終的には純友の意向に従ったようである。その結果、二月中旬以降は山陽・南海道方面で大きな騒乱や事件は起きなかったと考えられるのである。

2 純友の蜂起

純友への対応

将門の乱が鎮圧され、東国に派遣されていた軍勢が次々と都に戻ってくるなかで、忠平の次の課題は今後純友に対していかなる姿勢で臨むかにあった。純友には反乱を起こす意図はないようだが、配下の者は次々に騒乱や事件を引き起こしている。今は比較的落ち着いているが、これからどうなるかはわからない。文元たちをこのまま放置するわけにはいかないが、下手に手を出せば大乱になりかねない。このように忠平は頭を悩ませたのではないだろうか。

忠平の周辺では、今後の純友の扱いについてさまざまな意見が出されていたであろう。それらの意見には、大きく分けると慎重論と積極論があったものと思われる。前者の主張は次のようなものであろう。純友には反乱の意図はなく、また子高襲撃事件以降の騒乱などにも直接は関わっていないので、純友を追捕の対象とすることはできない。追捕の対象を文元ら配下の者に限定したとしても、純友が藤原子高の圧迫を受けた藤原文元に加勢したことからすれば、文元らの追捕を行うと、それに反発した純友が蜂起する可能性が高い。反乱する意図はない純友をあえて蜂起に追い込むようなことは避けるべきである。純友が立ち上がれば、将門の乱のような大乱となり、多くの兵士の命が失われ、莫大な戦費がかかるだけでなく、戦場となった地域の被害も大きい。また、二月中旬以降は山陽道・南海道で大きな事件は起きておらず、純友も叙位を受け入れ、「悦びを申す状」も提出している。したがって、純友を使って配下の者が今後騒乱を起こさないようにさせ、紀淑人の手も借りながら、承平年間と同じく帰降をうながすのが最良の方法である。

一方、後者の主張は次のようなものであろう。受領を襲う、備中軍を攻撃する、淡路国の武器を奪うなど、文元らの行為は、海上の船舶から物資を略奪するというこれまでの海賊とは異なり、国家権力に対する武力による挑戦であり、決して容認することはできない。純友はともかく、文元らは必ず討たねばならない。助けを求められた純友が蜂起したとしても、東国に派遣していた兵士が戻っているので戦力面での心配はない。現状を放置すれば、いつ同じような騒乱が起きるかわからず、きわめて危険である。承平年間には海賊の帰降を認めたが、結局数年後にはこうした事態になっているのだから、今回は厳しい措置で臨まねばならない。

純友の「暴悪士卒」の追捕

六月一八日、山陽道追捕使に純友の「暴悪士卒」、すなわち藤原文元らを追捕させることが決まった。将門の乱鎮圧を優先する政府は、二月四日に山陽道追捕使の前進を停止していた。それを約四か月ぶりに解除し、山陽道追捕使に純友の「暴悪士卒」追捕の官符を下したのである。

追捕官符を下すにあたっては、一五日と一八日の二回にわたって公卿たちに「縁兵」のことを諮っている。これまでは「縁兵」のことは忠平と左右中弁との間での報告・指示だけだったが、この時は陣定に、しかも二度もかけているのは、案件がそれだけ重要であり、かつ結論が簡単には出なかったことを示している。将門の乱が終わってまだ数か月なので、さまざまな考えが公卿たちの間にあり、忠平は慎重に事を進めざるをえなかったのである。

忠平としては、積極論に与しつつも、純友の蜂起を避けるため、追捕の対象を文元らに限ったのである。ここ数か月の純友の動きからすれば、文元らを追捕するだけなら、純友は立ち上がらないと忠平は判断したのであろう。純友が蜂起する可能性がないわけではないが、その場合には東国から兵士が戻っているので短期間で鎮圧できると忠平は考えたのだろう。しかし、こうした忠平の楽観的な予想は大きく覆されることになる。

『本朝世紀《ほんちょうせいき》』の天慶三年（九四〇）は欠巻、それに加えて『貞信公記』も七月から欠巻なので、政府側、純友側ともに七月からの詳しい動向はよくわからない。ただ、八月以降は騒乱の中心が南海道に移っているので、山陽道追捕使によって山陽道諸国はほぼ制圧され、文元らは四国に逃げ渡ったようである。毎年七月末に開催される相撲節会が中止となっているのは、あるいはこうした西国の情勢が関わっているのかもしれない。

乱の開始

八月二六日、伊予・讃岐国から、一八日に賊船四〇〇余艘が伊予国を、次いで讃岐国を襲い、人々の家などが焼亡した、また備前・備後国の兵船一〇〇余艘が焼かれた、との飛駅が届いた。これまで伊予国で様子をみていた純友がついに立ち上がったのである。これだけ多くの兵船を結集できるのは純友以外には考えられない。また、純友のいる伊予国を部下たちが襲うはずもないからである。さらに、伊予・讃岐国だけでなく、阿波国でも純友は反撃ののろしをあげたのである。

まず、伊予・讃岐国の襲撃からみていこう。

(ア)『師守記』貞和三年一二月一七日条

天下兵革《へいかく》時に行はるる御祈《おいのり》の例

(中略)

廿六日、伊予・讃岐国の飛駅使《ひえきし》等参上す、是《これ》今月十八日、賊船四百余艘、帆を比《なら》べて囲み来る、人民の舎宅、供御人《くごにん》等、焼亡せらるるの由なり、伊与国を虜《りょ》するの後、讃岐国に来ると云々

(中略)

廿八日(中略)今日、南海の賊徒の事により、諸社に奉幣を立てらる、(中略)伊与・讃岐国を虜掠《りょりゃく》し、備前・備後国の兵船百余艘を焼亡するの由、宣命《せんみょう》に見ゆ

(イ)『純友追討記』

讃岐国、彼の賊軍と合戦し、大いに破れ、矢に中《あた》りて死ぬる者数百人、介藤原国風《くにかぜ》、軍破れ、警固使坂上敏基《としもと》を招き、竊《ひそか》に逃《のが》れて阿波国に向かふなり、純友、国府に入り、火を放ちて焼亡し、公私の財物を取るなり、介国風、更に淡路国に向かひ、具《つぶさ》に状を注し、飛駅言上す、二箇月を経て武勇の人を招き集め、讃岐国に帰り、官軍の到来を相待つ

（ア）の『師守記』によると、二六日に、賊船四〇〇余艘が伊予・讃岐国を襲って人々の家などを焼いたとの飛駅《ひえき》が京に届いた。そして、二八日に諸社への奉幣があり、その宣命《せんみょう》に備前・備後国の兵船一〇〇余艘が焼かれたとあった。（イ）の『純友追討記』は、純友勢が讃岐国を襲った時の様子を描いた部分で、讃岐国軍が敗れて数百人の死者が出たこと、介藤原国風《くにかぜ》と警固使坂上敏基《としもと》が淡路国まで逃げたこと、純友勢が国府を焼亡させ、財物を略奪したこと、二か月後に国風がようやく讃岐国に戻ったことなどが記されている。

讃岐国府と伊予国府　純友が襲った讃岐国府は、坂出《さかいで》市府中《ふちゅう》町にあったことは従来から知られていたが、近年の発掘調査で開法寺《かいほうじ》東方地区から大型建物群が見つかったことにより、そこが国府跡であることが確定的となった（図表5－4）。また、この国府跡の発掘調査では、大型建物周辺の土坑《どこう》（地面に掘られた穴）から焼土・炭化物や被熱痕《ひねつこん》のある大量の瓦・土器が出土し、一〇世紀中葉に多くの建物が火災により焼失したことがわかっている（図表5－5）。このことは、純友勢が讃岐国府を焼亡させたという『純友追討記』の記述を裏付けるものとして注目される。

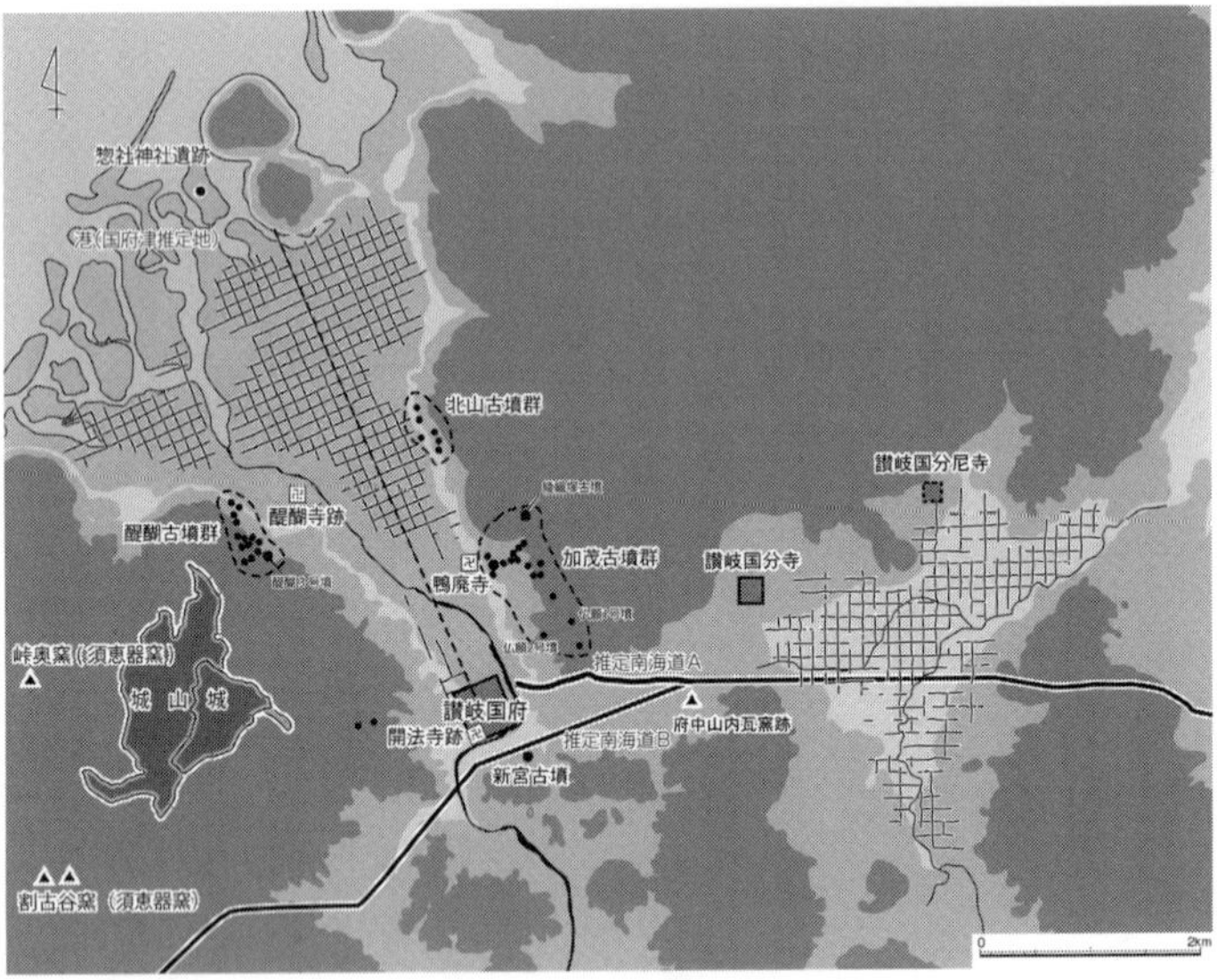

図表5－4　讃岐国府周辺図

伊予国は、（ア）に「虜《りょ》する」「虜掠《りょりゃく》し」とあるだけで、襲われた場所は史料にみえないが、おそらくは讃岐国と同じく国府が襲われたのであろう。純友勢に襲われたと思われる伊予国府の位置はまだ不明である。『和名類聚抄《わみょうるいじゅうしょう》』に「国府は越智《おち》郡にあり」と記され、国分寺の場所もわかっているので、今治平野の海岸近くにあったことは間違いない。しかし、さまざまな場所が想定されてはいるものの、まだ確定には至っていない（図表5－6）。

次に、備前・備後国の兵船一〇〇余艘が焼かれたことだが、海上の戦いで相手の船を焼くことはよくあるので、純友勢と備前・備後国の連合軍が伊予・讃岐国襲撃の前後にどこかの海上で合戦を行ったと考えられなくもない。ただその場合には、合戦の勝敗がまず報告・記載されるはずであり、また備中国をはさんで備前・備後国が連合軍を組むこともやや不可解なので、その可能性は低いであろう。備前・備後国は讃岐・伊予国の対岸にあるので、両国の兵船が讃岐・伊予国の国府近くの港に繋留されてあり、それが純友勢によって焼かれたと解釈する方がいいのではないだろうか。そうすると、山陽道諸国の軍勢がすでに四国に渡っており、それらも純友勢によって打ち破られたことになる。

図表５－５　讃岐国府跡大型土坑出土遺物

伊予・讃岐国の襲撃日

ところで、純友勢が伊予・讃岐両国を襲った日はいつであろう。（ア）に賊船の襲来日は一八日とあるが、それは一八日のうちに両国を襲ったのであろうか。それとも一八日に伊予国ないし讃岐国のどちらかを襲ったのであろうか。

まず、一八日に伊予・讃岐両国を襲ったかどうかを検討する。『延《えん》喜《ぎ》式《しき》』主計上に、租税を都まで運ぶ際の日数が記されている。そこには讃岐国は海路で一二日、伊予国は一四日とあるので、伊予・讃岐国間の航行日数はおおよそ二日となる。もちろん、これはあくまで輸送船の場合であり、船足の速い海賊船にはあてはまらないかもしれない。しかし、一日のうちに、伊予国府を襲ったあと、直線距離で約一〇〇キロメートル離れている讃岐国府に移動し、さらにそこを攻めるというのはさすがに無理であろう。

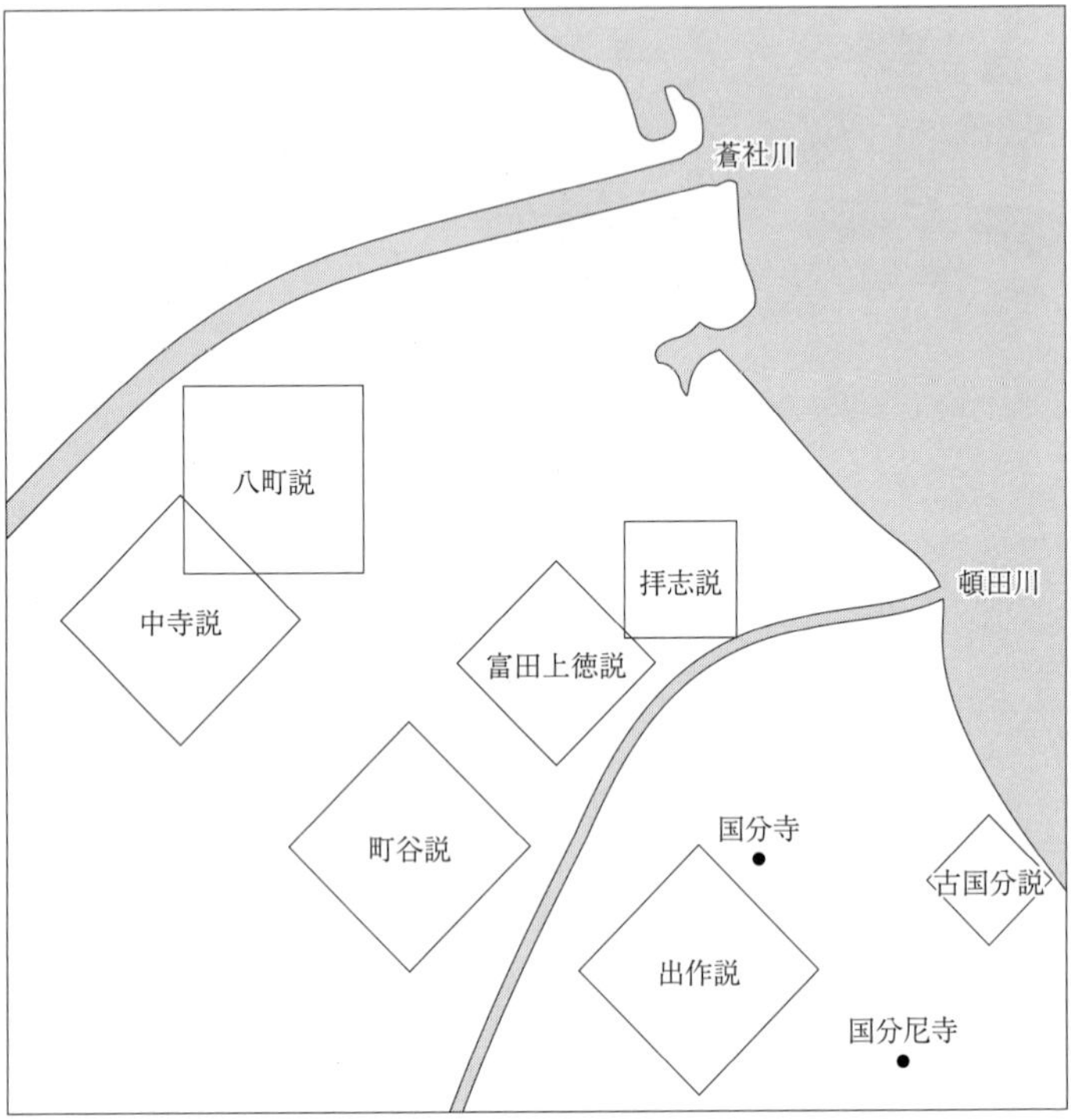

図表5-6　伊予国府所在地についての諸説

では、一八日は伊予・讃岐国のどちらを襲った日であろうか。（ア）の二六日条をみると、最後に「伊与国を虜するの後、讃岐国に来る」とある。この日は伊予・讃岐両国の飛駅使が都に参上したが、この文言は讃岐国からの報告でしか書けない内容である。とすると、二六日条の文章がすべて讃岐国の報告によったのであれば、その前の「是《これ》今月十八日、賊船四百余艘、帆を比《なら》べて囲み来る、人民の舎宅、供御人《くごにん》等、焼亡せらるるの由なり」というのも讃岐国についての文言となり、一八日は讃岐国襲撃の日となる。ただ、二六日には伊予・讃岐両国の飛駅使が都に来ているので、二六日条の文章は両国の報告が合わされており、それらの文言は伊予国について述べたものとすることも可能である。その場合は、一八日は伊予国襲撃の日となる。このように、（ア）の二六日条には、一八日に「賊船四百余艘」が襲来したとあるが、それは伊予・讃岐国のどちらとも解釈できるのである。

一八日が伊予・讃岐国のいずれを襲った日なのかはさておき、純友勢はあらかじめ伊予国府の次に讃岐国府を襲うことを決めていたはずであるから、伊予国襲撃後はすぐに讃岐国に向かったと思われる。伊予国は当然襲撃を受けたことを都に飛駅で知らせるが、讃岐国府はその途中にあり、かつ伊予国府から讃岐国府まで飛駅だとほぼ一日の行程なので、純友勢が伊予国を襲ったことはすぐに讃岐国に伝わる可能性が高い。そうすると、おそらく讃岐国では国府の警備を強化しようとするが、襲撃の日が早ければ早いほど兵士の増員などが十分ではないうちに襲うことができる。また、伊予国襲撃の混乱のため飛駅の発遣が数日遅れた場合には、伊予国襲撃の情報が伝わる前に、讃岐国を襲うことも可能かもしれないからである。このため、本来であれば純友勢は襲撃のあと伊予国府にある財物等を奪うところだが、時間を消費するだけであり、また略奪品が多いと動きが遅くなるので、略奪もほとんど行わなかったのではないだろうか。

このように、純友勢は伊予国を襲ってから、二～三日後までには讃岐国を襲撃していたものと思われる。そうすると、伊予国を襲った日が一八日であれば、讃岐国の襲撃日は一九～二一日頃、讃岐国を襲った日が一八日であれば、伊予国の襲撃日は一五～一七日頃となろう。つまり、八月一五～二一日頃に純友勢は伊予・讃岐両国を襲ったのであり、そして実はその頃藤原文元も阿波国で兵をあげていたのである。

三か国同時襲撃

八月二〇日、石清水《いわしみず》社以下の一二社に、南海の凶賊藤原文元らの討滅を願って臨時の奉幣がなされた。藤原文元らが南海の凶賊とされているので、文元が四国に渡っていたこと、また彼が騒乱を起こしていたことがわかる。その二日後の二二日、阿波国を討つため、近江国から兵士一〇〇人が徴発された。時期が近接しているので、この奉幣と兵士の徴発が関連していることは明らかである。つまり、文元らが阿波国で騒乱を起こし、そのため奉幣がなされ、兵士が徴発されたのである。おそらく、文元が阿波国の海賊などと手を結んで、蜂起したのであろう。前掲の（イ）『純友追討記』に、讃岐介国風は阿波国からさらに淡路国まで逃れて飛駅言上したとあるが、これは阿波国でも騒乱が起きて混乱状況に陥っていたため、淡路国まで避難しないと飛駅を出せなかったということではないだろうか。

臨時の奉幣が二〇日なので、その一～二日前に阿波国から騒乱発生の飛駅が届いたことになろう。

そして、阿波国から都まで飛駅だと三〜四日程度なので、文元らが蜂起したのは一五日前後ということになるが、それは純友が伊予・讃岐国を襲った日とほぼ同じ頃なのである。これはとうてい偶然のこととは思えない。純友と文元、三辰らが事前に打ち合わせをし、一斉に蜂起したのである。ただ、純友が讃岐国府だけでなく伊予国府も襲撃していたとすると、文元も同じく阿波国府攻略を狙っていたであろう。しかし、阿波国府が襲われたことは史料にみえないので、文元の作戦は成功しなかったのかもしれない。

純友は、六月一八日に自身の「暴悪士卒」の追捕官符が出されあとも、しばらくは伊予国で様子をうかがっていたようだが、文元らが政府軍によって四国に追われるのをみて、ついに決断を下したのである。純友は伊予国府近辺に住んでいたと思われるが、そこを離れて海賊勢に身を投じた。そして、瀬戸内海賊たちに結集をよびかけるとともに、文元、三辰らと入念に打ち合わせをし、八月一五日頃を蜂起の期日と定めた。三か国で一斉に蜂起したのは、政府を驚かせるとともに、山陽道追捕使の軍勢を四国から追い払うためであろう。

では、純友が三か国襲撃の前に瀬戸内海賊たちを集め、作戦会議をした場所はどこであろう。ここから先は想像の世界になるが、それが日振島ではないだろうか。政府軍の目から逃れ、多くの海賊を集結させる場所としては日振島が最適である。反乱の決意をした純友が伊予国府を離れ、文元や三辰らにその旨を伝え、日振島に海賊たちを集結させた。そして、作戦会議を終え、日振島から順次出撃したのではないだろうか。『日本紀略』承平六年六月某日条の、純友が「伊予国日振島に屯集し、千余艘を設く」という記述が何らかの実態を反映していたとすると、それはこの時のことであろう。千余艘まではいかなくとも、純友が出撃前に多くの船を結集させていたことは間違いない。それが伝わり、こうした表現になったのではないだろうか。

純友蜂起の理由

これまで伊予国で様子をみていた純友が、ついに蜂起した理由はさまざまであろう。純友自身は将門のように政府に反逆する意図はなく、子高襲撃事件以降のことについては武力によらない解決を求めていたが、結局政府はそれを受け入れず、文元らの追捕に踏み切った。武力討伐という手段を採用した政府に対して純友は強い失望と怒りを感じたであろう。また、山陽道追捕使や阿波・讃岐国の警固使の攻勢にさらされた藤原文元や藤原三辰たちからは、純友に助けを求め、純友の決起をうながす声が日ごとに高まっていたと思われる。純友自身は追捕の対象外だったが、彼らが政府軍によって追い詰められているのを座視できなかったのであろう。また、前年の天慶二年は干魃にみまわれていたが、『扶桑略記』天慶三年八月条に「風雨の災あり、年穀登らず、人庶大いに飢う」とあるように、この年も災害によって不作となり、人々は飢えに苦しんだ。純友は伊予国に下向した承平六年（九三六）以降瀬戸内海賊との関係を深め、この頃にはその盟主となっていたが、飢饉にみまわれ海賊行為に走らざるをえない多くの貧窮民の動きをおさえられなかったのではないだろうか。もちろん、純友に勝算があったわけではない。将門の乱が鎮圧され、東国に派遣された軍勢が次々と西国に展開していたこの時期に蜂起するのはどうみても不利であることは、前伊予掾である純友ならば十分承知していたはずである。しかし、それでも純友は立ち上がらねばならなかった。武力で鎮圧をはかる政府に対して、純友に残された道は全面対決しかなかったのである。

　この時の伊予守紀淑人の動向を示す史料は残されていないが、淑人ももはや純友を制止することはできなかったのであろう。淑人は承平六年（九三六）に伊予守になっているので、本来であれば天慶二年（九三九）で任期が終わり、天慶三年春には都に戻ることになっていた。しかし、こうした情勢下で伊予守として赴任する者などいるはずもなく、その後も伊予守として国に留まっていたものと考えられる。淑人は忠平の使者藤原明方《あきかた》、および位記使の蜷淵有相が伊予国に下向してきた時、純友の申文と「悦びを申す状」にあわせて伊予国解文を政府に提出している。いずれも純友を擁護する内容であり、承平年間に海賊を帰降させた時と同様、武力に頼らない方法での解決を政府に要請していたと思われる。その後も淑人は政府と純友の間に立って、事態の収拾に尽力したであろう。しかし、六月に政府が藤原文元らの追捕を命じたことにより、その努力にも限界がきた。おそらく純友をおさえられないとみた淑人は都に戻ったのではないだろうか。純友が伊予国府を襲撃したのは、これまで自分を守ってくれた淑人がそこにはもういなかったからであろう。

3　純友の乱の展開

追捕山陽南海両道凶賊使

讃岐・伊予国が襲われたことを聞いた忠平は、ついに純友が立ち上がったことを知ったであろう。そして、蜂起が三か国でほぼ同時になされたことがわかった時は、純友の智謀の深さ、統率力の強さに驚くとともに、この反乱が簡単には収まらないと思ったに違いない。山陽道追捕使による文元らの追捕が順調に進み、四国に兵を進めたところで、こうした反撃を受けた忠平は、戦略の立て直しを迫られることになる。

八月二七日、政府は山陽道追捕使の小野好古《よしふる》を追捕山陽南海両道凶賊使に任じた。次官は源経基《つねもと》、判官は右衛門尉藤原慶幸《よしゆき》、主典は左衛門志大蔵春実《はるざね》であった。源経基は将門の謀反を告発し、一月に従五位下に任じられている。いうまでもなく、経基は清和源氏の祖で、子が満仲《みつなか》、孫が頼光《よりみつ》・頼親《よりちか》・頼信《よりのぶ》である。『将門記《しょうもんき》』には「未だ兵《つはもの》の道に練《ね》れず」、すなわち兵として未熟とあるが、次官に抜擢され、かつ豊後国で純友勢の残党と合戦をしているので、実際にはかなりの武人だったようである。藤原慶幸は北家の出身で、二月に兵士を率いて山崎関の警固に向かっている。大蔵春実は博多津の戦いで活躍し、天徳四年（九六〇）に将門の子が入京したとのうわさが立った時には捜索にあたった。春実の子孫は大宰府の武官となり、孫の種材《たねき》は寛仁三年（一〇一九）の刀伊《とい》の入寇《にゅうこう》の際には賊を撃退し、その勲功で壱岐守になっている。

同じ二七日には、諸国に兵士の徴発を命じ、宇治・淀渡・山崎などに警固使を派遣した。賊徒討滅を願って神仏への奉幣や祈禱も盛んに行われた。二八日には伊勢神宮以下の諸社に奉幣がなされ、二九日には延暦寺で五壇法《ごだんほう》、法琳寺《ほうりんじ》で太元帥法《たいげんのほう》が修された。

こうした奉幣・読経等は九月、一〇月、一一月と続けられる。その後も純友の反乱が収まらなかったためである。一一月五日に、南海凶賊消滅のため、摂津国難波祭《なにわさい》、住吉海神《うみつがみ》以下の神料米《しんりょうまい》に河内国の米を充てるよう宣旨が下されている。また、同月二一日には、純友降伏のため、住吉神宮寺《じんぐうじ》で毘《び》沙門天《しゃもんてん》調伏法が修された。難波祭や住吉の海神は、いずれも海上交通に関わる祭祀・祭神、住吉神宮寺は住吉社の神宮寺であり、これまでの凶賊消滅祈願にはみられなかったものである。こうした祭祀・祭神などによって純友討滅を祈願しているのは、純友勢の中心が海賊であったことをよくあらわしている。

九月二日、再度諸国に対して兵士の徴発が命じられた。この日は、讃岐国が「凶賊党類」である紀文度《ふみのり》を京に進めている。時期的にみて、讃岐国を純友勢が襲った際、讃岐国側に捕らえられた者であろう。

純友勢の攻勢

伊予・讃岐国府を攻略し、さらには備前・備後の軍勢をも追い散らしたことにより、八月後半から九月にかけては、伊予・讃岐国で海賊たちを取り締まる者はいなくなり、沿岸部や船舶への攻撃・略奪が続いたことであろう。また、阿波国でも、文元らと政府軍との戦いが継続していたと思われる。

しかし、先掲の『純友追討記』に、阿波・淡路国に逃れていた藤原国風が二か月後にようやく讃岐国に戻ったとあるように、一〇月になると態勢を立て直した政府軍は阿波・讃岐国で攻勢に出た。このため、一〇月後半になると純友勢は瀬戸内海西部方面を攻撃の対象とするようになる（図表5－7）。

一〇月二二日、安芸・周防国から、大宰府追捕使左衛門尉在原相安《ありはらのすけやす》らの兵が純友勢に打ち破られたとの飛駅が届いた。在原相安は承平四年（九三四）に諸家兵士・武蔵兵士を率いて海賊追捕に向か

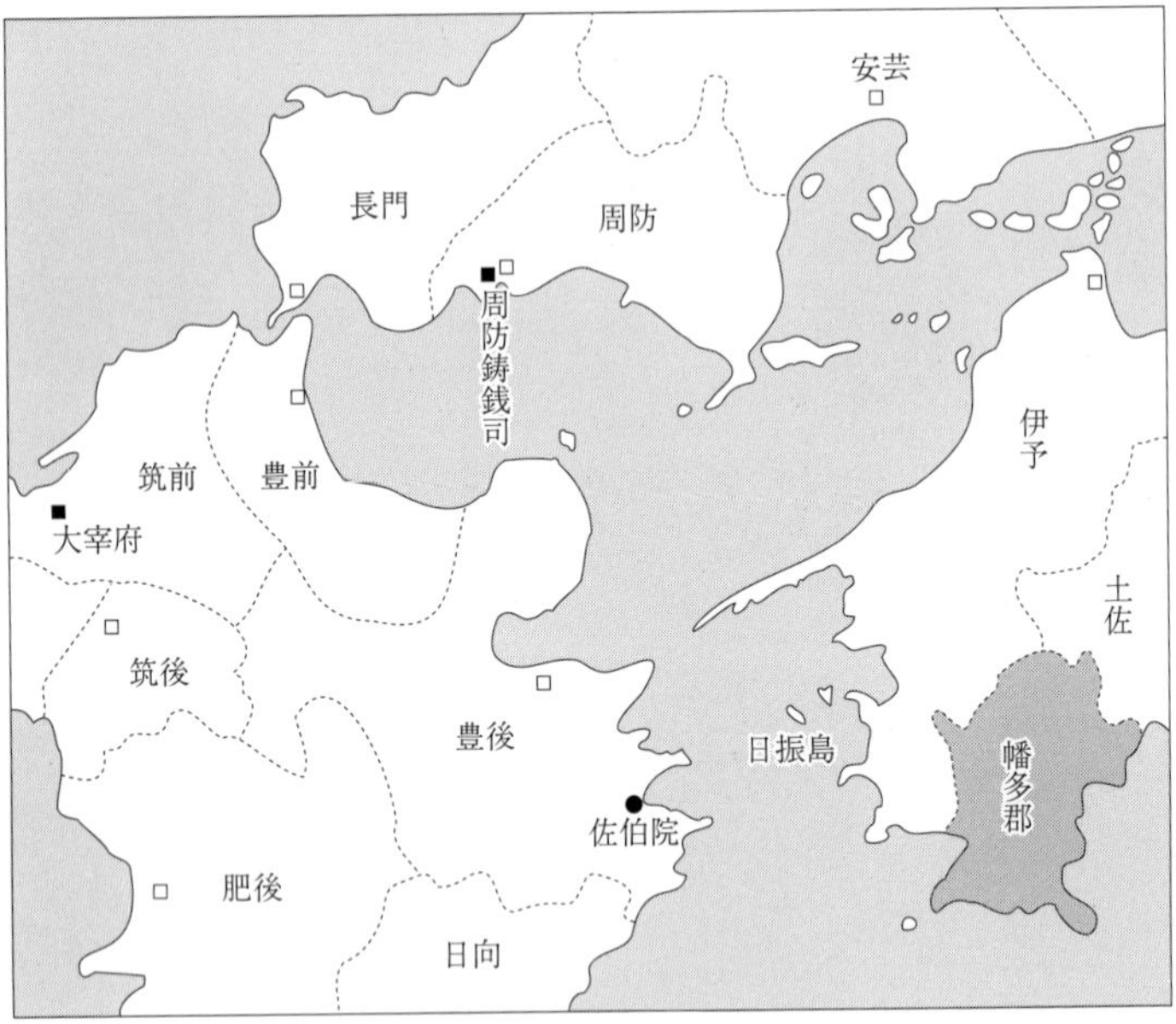

図表５－７　純友の乱関係地図

った人物である。その時は兵庫允であったが、ここには大宰府追捕使とあるので、大宰府から政府軍の応援に駆けつけたのである。瀬戸内海賊が相手なので、相安は兵船を率いてやってきたはずであり、また合戦があった具体的な場所も書かれていないので、おそらく安芸・周防国近くの海上で戦いがあったのだろう。

この約半月後の一一月七日、周防国から鋳銭司《ちゅうせんし》が純友勢のために焼かれたとの飛駅が届いた。大宰府追捕使を破った純友勢が続けて鋳銭司を襲ったのであろう。周防鋳銭司は政府が設置した銭貨鋳造機関で、九世紀初めに長門国から移転した。ここでは本朝十二銭のうち弘仁九年（八一八）の富寿神《ふじゅしん》宝《ぽう》から天徳二年（九五八）の乾元大宝《けんげんたいほう》までの八種類の銭貨が鋳造された。当時は延喜通宝《えんぎつうほう》が毎年約一〇〇〇〇貫鋳造されていた。周防鋳銭司は、山口市鋳銭司《すぜんじ》大畠地区にあり、発掘調査の結果、方二町の区画から工房跡、倉庫群、承和昌宝（承和二年（八三五）発行）と長年大宝（嘉祥元年（八四八）発行）などがみつかっている。なお、周防鋳銭司の東方約一〇キロメートルあまりのところに周防国の国府がある。国府ではなく鋳銭司を襲ったのは、警備が国府ほど厳重ではなく、かつ倉庫には大量の銭貨が積まれていたためであろう。

一二月一九日、土佐国から、幡多《はた》（八多）郡が純友勢に焼かれ、合戦となって双方に多くの死者が出たとの知らせが届いた。幡多郡は伊予国に接する土佐国最西南の郡である。純友勢が幡多郡の郡衙（郡役所）あるいは郡の倉庫を襲撃し、焼亡させたのであろう。合戦が行われ、多数の死者が出たというのであるから、土佐国側にも多くの兵士がいたことになる。伊予国に近い地域なので、多数の警備兵を配置していたのであろう。

『類聚符宣抄《るいじゅうふせんしょう》』第八の天慶八年三月八日宣旨によると、長門国も賊徒に襲われ、官舎が焼かれ、官物が略奪されている。時期は明記されていないが、おそらくこの頃のことであろう。この長門国のように、『日本紀略』などの歴史書にはみえないが、純友勢に襲われた地域は他にもあったのではないだろうか。

政府軍の反攻

純友の突然かつ計画的な蜂起により、備前・備後の兵船一〇〇余艘を焼かれるなど、手痛い反撃を受けた政府軍だったが、態勢を立て直し、次第に勢力を盛り返していった。一一～一二月に周防鋳銭司、土佐国幡多郡を純友勢が襲ったとはいうものの、それは政府軍の圧力を受けて瀬戸内海中部から東には侵攻できなかったためである。こうして純友勢は次第に力を失い、土佐国幡多郡を最後に襲撃事件もみられなくなった。八月に純友が蜂起してから一一月までは反乱の平定を願って頻繁に奉幣・読経などが行われているが、一二月と一月にそれらがなされていないのは、そのことを示している。年末頃には明らかに攻守が逆転したのである。

政府軍の勢いが増した理由の一つが、純友側から政府側に寝返る者が出たことである。『純友追討記』に次のような記述がある。

純友の次将藤原恒利《つねとし》、賊陣を脱け《ぬ》竊《ひそか》に逃げ来りて、国風の処に着く、件の恒利は能く賊徒の宿所・隠家并に海陸両道の通塞《つうさい》の案内《あない》を知る者なり、仍て国風、置きて指南となし、勇悍《ゆうかん》の者を副へ撃たしむ、賊大いに敗れ、散ること葉の如く、海上に浮かぶ

（純友の次将である藤原恒利が賊陣を脱出して密かに国風のところに逃げてきた、恒利は賊徒の居所・隠れ家や海上・陸上の要所の状況をよく知っている者であった、そこで国風は彼を案内役とし、勇敢な者を副えて敵を撃たせた、賊は大敗し、散った葉のように海上に浮かんでいた）

藤原恒利は伊予国に進軍した讃岐国の軍勢に名前がみえるので、この話は本当であろう。恒利は讃岐国あるいは伊予国の海賊と思われるが、「純友の次将」とあるので、純友勢の幹部クラスの者であ

った。情勢が純友側に不利になったのをみて、政府側に寝返ったのであろう。恒利は純友勢の隠れ家や海陸の要所などを熟知していたとある。ゲリラ戦的な戦法を得意としていた純友勢にとって、彼のような者が敵方にまわったことは大きな痛手であった。こうして政府軍は彼を案内役に立てて純友勢を大いに破っていったのである。

純友勢の敗散

年が明けて天慶四年（九四一）となった。正月の朝廷の儀式・行事は例年通り行われ、前年は中止となった四日の忠平家大臣大饗《だいじんだいきょう》、七日の叙位も実施された。東に将門の乱、西に子高襲撃事件を抱えていた前年と異なり、この年は純友の乱が続いているものの、政府にとってはもはや大きな脅威ではなくなっていた。

一月一五日、純友のことを定めるため天皇の御前に公卿が集められた（図表5－8）。政府軍の優勢が明確になってきたので、純友への今後の対応が話し合われたのであろう。翌一六日には追捕山陽南海両道凶賊使から解文が届いている。内容は不明だが、南海道の軍事情勢についての報告であろう。

讃岐・伊予国では追捕山陽南海両道凶賊使の助勢を得て国内の兵力が回復し、両国の純友勢を駆逐していった。一月二一日、伊予国から前山城掾藤原三辰の首が届けられた。三辰は、「海賊の中、暴悪の者なり、讃岐国の乱、斯《これ》より発《お》こる」とされた者だが、讃岐国から伊予国に逃れたところを討たれたのであろう。伊予国でも政府軍が優勢になっていたのである。天暦二年（九四八）七月、伊予国から申請があり、越智用忠《もちただ》が「海賊の時の功」によって叙位されている。乱後しばらく経ってからの叙位であり、伊予国内の微妙な政治状況をうかがわせるものだが、彼自身は伊予国軍を率いて純友勢

年　月　日	事　　　項
天慶4. 1. 15	公卿を御前に召して純友のことを定めさせる（『北山抄』）
1. 16	追捕山陽南海両道凶賊使の解文が到来する（紀略）
1. 21	伊予国が前山城掾藤原三辰の首を進上する（師守）
2. 9	讃岐国から，兵庫允宮道忠用，藤原恒利らが伊予国に向かって賊を討っているとの飛駅が届く（紀略）
5. 19	小野好古から，賊徒が大宰府を攻略したとの飛駅が届く，藤原忠文を征西大将軍とする（紀略）
6. 6	小野好古から，５月20日に博多津で純友勢を破ったとの飛駅が届く（紀略，世紀） 右近馬場で，滝口，諸家および貞盛朝臣の兵士を試す（紀略）
6. 11	備前国から，純友らが響奈多で船を捨てて逃げたとの飛駅が届く（『吏部王記』）
6. 24	右近馬場で，近江・美濃・伊勢国の兵士を試す（紀略）
6. 29	伊予国から，20日に伊予国警固使橘遠保が純友を討ったとの解文が届く（世紀，師守）
7. 7	橘遠保が純友と重太丸の首を進める（紀略，世紀）
8. 7	追捕山陽南海両道凶賊使小野好古が入京する（紀略，世紀）
8. 9	石清水・賀茂社の宣命に，藤原文元・佐伯是本が伊予国の海辺の郡を襲ったとみえる（世紀）
8. 17	佐伯是本が日向国を襲う（世紀）
9. 6	桑原生行が豊後国海部郡佐伯院を襲う（世紀）
9. 19	備前国から，藤原文元・文用，三善文公が邑久郡桑浜に上陸したとの飛駅が届く（世紀）
9. 22	播磨国から，赤穂郡八野郷石窟山で三善文公を討ったが，藤原文元・文用は未捕獲との飛駅が届く（世紀）
10. 23	山陽・南海道諸国の警固使・押領使，撃手使を停止する（世紀）
10. 26	但馬国朝来郡朝来郷の賀茂貞行が，藤原文元・文用の首を進める（世紀）
11. 29	桑原生行の首と佐伯是本の身柄が京に到着する（世紀）

＊紀略は『日本紀略』，師守は『師守記』，世紀は『本朝世紀』

図表５－８　純友と政府の動き

と戦ったのであろう。

二月九日には、讃岐国から、兵庫允宮道忠用《みやじのただもち》、藤原恒利らが伊予国に向かっているとの知らせがあった。讃岐国の純友勢が平定され、応援のため政府側の軍勢が伊予国へ進んだのである。宮道忠用は追捕山陽南海両道凶賊使の一員であろう。藤原恒利は先述した政府側に寝返った純友の次将である。やがて伊予国も政府軍によって制圧され、純友勢は各地へ逃げ散るしかなかった。二月六日に山陽・南海凶賊により諸社に奉幣がなされているが、それ以降三〜四月は奉幣や読経などがみえないのは、純友勢が力を失ったことを示すものである。

4　大宰府攻撃と博多津の戦い

大宰府攻略

政府軍は純友を追い詰めたが、やがてその行方を見失ってしまった。五月になって純友は突然大宰府を襲う。純友や文元らは九州に渡っていたのである。純友たちは九州に渡ったあと、佐伯是本《さえきのこれもと》（基）、桑原生行《くわばらのなりゆき》など九州の海賊を糾合し、再起を図っていた。後に、佐伯是本が日向国で、桑原生行が豊後国海部《あま》郡で捕らえられているので、彼らはそれらの地域に拠点を持つ海賊と思われる。日向国や豊後国は豊後水道をはさんで四国の対岸にあるので、純友は彼らと以前から交流があったのだろう。あるいは、そうした九州の海賊の一部には、純友勢に加わっていた者がおり、純友らとともに九州に逃げのびたのかもしれない。

大宰府は西海道支配の要であるとともに、平安京に次ぐ政治的・軍事的重要拠点であった。そこを攻め落とせば政府に大きな打撃を与えることができると純友は考えたのであろう。九州の海賊たちにとっても、大宰府は最大の敵であり、また諸国の国衙とは比べものにならない多くの財物がある点でも、ぜひとも攻略したいところであった。大宰府を敵視していたのは海賊たちだけではなかった。この頃の九州には、武器を所持した従者を率い、人々から物を奪って官吏を脅す「遊蕩放縦《ゆうとうほうじゅう》の輩《ともがら》」が多くおり、大宰府はその取り締まりに手を焼いていた（『政事要略《せいじようりゃく》』天慶九年一二月七日官符）。こうした者たちもあるいは純友と行動をともにしていたかもしれない。

五月一九日、追捕山陽南海両道凶賊使小野好古から、純友勢が大宰府を襲ったとの飛駅が届いた。純友勢が大宰府を攻め落とし、政庁を焼亡させたのである。飛駅が都に至るまで要した日数は、博多津の戦いの時が一六日なので、小野好古がどこにいたかにもよるが、大宰府が襲撃されたのは五月初旬頃であろう。

純友の計略

ところで、西国で最も重要な政治的・軍事的拠点である大宰府がなぜ純友によって簡単に攻め落とされてしまったのであろうか。この頃の大宰府には大宰府追捕使が置かれていた。前年の一〇月に安芸・周防国近辺で純友勢に敗れたとはいうものの、在原相安率いるそうした軍勢が大宰府にいたことは間違いない。また、大宰府には西海道諸国の調庸が納められているので、盗賊などに備えて警備はしっかりなされていたはずである。それに加えて、行方不明になった純友が九州に渡っている可能性もあるので、小野好古も十分に警戒していたであろう。にもかかわらず、純友勢によって攻略されてしまったのである。このことはどのように考えればよいのであろうか。

ここで注目されるのが、大宰府が襲撃されたことを知らせる飛駅が届く少し前の一二日に、凶賊のことにより臨時奉幣が、一八日にも凶賊調伏のため修法がなされていることである。こうした奉幣や修法は大事件や騒乱が起きた時にその平定を願って行われるものである。そして、この頃の凶賊といえば純友以外には考えられないので、大宰府を襲う前に純友勢がどこかで騒乱を起こした、あるいはどこかを襲撃した可能性が高い。

ただ、不可解なのは、それまで長い間行方をくらませていた純友勢が、大宰府襲撃の直前にその姿をあらわしたことである。行方をくらませていた場合には、姿をみせないまま大宰府を奇襲するのが定石であり、自らの所在地を襲撃前に教えるようなことは普通はしないはずである。したがって、これはおそらく純友の陽動作戦であろう。つまり、純友勢あるいはその一部が大宰府から遠く離れたところでわざと暴れ、追捕山陽南海両道凶賊使や大宰府追捕使の軍勢をそこにおびきよせ、かつ大宰府に油断をさせ、そのすきに大宰府を攻め落とすという作戦ではないだろうか。

純友の行方がわからなくなって以降、小野好古はあらゆる手段を用いて彼を追い求めていたはずである。そこで純友はこうした作戦をとったのであろう。あるいは、純友が九州に渡ったとの情報を得た好古が、純友ならば大宰府を襲うことも十分ありうるので、もしそうなれば重大事と考え、追捕山陽南海両道凶賊使の軍勢を大宰府の近くに留めていたのかもしれない。そこで純友は、そのままでは大宰府を攻略できないので、軍勢を大宰府から引き離すためにとった作戦とも考えられる。四国で三か所同時に蜂起するという作戦を成功させた純友であるから、こうした陽動作戦を実行したとしても不思議ではない。決して警戒を怠っていないはずの大宰府が純友勢に簡単に攻め落とされてしまった背景には、このような純友の計略があったと考えられるのである。

大宰府炎上　こうして純友は大宰府の攻略に成功した。純友勢は守備兵を破り、大宰府にあった累代の財物を奪い、火を放って政庁を焼いた（図表5－9）。

大宰府政庁跡の発掘調査によると、政庁建物はⅠ期（七世紀後半〜）、Ⅱ期（八世紀初〜）、Ⅲ期（一〇世紀後半〜）に分かれ、Ⅱ期とⅢ期の建物配置はほぼ同じである。Ⅱ期遺構面のほぼ全域から焼土層が見つかっているので、純友勢が焼いたのはⅡ期の建物で、その後にⅡ期の建物配置を踏襲してⅢ期の建物が造営されたらしい。

純友勢は政庁東方にある観世音寺《かんぜおんじ》でも略奪を行っている。観世音寺の古文書（「嘉保年間観世音寺資財帳《かほねんかんかんぜおんじしざいちょう》」）には、韓櫃《からびつ》（衣類・調度品を収納する脚付きの器物）の鏡三七面のうち四面は「海賊のために掠《りゃく》取《しゅ》せらるるなり」とある他、「宝蔵《ほうぞう》の雑物」のうち現在失われているものは「去る天慶四年を以て賊のために掠取せらるるなり」とあり、多くの宝物が純友勢に奪われていることがわかる。さらに、『大和物語《やまとものがたり》』一二六段には、大宰府にいた檜垣《ひがき》の御《ご》という遊女が純友勢に家を焼かれ、家財も奪われた話がみえている。大宰府襲撃が五月初旬とすると、博多津の戦いは二〇日であるから、純友勢は一〇日あまりにわたり、政庁だけでなく、寺院や庶民の家など大宰府一帯を焼き、略奪を続けたのである。

博多津の戦い

五月一九日に大宰府襲撃の知らせを受けた政府は、同日に参議右衛門督藤原忠文を征西大将軍に任じ、副将軍、軍監以下もあわせて任命した。伊予・讃岐国が襲われた時は、山陽道追捕使を追捕山陽南海両道凶賊使に改編しただけだったが、今回襲われたのは「遠《とお》の朝廷《みかど》」（『万葉集《まんようしゅう》』五―七九四など）である大宰府だったため、将軍が任じられたのである。忠文は将門の乱の際には征東大将軍として東国に下っているので、その経験が買われたのであろう。しかし、博多津の戦いで純友勢が敗れたため、征西大将軍が実際に発遣されることはなかった。

兵力投入のため、六月六日に右近馬場《うこんのばば》で滝口《たきぐち》、諸家および貞盛兵士、二四日には同所で近江・美濃・伊勢国兵士の試技が行われた。神仏の祈願も盛んになされ、純友追討を願って、五月二三日に仁王《にんのう》会《え》、二六日には延暦寺などで修法が行われた。

図表５-９　大宰府政庁模型

六月六日、小野好古らの政府軍が五月二〇日の博多津の戦いで純友勢を撃破したとの飛駅が都に届いた。博多津は、「博多は是《これ》隣国輻輳《ふくそう》の津（博多は諸外国から人々が集まって来る港）」（『日本三代実録《にほんさんだいじつろく》』貞観一一年一二月二八日辛亥条）とされているように、大宰府の外港として諸外国の使節や商人が多く集まるところであった。近年の発掘調査で、旧福岡城三の丸跡から外国使節を迎える鴻臚館《こうろかん》の遺構が、ＪＲ博多駅の北にある博多遺跡群でも古代の官衙跡が見つかっており、これらの地域が博多津の中心であったと考えられる（図表5－10）。

『純友追討記』には、博多津の戦いの様子が次のように描かれている。

官使好古、武勇を引率し、陸地より行き向かふ、慶幸・春実等、棹《さお》を鼓《こ》し、海上より赴き、筑前国博多津に向かふ、賊即ち待ちて戦ひ、一挙に死生を決せんと欲す、春実、戦い酣《たけなわ》に、裸袒《らたん》乱髪、短兵を取り振り、呼《さけ》びて賊中に入る、恒利・遠方《とおかた》等も亦相随ふ、遂に入りて数多の賊を截《き》り得たり、賊陣、更に船に乗りて戦ふの時、官軍、賊船に入り、火を着け船を焼く、凶党遂に破れ、悉く擒殺《きんさつ》に就く、取り得たる所の賊船八百余艘、箭《や》に中る死傷者数百人、官軍の威を恐れ、海に入る男女、勝《あ》げて数ふべからず、賊徒の主伴、相共に各離散す、或いは亡し、或いは降し、分散すること雲の如し

（官使好古は武勇者を率いて陸から、慶幸・春実等は船を漕いで海から、筑前国博多津に向かった、賊は好古たちを迎え撃ち、一挙に勝敗を決しようとした、春実は戦いが激しくなると、裸で髪を振り乱しながら刀を持ち、叫びながら敵陣に斬り込んだ、恒利や遠方らもそれに続いて敵陣に入り、多くの敵を倒した、賊が船に乗って戦いを挑んだ時は、官軍は賊船に入り、火を着けて船を焼いた、賊はついに敗れ、悉く捕らえられ、あるいは殺された、官軍が得た賊船は八〇〇余艘、矢に中って死傷した者は数百人であった、官軍の威勢を恐れて海に入った男女の数は限りがなかった、賊の主従はともに離散した、ある者は亡くなり、ある者は降伏し、残った者は雲のように逃げ去った）

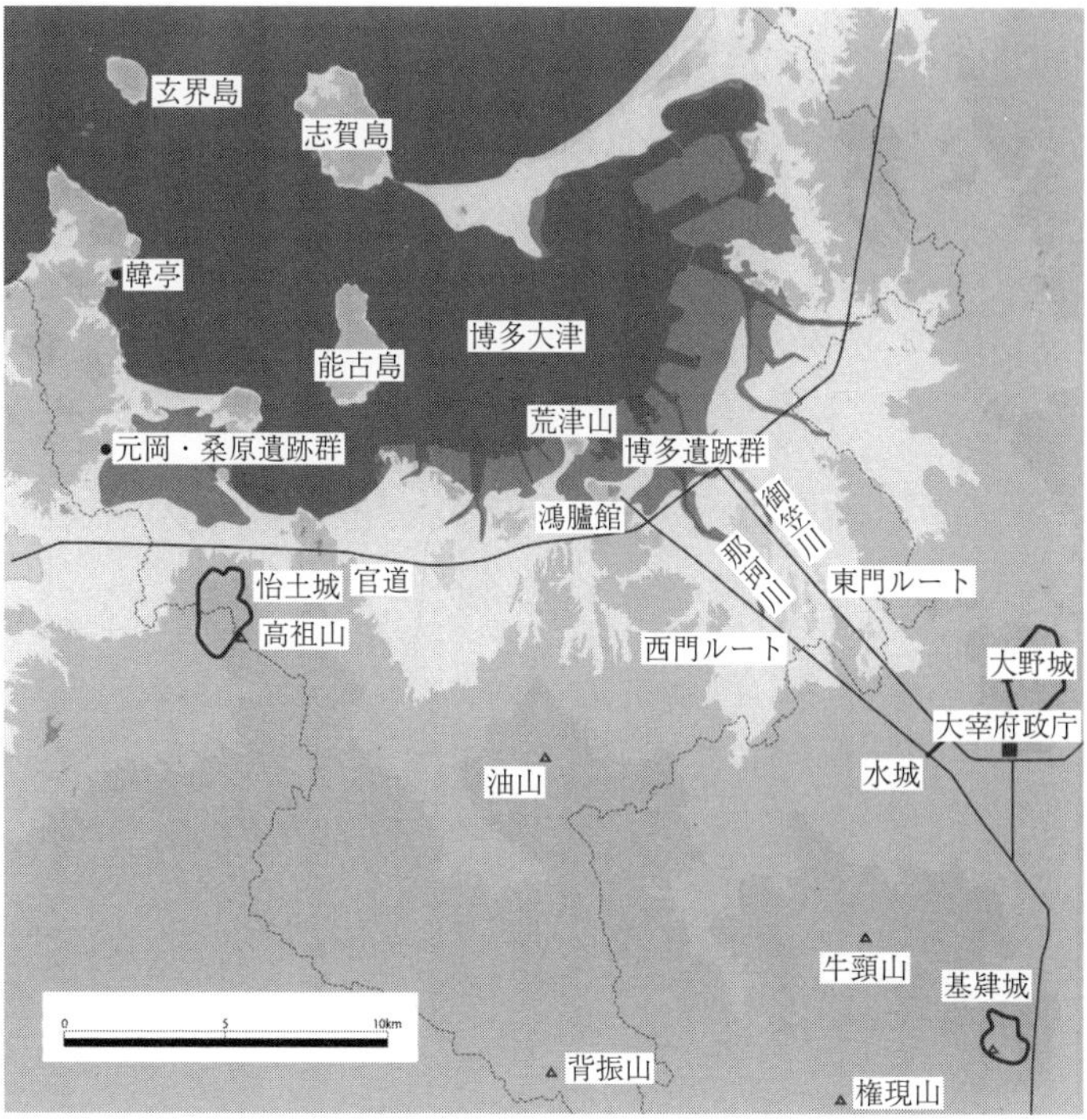

図表5－10　博多津と大宰府

これによると、小野好古は陸上から、藤原慶幸と大蔵春実は海上からせまり、博多津で純友勢との決戦が行われた。春実らは敵陣に斬り込み、多くの敵を倒した。また、敵の船に乗り込んで、火をつけて焼いた。この戦いは政府軍が圧勝し、敵船八〇〇余艘を奪った。純友勢の死傷者は数百人に及び、生き残った者も散り散りになった。政府軍のうち、藤原慶幸と大蔵春実は追捕山陽南海両道凶賊使の判官と主典、藤原恒利は純友の次将だったが政府側に寝返った者である。藤原遠方は将門の乱時に征東将軍とともに東国に下向している。伊予国で純友を討ち取った橘遠保《とおやす》も将門の乱時に東国の掾となっているので、東国に派遣された兵力が西国に展開されていたことがわかる。

大宰府の攻略に成功した純友が博多津の戦いで完敗したのは、純友の作戦に誤算が生じたためであろう。純友は、大宰府を攻め落としたあとは、小野好古らの政府軍がやって来る前に、できるだけ早く撤退するつもりだったに違いない。ところが、大宰府に突入してからの純友勢は、大宰府政庁だけでなく一般庶民の家まで焼き、大宰府一帯で略奪を行うなど、統制を失った烏合集団になってしまった。これは、瀬戸内の海賊たちとは異なり、九州の海賊たちには純友の統率力が十分に及ばなかったからであろう。そのため、純友が撤退命令を出しても従わず、一〇日あまりにわたって放火と略奪を続け、ようやく引き揚げのため博多津に出たところ、駆けつけた政府軍に遭遇したのである。また、多くの略奪品を携行していたため身動きがとれなかったことも敗因の一つであろう。こうして、戦いに敗れたあと純友勢は四散し、それぞれの本拠地に戻ることしかできなかった。しかし、そこには政府軍が待ちかまえていたのである。

5　純友の乱の終結

純友の最期

六月一一日、備前国から、純友らが「響奈多《ひびきなだ》（響灘）」で船を捨てて逃亡した、京に向かうかもしれない、との飛駅が到来した。ここの「響奈多」は備前国の沖合付近のことらしい。結局これは誤報であったが、各国が純友の行方に神経をとがらせていたことがわかる。博多津の戦いで純友勢が敗れたとの知らせが届いたあとの二四日に、右近馬場で諸国兵士の試技を行っているのも、純友に対する警戒が続いていたことを示している。

六月二九日、伊予国から、伊予国警固使橘遠保が同月二〇日に純友とその子重太丸《しげたまろ》を討ったとの解文が届いた。『師守記』には、純友と合戦になり、橘遠保が射落として斬ったとある。七月七日には遠保が純友父子の首を京に進めた。橘遠保は将門の乱の際には東国の掾だった者で、その後伊予国警固使となっていたのである。

博多津の戦いのあと、政府軍は全力をあげて純友の行方を追った。西国諸国も純友が入国していないか徹底的に捜索したであろう。佐伯是本が捕らえられたのが八月、藤原文元が討たれたのが一〇月であるから、純友はもっと長い間逃亡を続けることもできたはずである。しかし、博多津の戦いで敗れた純友は、二度目の再起は無理と判断し、最期の地を伊予国と見定め、あえて政府軍の待ちかまえている同国に戻ったのではないだろうか。

『今昔物語集《こんじゃくものがたりしゅう》』巻二五―二は、純友の乱を題材にしたもので、そこには重太丸を「純友が子に年十三なる童《わらわ》あり、形端正なり、名を重太丸と云ふ、幼稚なりといへども、父と共に海に出て、海賊を好みて、長《おとな》に劣る事無かりけり」としている。なお、『尊卑分脈《そんぴぶんみゃく》』によると、純友の子は有信《ありのぶ》・紀年《のりとし》・伊王丸《いおうまろ》の三人で、重太丸はみえない。

また、同話には、右近馬場に晒《さら》されていた純友父子の首を京中の上下の人々が大騒ぎしながら見物していたが、それを聞いた朱雀《すざく》天皇が、首を内裏に持ち込むわけにはいかないので、純友父子の首を絵師に写させて見たとある。朱雀天皇が純友の首の絵を見たというこの話は本当のことだったらしい。吉田経房《つねふさ》の日記『吉記《きっき》』の養和《ようわ》元年（一一八一）八月二〇日条に、源雅定《まささだ》（一〇九四～一一六二）が参議だった時に外記局《げききょく》（太政官の事務局）にあった「純友の首の図」を見たが、それは朱雀天皇が写させて御覧になったもの、という話が載せられているからである。罪人や反逆者の首を晒すことは後代では普通に行われるが、将門と純友がその初例といわれている。これまでなかったことなので、朱雀天皇も興味を持ったのかもしれない。

佐伯是本と桑原生行

純友は討ち取られたが、純友の次将とされる藤原文元や佐伯是本らはその後も政府軍の追跡を逃れていた。『本朝世紀』天慶四年八月九日条にみえる、石清水・賀茂《かも》社への臨時奉幣の宣命には、文元や是本らが「近日、潜《ひそか》に伊予国に入《いり》て、海辺の郡に害を致す」とあり、彼らが伊予国の沿岸部を襲っていたことがわかる。その後、佐伯是本らは日向国を襲い、八月一七～一八日に政府軍と合戦となり、敗れて是本は生け捕られた。『本朝世紀』九月九日条にみえる大宰府からの飛駅は、おそらくこの襲撃事件のことであろう。翌一〇日には、大宰府、周防・長門等の国、伊予・讃岐等の国などに官符が下されているが、これは西海道、山陽道、南海道の諸国に対して残党への警戒と追捕を命じたものと思われる。なお、九月二〇日に、是本を捕獲した藤原貞包《さだかね》が褒賞として筑前権掾に任じられている。

九月六日、桑原生行が豊後国海部郡佐伯院《さえきいん》を襲い、源経基の軍勢と合戦になった。生行は生け捕りにされたが、合戦で負った疵のため八日に死去した。佐伯院近辺は佐伯是本の根拠地と思われる。生行は是本の配下の者であろう。佐伯院で経基と生行が偶然に遭遇したとは思えないので、佐伯是本が日向国を襲ったあと、経基は生行が佐伯院に来ると考え、待ちかまえていたのではないだろうか。捕獲された佐伯是本と桑原生行の首は、一一月二九日に京に到着し、是本の身柄は検非違使によって左獄所《さごくしょ》に下された。

藤原文元の最期

九月一九日、備前国から、藤原文元、その弟の藤原文用《ふみもち》、三善文公《ふみきみ》、従者三人の計六人が邑久郡《おおく》桑浜《くわはま》（吉井川河口東岸付近か）に上陸したので、播磨・美作・備中国に連絡するとともに、兵士を集めて要害の警護、山野の捜索にあたっているとの飛駅が届いた（図表5-11）。二二日、播磨国から、文元らが播磨国に入ったとの知らせを受けて捜索したところ、赤穂郡八野《やの》郷石窟山《せっくつさん》で文元らと合戦になり、三善文公は討ったが文元と文用は取り逃がしたとの飛駅が届いた。

一〇月二六日、但馬国朝来《あさこ》郡朝来《あさこ》郷の賀茂貞行《かものさだゆき》によって、藤原文元・文用の首が京に届けられた。

貞行は文元らを討ち取った経緯について以下のように述べている。

今月の一八日、貞行の家の門に二人の法師がやってきて、貞行に会いたいと言った。垣の間からうかがい見ると文元たちだったので、従者に命じて近くの寺に案内させ、酒や食物を与えた。貞行はそこに行って文元から話を聞いた。文元は、「政府軍を逃れてようやくここまでやってきた、私の頼みを聞いてほしい、もし旧交を忘れていないならば、坂東の国に逃げたいので、衣服食糧等を与え従者を付けて北陸道まで送ってもらいたい、無事にたどり着くことができたならば必ず恩義に報いるであろう」と言った。貞行は承知し、その用意をさせた。夜中に家に戻った貞行は、数百人の兵を集め、翌日の昼過ぎに文元のいる建物を取り囲んだ。文元は太刀を抜いて貞行に襲いかかってきたが、貞行は命を顧みず反撃し、両人を射殺して首を取ることができた。

貞行は、門や垣のある家に住み、従者を持ち、そして数百人の兵を集めているので、その地域の豪族であろう。また、文元の言葉に、もし旧交を忘れていないならば、とあるので、文元とは以前から懇意にしていたようである。文元は旧知の貞行を頼って但馬国まで落ちのびたが、貞行によって逆に殺されてしまったのである。

乱の終結

八月七日、追捕山陽南海両道凶賊使の小野好古が入京した。藤原文元や佐伯是本らの行方はまだわからなかったが、純友を討ち取ることができたので、文元らの追捕は次官の源経基らに委ね、一足先に京に戻ったのである。

一〇月二三日、山陽・南海道諸国の警固使・押領使、撃手使《げきしゅし》が停止された。押領使は、天慶二年六

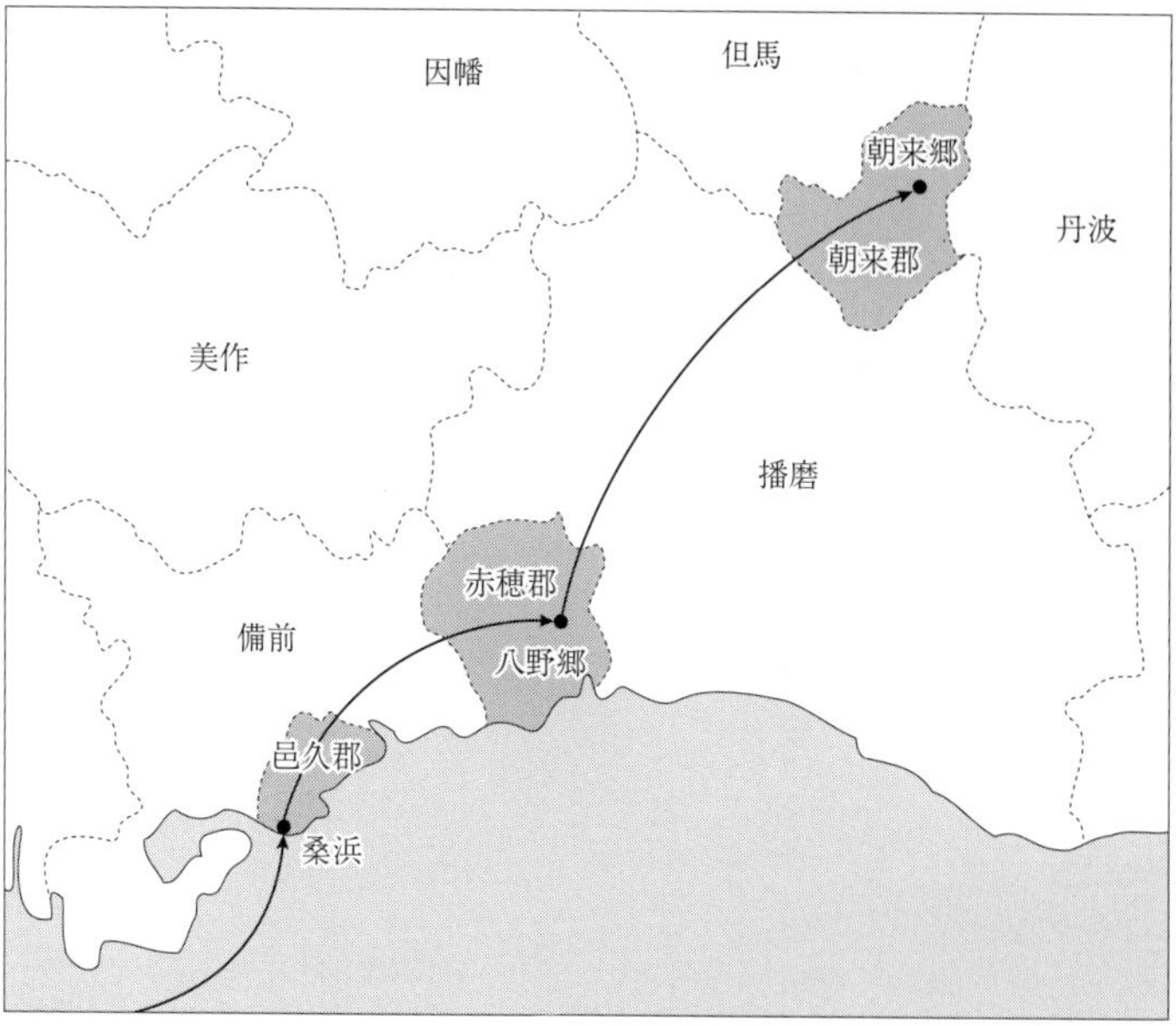

図表５－11　藤原文元の逃亡ルート

月に橘最茂ら三人を東国三か国の押領使に任じて群盗を追捕させているので、警固使と同じものと思われる。国により警固使とする場合と押領使とする場合があったようである。撃手使は、『将門記』に征東将軍を撃手将軍とよんでいるので、追捕山陽南海両道凶賊使のことであろう。純友に続いて佐伯是本、桑原生行、三善文公が討ち取られたので、警固使以下の役割が終わったと判断されたのである。藤原文元はまだ行方不明のままであったが、もはや問題ないとみなされたのであろう。

一〇月二六日に文元の首が京に届き、一一月二九日には桑原生行の首と佐伯是本の身柄が京に到着した。純友配下の者もすべて討たれ、あるいは捕らえられて、純友の乱は終わった。藤原子高襲撃事件から二年近くの月日が経っていた。『日本紀略』天慶四年一一月条には、「今月以後、天下安寧、海内清平《かいだいせいへい》」と記されている。

純友の乱についての諸説

純友の乱は、瀬戸内海賊による前後に例のない大規模な反乱であった。こうした大乱が起きた要因については、これまでさまざまな角度から研究がなされている。そのうちの主なものをあげると以下の通りとなる。

小林昌二氏は、純友を藤原忠平家の家産組織の一員とし、そうした王臣勢家の利権と国司との衝突、また国内支配や輸送・交易をめぐる土豪・富豪層と国司との利害対立が進むなかで、先鋭化した武装集団＝海賊に純友が加担したため、武装闘争が拡大し、反乱になったとする。

岡田利文氏は、九世紀以降富豪浪人層が国衙支配への対捍を繰り返していたが、天慶二年末の藤原子高襲撃事件とそれへの純友の介入が、さまざまな階層からなる瀬戸内海賊集団の活動に刺激を与え、純友の下に結集し膨張した海賊集団に対する政府の追捕が純友の蜂起をもたらしたとする。

下向井龍彦氏は、承平年間の海賊は瀬戸内海沿岸諸国に居住する衛府舎人集団の抵抗運動だったが、その平定の最高殊勲者であった純友が勲功申請をしても受け入れられず、また配下の藤原文元や藤原三辰が備前・讃岐国で蜂起したため、政府に勲功を認めさせ、政府から勲功にふさわしい待遇を得ることを目的に、反乱軍の首領として政府に対決を挑んだとする。

松原弘宣氏は、承平年間に純友は摂関家の意向を受けて西瀬戸内海の海賊（交通・交易集団）を配下に置いたが、純友は海賊たちの要求を受けて東シナ海での交易に乗り出そうとして、対外交易の独占をはかる政府と対立し、やがて両者の全面対決になったとする。

このように純友の乱の要因については諸説あるが、私の立場は基本的なところでは小林・岡田説と同じといえよう。そうしたことを踏まえ、乱の要因について私なりの考えを最後にまとめておきたい。

純友の乱の要因

一つめは、受領と富豪層などとの対立である。九世紀以降、国内支配の強化をめざす受領と、院宮王臣家と結びながら利益の拡大をはかる富豪層、王臣子孫、前司などの対立が激しくなり、各地で衝突が起きる。海民社会も同様であり、純友の乱の発端となったのは備前国での藤原子高と藤原文元の対立であった。そして、それが先鋭化・拡大化して反乱となったのである。受領と富豪層などとの対立は純友の乱の基本的要因といえよう。

二つめは、飢饉による貧窮民の増大である。天慶元年は天災地変が相次ぎ、二年、三年も旱魃などのため飢饉となった。その結果、多くの海民が生活を維持できずに流民化し、海賊に加わっていった。藤原子高襲撃事件がやがて大規模な反乱に発展する背景には、飢饉による貧窮民の増大があったと考えられる。

三つめは、政府や受領の武断的・強権的な政治手法である。藤原子高襲撃事件は子高の強権的な施策がもたらしたものと考えられるが、それ以降の紛争の処理、すなわち藤原文元らの扱いについては、純友や紀淑人などはおそらく彼らの帰降を認めるなど融和的な解決方法を探っていたものと思われる。しかし、政府が純友の実力を読み誤り、武力鎮圧にのりだしたため、妥協の道は絶たれ、政府軍と純友勢との全面衝突となったのである。

四つめは、北家出身の前伊予掾藤原純友という知謀に長《た》けたリーダーの存在である。純友は前伊予掾として現地事情に詳しいだけでなく、藤原北家出身という貴種性も持ち合わせていた。彼だからこそ、瀬戸内海賊だけでなく九州の海賊も率い、軍略を駆使して政府軍と対決することができたのである。純友という人物がいなければ、おそらくこのように大規模な反乱はなかったであろう。

第六章　純友の乱の諸問題

1　純友の乱後の瀬戸内海賊

天元五年の伊予国海賊

純友の乱から約四〇年後、瀬戸内海でまた海賊が動きだした。天元《てんげん》元年（九七八）三月に備前介橘時望《ときもち》が海賊に殺されたのである。この事件の詳細は不明だが、備讃《びさん》諸島のある備前国は伊予国とともに海賊の多いところなので、取り締まりにあたった受領が逆に殺されたのかもしれない。純友の乱の発端となった藤原子高《さねたか》襲撃事件の子高も備前介であった。瀬戸内海賊の活動はその後も続き、天元二年に海賊追捕が命じられ、同五年には伊予国で海賊の追討がなされる。

天元五年の伊予国海賊追討の様子は、藤原実資《さねすけ》の日記『小右記《しょうゆうき》』に記されている。二月七日、蔵《くろ》人頭《うどのとう》実資は、海賊が蜂起し、そのため調庸《ちょうよう》などの租税が輸送困難となり、人々が非常に困っている旨を円融《えんゆう》天皇に奏聞した。これに対し天皇は、左大臣と公卿たちにこの件について審議するよう命じる。一一日、海賊を追討すべきであるとの審議結果を公卿が天皇に上奏した。二三日、伊予国から賊首能原兼信《かねのぶ》および他の賊等一五人を追討した旨の報告が実資の許に届いた。その後、伊予介源遠古《とおふる》は海賊追討の功により伊予国受領に再任された。

蔵人頭実資と伊予介源遠古とが義理の兄弟であること、二月七日の実資の奏聞から、二三日の海賊追討報告、そして遠古の伊予国受領再任までがあまりにもスムーズに進められていることを考え合わせると、実資と遠古が海賊追討を受領再任にうまく利用した可能性が高い。ただ、天元年間は海賊活動が盛んだったので、伊予国で海賊が追討されたこと自体は事実とみてよいであろう。

瀬戸内海賊と俘囚

この時源遠古に討たれた海賊の名は能原兼信である。能原という姓は他にあまりみえないが、訓《よ》みは「のはら」あるいは「よしはら」であろう。もし前者であるとすると、想起されるのが、伊予国に移配された俘囚《ふしゅう》である吉弥侯部勝麻呂《きみこべのかつまろ》と吉弥侯部佐奈布留《さなふる》の二人に野原《のはら》の姓を賜ったという、『日本後紀《にほんこうき》』弘仁《こうにん》四年(八一三)二月甲辰条の記事である。能原=野原であるならば、能原兼信は伊予国に移配された俘囚の後裔かもしれない。

第二章で述べたように、東北蝦夷とのいわゆる三八年戦争の後、多数の俘囚が強制的に各地に移された。四国では伊予国の他に讃岐・土佐国に俘囚が移配されている。なお、吉弥侯部勝麻呂と吉弥侯部佐奈布留に与えられた野原という姓は、居住地が伊予国温泉郡《ゆ》の野原郷だったことによるものである。野原郷は、『和名類聚抄《わみょうるいじゅうしょう》』にはみえないが、飛鳥池木簡《あすかいけもっかん》・西隆寺《さいりゅうじ》木簡には、「湯《ゆ》評笶原《のはら》五十戸」「湯《ゆ》泉郡篦原《のはら》郷」とみえている。

移配された俘囚は、その勇敢さが買われ、軍事警察力として用いられることがあった。貞観《じょうがん》年間（八五九〜八七六）には、政府は俘囚を海賊追討に利用するよう瀬戸内諸国に命じている。しかし、軍事警察力として用いた俘囚をコントロールすることは難しかったようで、同じ貞観年間の東国では警備のために配置した俘囚が逆に盗賊になってしまうこともあった。

能原兼信もこうした事例ではないだろうか。つまり、瀬戸内海賊の警備や追討のために動員された俘囚が、いつのまにか海賊へと姿を変えたのであろう。そうすると、能原兼信のような俘囚の末裔が純友の乱の際に純友勢の中にいた可能性も十分にあるといえよう。純友が率いた海賊の実態にはよくわからない点が多いのだが、勇敢な俘囚の末裔があるいはその一員だったのかもしれない。

瀬戸内海東部の海賊

寛和《かんな》元年（九八五）四月、海賊を捕らえたとして検非違使の右衛門尉源忠良《ただよし》・左衛門府生錦部《にしごりの》文保《ふみやす》らが褒賞された。首領は第一章で触れた黒麻呂流藤原氏の藤原斉明《としあき》であった。斉明は大江匡衡《まさひら》を傷つけた犯人として追われていたのだが、海賊行為もはたらいていたのである。ただ、斉明の居所は摂津国とされ、出動したのが検非違使なので、海賊活動をしていた地域は京周辺から淀川河口付近にかけてだったと思われる。結局斉明には逃げられたが、その郎等を捕まえたので、検非違使が褒美を賜ったのである。

正暦《しょうりゃく》三年（九九二）、今度は阿波国に海賊があらわれ、阿波守藤原嘉時《よしとき》を捕らえるという事件が起きる。さっそく源忠良が阿波国海賊追討使として派遣された。忠良は七年前に海賊を捕らえているので、その実績が評価されたのであろう。同年一一月三〇日、忠良は追討を終え、海賊の首領一六人の首を晒《さら》した。降伏者は二〇余人であった。一二月二日、東獄門《ごくもん》の前に置いていた海賊の首を宣旨により東西市司《いちのつかさ》に送り、降伏した者を左右の獄に分けて入れた。一二月五日、海賊に捕らえられた藤原嘉時が解任され、海賊を討った忠良が阿波守に任じられた。

以上のように、一〇世紀後半になるとまた瀬戸内海に海賊があらわれる。しかし、その活動範囲は伊予国、阿波国などにとどまっており、貞観・元慶《がんきょう》期や承平《じょうへい》・天慶《てんぎょう》期のように海賊活動が瀬戸内全体に及ぶことはなかった。

受領と共存する海賊

一一世紀になると備前国に海賊がまたあらわれる。しかしこの海賊は、これまでみてきた海賊とは異なり、受領に対立ではなく協力していた海賊である。次に掲げるのは『小右記』長元《ちょうげん》元年（一〇二八）九月七日条である。

> 備前の百姓、善状《ぜんじょう》を申して国に帰るの間、未だ河尻《かわじり》に到らざるの途中、去ぬる二日の大風に逢ひ、船覆《くつがえ》り人多く死す、この中に家継《いえつぐ》なる者あり、五品《ごひん》なり、但し、海賊の首門継《かどつぐ》の子なり、門継は海賊の長者なり、今大風に遭ひて身河底に沈む、万人憐れまず

これは、国司善政上申《こくしぜんせいじょうしん》からの帰途、備前国の百姓が乗った船が河尻の手前で大風のため転覆し、海賊の首領門継の子家継が亡くなったが、誰も憐れまなかった、というものである。摂関期になると、「尾張国郡司百姓等解文《おわりのくにぐんじひゃくせいとうげぶみ》」のように国内の郡司や百姓が受領の非法を訴える国司苛政上訴《こくしかせいじょうそ》が盛んに

なされるのだが、その反対に受領の善政を上申し、その受領の任期延長を求めるという国司善政上申もしばしば行われた。もちろん、これは受領と気脈を通じた者たちによる一種のやらせ行為である。したがって、備前国では、海賊である門継父子と当時の受領とが手を結んでいたことになる。海賊といえば受領と常に敵対していたと思われがちだが、実際にはそうではない場合もあったのである。

この史料で次に注目したいのは、家継が五品《ごひん》、すなわち五位だったことである。五位を得たのはおそらくは成功《じょうごう》（財物納入により官位を得ること）によるものだろうが、このことは門継父子の財力の大きさを物語っている。門継は海賊の首領であるとともに、輸送・交易業を営み、あるいは多くの土地を所有していたのであろう。門継父子は、単なる海賊ではなく、豪族でもあったが故に受領とのつながりができたのではないだろうか。

純友の片腕であった藤原文元《ふみもと》も同じ備前国の海賊であり、豪族であった。文元も承平年間、あるいは天慶二年（九三九）の藤原子高赴任までは門継と同じく受領と共存関係にあったのだろう。むしろ文元だけでなく瀬戸内海賊の多くが普段は受領と共存していたのではないだろうか。ところが、さまざまな条件が重なり、貞観・元慶年間や承平・天慶年間になるとそうした関係が崩壊し、海賊の蜂起、さらには純友の乱となっていくのである。

2　純友の乱後の伊予国と東国

純友勢の中心はいうまでもなく瀬戸内海賊であったが、政府軍はどのような兵員で構成されていたのだろうか。ここではそのことについて考えてみたい。

一〇世紀の地方軍制

延暦《えんりゃく》一一年（七九二）六月、軍団兵士制が辺要地を除き廃止され、新たに郡司子弟からなる健児《こんでい》が置かれた。これまでの研究では、健児の軍事警察力としての評価は低く、また将門の乱で征東大将軍の到着前に藤原秀郷《ひでさと》や平貞盛《さだもり》が将門を討ったこともあって、一〇世紀になると地方軍制では地方豪族の私的武力が大きな意味を持つとされてきた。しかし、健児は実際には軍事警察力を十分に有しており、次に述べる臨時兵力も存在していた。また、藤原秀郷や平貞盛が活躍したのは、坂東諸国は将門に占領されて国衙機能が麻痺し、そのため国衙による兵士の動員ができなかったからである。したがって、将門の乱の時にみられた地方豪族の私的武力の利用はあくまで非常的・例外的な措置であって、それを当時の地方軍制に一般化することはできない。

軍団兵士制廃止後の地方軍制は健児と臨時兵力からなっていた。国内の治安維持は日常的には国衙の常備兵力である健児によってなされた。しかし、国により異なるが健児の人数は数十人のところが多く、彼らだけで不足の場合はさまざまな兵力が臨時に組織された。九世紀の史料に海賊鎮圧や沿岸警備などのため「兵」や「人兵」を動員する記事が多数みられるが、それが臨時兵力である。

こうした臨時兵力には、富豪層から一般公民までさまざまな階層の者が徴発され、彼らには国衙に備蓄されている武器や食糧が支給された。元慶二年（八七八）に出羽国の俘囚《ふしゅう》が反乱を起こした時には、上野・下野両国から各八〇〇人の兵士が出羽国に送られた。兵士は上兵と下兵に区分され、さらにそれとは別に輜重担夫《しちょうたんぷ》が両国あわせて二〇〇〇余人いた。このうち上兵は軍事能力の高い者、すなわち弓馬の道に優れた者たちであろうから、富豪層がその中心であったと考えられる。他方、下兵や輜重担夫は一般公民から徴発された者たちであろう。

こうした健児と臨時兵力からなる地方軍制は一〇世紀になっても続く。純友の乱で政府軍の中心となったのも彼らである。『類聚符宣抄《るいじゅうふせんしょう》』第八の天慶八年（九四五）三月八日宣旨《せんじ》は天慶年間の長門国の財政支出に関する史料だが、それによると米に換算して兵粮が天慶三年は約二〇〇〇石、天慶四年は約一二八〇石支出されている。兵士一人の一日の食糧は二升なので、天慶三年はのべ約一〇万人、天慶四年はのべ約六万四〇〇〇人の兵士が動員されたことになる。健児のみでこれだけの数になることはありえないので、長門国で多くの兵士が臨時に動員されたことは明らかである。そして、長門国でこれだけの数の兵士が動員されていたわけであるから、伊予国や讃岐国ではさらに多くの兵士が動員されていたものと思われる。もちろん、都から諸家兵士や他地域の兵士も援軍として送られているが、人数的にはやはり健児と臨時兵力からなる各国の兵士が政府軍の中心であったとみてよいであろう。

純友の乱後の伊予国

純友の乱では、多くの兵士が命を失い、人々も家を焼かれ田畑を荒らされるなど大きな被害を受けた。また、多数の兵士が動員されたので、国衙の倉庫に備蓄されていた莫大な量の稲や米が兵粮として消費された。とりわけ戦乱の中心地であった伊予国の被害は大きく、国衙の財政状況も急速に悪化した。しかし、しばらくすると伊予国は生産力を回復したようである。

次表（図表6―1）は将門・純友の乱前後における中央官人の伊予国司兼官例を調べたものである。この頃の中央官人には国司を兼官する者が多くいたが、それは国司を兼ねると、欠乏しつつある中央財政ではなく潤沢な地方財政から給与が支給されるだけではなく、第一章で述べた公廨稲《くがいとう》収入も得られるからである。したがって、国司兼官はすべての国で行われていたわけではなく、地方財政に余裕がある国でのみ行われていた。この表によると、藤原純友の乱まではたいていの年に伊予国司を兼ねる中央官人がいたが、天慶三年（九四〇）から同七年まではそれらがみえず、天慶八年以降はまたほぼ毎年兼官者がいたことがわかる。

天慶三年から七年まで兼官者が途絶えた理由だが、やはり純友の乱により伊予国の国衙財政が大きな打撃を受けたためであろう。そのためしばらくは中央官人の伊予国司兼官がみられなかったのではないだろうか。

次に、この表において天慶八年以降になるとまたほぼ毎年兼官者がみられるようになることに注目したい。天慶八年三月二八日に参議藤原師氏《もろうじ》が伊予守を兼ねて以来、毎年のように一人ないし複数の

年	任月日	兼任	官職・氏名
承平2（932）	1・21任	守	参議左大弁・藤原扶幹
	1・27任	権介	左近衛権少将・藤原敦忠
3（933）	—	守	参議左大弁・藤原扶幹
	10・24任	守	参議民部卿皇太后宮大夫・平伊望
4（934）	—	守	参議民部卿皇太后宮大夫・平伊望
6（936）	1・29任	権守	参議右近衛権中将・藤原師輔
	8・15任	介	左少弁文章博士・大江朝綱
7（937）	—	権守	参議右近衛権中将・藤原師輔
天慶1（938）	—	介	左少弁文章博士・大江朝綱
2（939）	春見	権守	左近衛中将・源英明
	—	介	左少弁文章博士・大江朝綱
8（945）	3・28任	守	参議・藤原師氏
	8・11見	権守	神祇伯・忠望王
9（946）	—	守	参議・藤原師氏
	—	権守	神祇伯・忠望王
	2・11見	権介	式部少輔文章博士・紀在昌
天暦1（947）	—	守	参議・藤原師氏
2（948）	—	守	参議・藤原師氏
	1・30任	権守	参議左大弁・源庶明
3（949）	1・24任	守	参議修理大夫・平随時
	—	権守	参議左大弁・源庶明
4（950）	—	権守	参議左大弁・源庶明
	4・14見	権介	文章博士・橘直幹
6（952）	1・11任	権守	参議・源雅信
7（953）	—	権守	参議・源雅信
8（954）	3・14任	守	右近衛中将・源重光
	—	権守	参議・源雅信
	1・14任	権介	右近衛少将・藤原頼忠
9（955）	—	権守	参議・源雅信
10（956）	1・27任	権守	参議式部権大輔・大江維時

図表6-1　中央官人の伊予国司兼官

中央官人が伊予国司を兼官しているのである。純友の乱の時に兼官者がいないのは乱の影響であったとすると、再び兼官者があらわれるようになったのは、伊予国が乱の打撃から立ち直ったことを示すものといえよう。すなわち、中央官人の国司兼官は国衙財政に余裕のある国に対してなされていたわけであるから、天慶年間の末には伊予国の生産力が回復し、財政状況も乱以前の状態に戻っていたと考えられるのである。

その後、伊予国では能原兼信を首領とする海賊の蜂起もあったが、生産力は順調に伸びていった。寛仁《かんにん》二年（一〇一八）六月、伊予守源頼光《よりみつ》が新造された藤原道長《みちなが》の上東門第《じょうとうもんてい》に調度品のすべてを献じ、京中の人々を驚かせた。これは当時の受領の富裕さを示すエピソードとして著名なものだが、とりわけ伊予国は受領収入の多い国と目されていた。もちろん国が豊かでないと莫大な受領収入は得られないわけであるから、一一世紀前半の伊予国が生産力の高い国であったことを示すものといえよう。

将門の乱後の東国

純友の乱後しばらくすると生産力が回復した伊予国と異なり、東国は一一世紀になっても将門の乱の打撃から立ち直ることができなかった。当時は国土荒廃のため生産力が低い国は「亡弊国《ぼうへいこく》」とよばれ、租税が一定期間免除されていたが、相模・安房・上総・下総・常陸の東国五か国は一一世紀になっても受領任期四年のうち二年間の租税免除が認められる「亡弊国」であった。

では、なぜ将門の乱により国土が荒廃したのかだが、それは戦乱が承平年間以来長期間にわたり、しかも戦闘の際に「焦土戦術《しょうどせんじゅつ》」がとられたためである。東国では、将門と良兼《よしかね》・貞盛といった在地における敵対者同士の合戦がくりひろげられ、そうした敵対する勢力間の合戦では、勝った側によって負けた側の根拠地やその周辺、さらには遠く離れた一般兵士の家々までが焼き払われた。『将門記《しょうもんき》』には、源扶《たすく》との合戦に勝利した将門が敵の拠点に攻め入り、一般農民の家までことごとく焼き尽くしたと記されている。これは当時の戦闘員の多くが農業から分離しておらず、敵を完全に打ち破るにはその生産基盤をも破壊する必要があったためだが、長期にわたるこうしたことの繰り返しが国土の荒廃につながったと考えられる。

さらに東国では、将門の乱後も各地で豪族間の争いが相次いだ。安和《あんな》元年（九六八）には藤原秀郷の子の前相模権介藤原千晴《ちはる》と前武蔵権介平義盛《よしもり》との争い、天元二年（九七九）には同じく藤原秀郷の子の前武蔵介藤原千常《ちつね》と源肥《こゆ》との合戦が起きている。また、永延《えいえん》元年（九八七）には平貞盛の弟繁盛《しげもり》と平良文《よしふみ》の子忠頼《ただより》・忠光《ただみつ》とが争い、長保《ちょうほう》五年（一〇〇三）には武蔵・下総国で平維良《これよし》の兵乱があり、下総国庁が焼かれている。そして、長元《ちょうげん》元年（一〇二八）に平忠常《ただつね》の乱が起きる。このように、東国では将門の乱後も豪族間の紛争が絶えず、しかも「焦土戦術」がとられたため、一一世紀になっても国土を復興させることができなかったのである。

一方、純友の乱の戦闘内容は将門の乱と大きく異なっていた。純友の乱は海賊を主体とする純友勢と政府軍との戦いであり、在地の敵対者同士が戦ったわけではないので、将門の乱のような「焦土戦術」がとられることはなかった。純友の乱では、当然のことではあるが、合戦は海上あるいは海岸部でなされることが多かった。先述した純友勢と政府軍の戦いの多くはそうした場所で行われたと思われる。たとえば、純友勢が伊予国府を攻略した際には、「四百余艘、帆を比《なら》べて囲み来る」とあるように、海岸部から攻撃を加えている。もちろん、陸上での戦闘がなかったわけではなく、伊予国府攻撃の際には人々の家が焼かれている。しかし、陸戦のみでしかも「焦土戦術」がとられた将門の乱と比べれば、農民の生産手段に対する被害は小さかったのではないだろうか。つまり、純友の乱では農民の生産基盤があまり破壊されることがなかったため、生産力の回復も早かったと考えられるのである。

3 将門・純友の乱の呼称

前近代における乱の呼称

将門・純友の乱は、時の年号をとってかつては承平天慶の乱とよばれていた。しかし、将門と純友は承平年間には反乱を起こしてはおらず、両者が反乱に立ち上がるのは天慶年間になってからのことであった。このため、将門・純友の乱の呼称も、最近は承平天慶の乱ではなく天慶の乱が一般化しつつある。本節では、古代から現代に至るまでのこうした将門・純友の乱の呼称の変遷をみていくことにしたい。

将門・純友の乱の当事者である藤原忠平《ただひら》の日記『貞信公記《ていしんこうき》』天暦《てんりやく》二年（九四八）六月二七日条では、将門・純友の乱を「天慶の兵乱」としている。乱後約七〇年の藤原実資の日記『小右記』長和《ちようわ》四年（一〇一五）九月八日条にも「天慶の賊乱」とある。この他、『日本紀略《にほんきりやく》』安和二年（九六九）三月二五日条に「天慶の大乱」、平信範《のぶのり》の日記『兵範記《ひょうはんき》』仁安《にんあん》三年（一一六八）一二月三〇日条に「天慶年中将門兇乱《きょうらん》の時」、藤原兼実《かねざね》の日記『玉葉《ぎょくよう》』治承《じしょう》四年（一一八〇）一二月四日条に「天慶将門の乱」とある。このように、平安時代には将門・純友の乱は天慶年間の出来事とされ、そのため両乱は「天慶の兵乱」「天慶の賊乱」「天慶の大乱」などとよばれていた。

鎌倉時代後期になると、将門の乱は承平年間、純友の乱は天慶年間とする史料が増える。たとえば、『源平盛衰記《げんぺいじょうすいき》』に「承平に将門、天慶に純友」、『増鏡《ますかがみ》』には「承平の将門、天慶の純友」とある。こうしたことから、北畠親房《きたばたけちかふさ》『神皇正統記《じんのうしょうとうき》』では将門の乱を「承平の乱」としている。

近世に入ると再び将門・純友の乱は天慶年間に始まるとされるようになる。つまり、多くの歴史書が天慶二年に将門が反乱を起こし、それに呼応して純友が蜂起したとする。このため、将門・純友の乱は「天慶の逆乱」（山鹿素行《やまがそこう》『武家事紀《ぶけじき》』）、「天慶のみだれ」（新井白石《あらいはくせき》『読史余論《とくしよろん》』）、「天慶の乱」（頼山《らいさん》陽《よう》『日本外史《にほんがいし》』）とよばれている。なお、水戸藩が編纂した『大日本史《だいにほんし》』は、『日本紀略』と『本朝世紀《ほんちょうせいき》』とを比較検討し、『本朝世紀』に純友が承平六年に追捕宣旨《ついぶせんじ》を蒙ったとあることから、承平六年の純友が海賊の首領であったことを否定し、純友は紀淑人《よしひと》とともに海賊の追捕にあたっていた、そして純友が反乱を起こしたのは天慶二年であると結論づけている。この『大日本史』の考証は、承平年間の純友の立場をめぐる近年の議論と重なる点が多く、きわめて興味深い。

近現代における乱の呼称

明治時代になると近代的な歴史学研究が始まり、将門・純友の乱研究は新たな段階に入る。以下では、日本史概説書と学校教科書をとりあげ、明治時代以降の乱の呼称の変遷をみていきたい。

日本史概説書は、明治二〇年代まではそのほとんどが江戸時代と同じく将門・純友の乱の呼称を天慶の乱としている。ところが、明治三〇年代になると日本史概説書では承平天慶の乱の呼称が多用されるようになる。これは、『日本紀略』によって承平年間からすでに純友は海賊の首領であったという論調が強まる一方、『本朝世紀』には触れられなくなったためである。つまり、この頃から学界では、承平年間から純友は日振島《ひぶりじま》を根拠地として瀬戸内海で海賊行為をはたらいており、それが天慶年間まで続くと考えられるようになった。その結果、承平年間と天慶年間とが連続的にとらえられ、乱の呼称は承平天慶の乱となり、それが戦後まで続くのである。

戦前の学校教科書は、小学校と中学校（旧制中学校）とで乱の呼称が異なっていた。明治初期の小学校ではさまざまな種類の教科書が用いられたが、将門・純友の乱の呼称は天慶の乱とするものが多い。その後、明治一九年（一八八六）から教科書検定制度が始まり、翌年に文部省は歴史教科書の編集方針を定めた歴史教科書編纂旨意書《へんさんしいしょ》をつくるが、その目次の第四編細目には「天慶ノ乱」とある。その結果、小学校教科書では乱の呼称は天慶の乱でほぼ統一される。小学校は明治三六年から国定教科書になるが、そこでの乱の呼称も天慶の乱であり、昭和戦前期まで続く。

中学校は、明治一九年の中学校令により五年制の尋常中学校ができ、同年から教科書は検定制となり、さまざまな教科書がつくられるが、そのほとんどが乱の呼称を天慶の乱としている。ところが、中学校の各学科目の詳細を示した明治三五年の中学校教授要目《きょうじゅようもく》では「承平天慶ノ乱」とされている。

これは先述した学界状況を反映したものであろう。この中学校教授要目以降、中学校教科書の多くは承平天慶の乱となる。昭和一八年（一九四三）には中学校も国定教科書となるが、そこでの呼称も承平天慶の乱である。

戦後は、日本史概説書の多くは乱の呼称を承平天慶の乱としている。高校教科書も年号を用いた乱の呼称はほとんどが承平天慶の乱である。なお、中学校教科書は将門や純友が乱を起こしたことに触れるのみで、年号を用いた乱の呼称はあまりみられない。つまり、戦後になると天慶の乱の呼称はほとんどみられなくなり、日本史概説書、教科書ともに承平天慶の乱の呼称が定着する。そして、最近になって乱の呼称が再び天慶の乱に改められてきているのである。

第七章　純友伝承

1　中世の純友伝承

東西でほぼ同時に反乱を起こした将門と純友については、さまざまな伝承が残されている。本章では純友伝承を時代を追ってみていくことにしたい。また、純友伝承と将門伝承との違いについても考えてみたい。

将門・純友共謀伝承

将門と純友の二人が比叡山《ひえいざん》に登り、平安京を見下ろしながら、東西で反乱を起こして将門は天皇に、純友は関白になる盟約を結んだというのが将門・純友共謀伝承である。近世初期成立の『将門純友東《まさかどすみともとう》西軍記《ざいぐんき》』では、「相馬《そうま》将門・藤原純友両人、比叡山に登り、平安城を見下ろし、互に逆臣のことを相《あい》約《やく》す、本意《ほい》を遂《と》ぐるにおいては、将門は王孫なれば帝王となるべし、純友は藤原氏なれば関白とならんと約し、終りて帰洛し、其後両人相ともに国に帰る」となっている。現在、比叡山頂にはこの伝承にちなむ「将門岩《まさかどいわ》」（図表7－1）も残されている。

図表7－1　将門岩

先述したように、将門が東国を席巻していた時に純友は伊予国を動こうとはしなかったので、両者が共謀していたとは考えられない。ただ、天慶《てんぎょう》二年（九三九）末の藤原子高《さねたか》襲撃事件とほぼ同時に将門反乱の知らせが京に届いたので、『本朝世紀《ほんちょうせいき》』天慶二年一二月二九日条に「前伊与掾藤純友、（中略）平将門と謀《はかりごと》を合はせ、心を通はせて、此事を行ふに似たり」とあるように、当時の人々は両者が事前に示し合わせて事を起こしたと考えたようである。したがって、共謀説自体は当初から存在していたといえよう。

両者の共謀だけでなく、将門は天皇に、純友は関白にという話が加わるのが『大鏡《おおかがみ》』である。『大鏡』は、将門・純友の乱から約二〇〇年後の平安時代末期に成立した歴史物語で、そこには「この純友は、将門同心に語らひて、おそろしきこと企てたるものなり、将門は、帝を討ちとりたてまつらむ、といひ、純友は、関白にならむ、と同じく心をあはせて」とある。

南北朝時代成立の『神皇正統記《じんのうしょうとうき》』になると、「将門は比叡山に登りて、大内を遠見して謀反を思ひ企てける」というように、比叡山に登って平安京を見下ろす話があらわれる。しかし、比叡山に登ったのは将門だけで、ここには純友はみえない。また、純友が将門に同意して西国で反乱を起こしたとはあるが、明確に両者が盟約を交わしたとは書かれていない。これは、前章で述べたように、鎌倉時代になると将門の乱は承平年間、純友の乱は天慶年間という考えが広まったためであろう。つまり、将門と純友が事前に示し合わせていたのならば、反乱は同時になされるはずだが、将門の乱と純友の乱とは時期が異なると考えられたため、両者の共謀ということはあまり強調されなくなるのである。

近世になると、再び両乱はともに天慶年間に起きたとされるようになる。最初にみた『将門純友東西軍記』では、天慶二年一二月に将門が東国で乱を起こし、同時に純友が伊予国から討って出たとしている。その結果、共謀説も復活し、二人で比叡山に登って平安京を見下ろしながら、将門は天皇に純友は関白にという盟約を結んだとする『将門純友東西軍記』の話ができあがるのである。

その後、将門・純友共謀伝承は定着し、江戸時代前期の通俗的軍記『前太平記《ぜんたいへいき》』には『将門純友東西軍記』とほぼ同内容の話が載せられている。また、『本朝通鑑《ほんちょうつがん》』『武家事紀《ぶけじき》』『読史余論《とくしよろん》』『日本外《にほんがい》史《し》』など江戸時代の主な歴史書にも、二人が比叡山に登って盟約を結んだと記述されている。

橘遠保と宇和郡

天慶三年（九四〇）一月、「将門防戦による賞」として橘遠保《とおやす》以下八人が東国の掾に任じられた。遠保はその後伊予国警固使《けいごし》となり、同四年六月に純友を討ち取る。同七年二月、遠保は京で帰宅途中に斬殺されるが、その時は美濃介であった。美濃介となったのは、おそらく純友を討った論功行賞によるものであろう。

この遠保が純友追討の功績により宇和郡を賜ったという伝承が『宇和旧記《うわきゅうき》』にある。『宇和旧記』は、天和《てんな》元年（一六八一）に井関盛英《いせきもりひで》が編集した宇和島藩内の村落に関する地誌である。同内容のことは、宝永《ほうえい》七年（一七一〇）成立の松山藩の地誌『予陽郡郷俚諺集《よようぐんごうりげんしゅう》』、享保《きょうほう》四年（一七一九）成立の香西成資《こうざいしげすけ》『南海通記《なんかいつうき》』（讃岐国の武家の通史）にもみえ、江戸時代に伊予国および周辺諸国で広く伝えられていたことがわかる。

遠保に宇和郡が与えられたという伝承は鎌倉時代にすでにみられる。『吾妻鏡《あずまかがみ》』嘉禎《かてい》二年（一二三六）二月二二日条は、西園寺公経《きんつね》が宇和郡地頭職を手に入れた時の様子を記したものである。それまで宇和郡地頭職を有していたのは橘公業《きみなり》であった。橘氏は治承《じしょう》・寿永《じゅえい》の内乱や承久《じょうきゅう》の乱で軍功をあげた有力な鎌倉御家人である。しかし、将軍頼経《よりつね》の外祖父として強大な権勢を誇り、かつ伊予国の知行国主《ちぎょうこくしゅ》でもあった公経は、幕府に対して宇和郡地頭職の入手を強硬に迫った。これに対し公業は、宇和郡は遠保が勅命により純友を討ち取って以来橘氏が代々相伝しており、理由もなく召し上げるのは不当であると抗議した。結局、幕府は公経の要求を拒みきれず、宇和郡地頭職は橘氏から西園寺氏に移った。

以上が『吾妻鏡』の内容である。ここに宇和郡が橘氏のものになったのは遠保が純友を討ったことによるという主張がみられる。しかし、これは事実とは認めがたい。公業には宇和郡地頭職の代わりに肥前国長嶋荘が与えられ、嘉禎四年にそれが橘公員《きみかず》に譲られるのだが、その際の「橘公業譲状《ゆずりじょう》案《あん》」（『小鹿島《おがじま》文書』）に、宇和郡地頭職は頼朝から賜ったと記されているからである。一般的に、『吾妻鏡』のような編纂物より「橘公業譲状案」のような文書の方が信憑性は高い。また、将門・純友の乱で功績があった者に与えられたのはいずれも位階・官職であり、郡という事例はない。橘氏の宇和郡地頭職は、治承・寿永の内乱で活躍したことにより、頼朝から賜ったものであろう。ただ、一三世紀前半に宇和郡は遠保以来代々橘氏が相伝しているという伝承があったことは確かである。宇和郡地頭職を得た橘氏が、その正当性を主張・補強するため、同姓の遠保が純友を討ち取ったことに着目し、そうした伝承をつくりあげたのであろう。

この橘遠保と宇和郡にまつわる伝承が江戸時代まで受け継がれたのは、橘氏がその後も宇和郡に影響力を持っていたためである。橘氏は宇和郡地頭職は手放したものの宇和荘地頭職は鎌倉時代末まで保持していたらしい。また、戦国時代に宇和郡の神社を橘氏一族が再建・修復しており、中世末まで橘氏は宇和郡に一定の勢力を有していた。こうして、鎌倉時代初期に形成された伝承が橘氏により伝えられ、江戸時代まで残されたのである。

『楽音寺縁起絵巻』

楽音寺《がくおんじ》は広島県三原市本郷町南方《みなみかた》にあり、平安時代に当地の有力者であった沼田氏《ぬた》が氏寺として建立した寺院である。沼田氏は、一二世紀後半に領地を沼田荘として京都の蓮華王院《れんげおういん》に寄進し、その下司《げし》（荘園の現地管理人）となったが、治承・寿永の内乱で平家方につき、平家滅亡とともに没落した。鎌倉時代になると、相模国からきた土肥遠平《どひとおひら》が沼田荘の地頭となり、小早川《こばやかわ》を名乗る。この小早川氏が戦国時代まで勢力を保ち、楽音寺も小早川氏の氏寺《うじでら》となった。

『楽音寺縁起絵巻《がくおんじえんぎえまき》』の概略は以下の通りである。

沼田氏の祖藤原倫実《ともざね》が朱雀《すざく》天皇から純友討伐を命じられ、純友の本拠地備前国釜島《かましま》に向かう。しかし、倫実は戦いに敗れ、薬師如来の助けにより、かろうじて一命をとりとめる。京に戻った倫実は、兵を集めて再度釜島に向かい、乾燥した草を満載した船に火をつけて純友の陣中に突入させ、純友を討ち取ることに成功した。この功績により、倫実は左馬允《さまのじょう》に任じられ、安芸国沼田七郷を下賜される。そして、倫実は宿願を遂げるため、薬師如来を本尊として楽音寺を建立した。

現在の『楽音寺縁起絵巻』は寛文《かんぶん》年間（一六六一～一六七二）の模写本だが、筆の運びや彩色は鎌倉時代の絵画的特色を伝えるとされている。さらに、元弘《げんこう》三年（一三三三）の文書に、天慶年中に純友追討の勅願により朱雀天皇が倫実に命じて楽音寺を建立させたとあり（『蟇沼寺《ひきぬでら》文書』）、絵巻の内容と符合している。したがって、絵巻の原本は鎌倉時代末までには成立していたと考えられる。また、楽音寺の院主職《いんしゅしき》（寺の総責任者）には沼田一族の者が代々就任していたので、沼田氏没落後も純友追討伝承は楽音寺の中で伝えられ、それにもとづいて絵巻がつくられたのであろう。

この絵巻において純友を討ったとする沼田氏の祖藤原倫実は、当時の史料に名前がみえないので、その子孫が沼田氏となった経緯はわからないが、沼田氏が本拠としていた沼田荘は沼田川の河口付近にあり、かつ山陽道も通過するという海陸の交通の要衝にあった。こうしたことから、沼田氏は農民だけでなく海民も支配下に置く「海の武士団」であったといわれている（石井進『日本の歴史12　中世武士団』）。

沼田氏が「海の武士団」だったことは、河野通信《みちのぶ》がここで「兵船《へいせん》」を用意したことからもわかる。芸予《げいよ》諸島をはさんで、沼田荘の対岸に伊予国の高縄《たかなわ》半島がある。ここに本拠を置く河野氏は、壇ノ浦の合戦時に河野水軍を率いて源氏方として参戦しているが、後述するように沼田氏とは縁戚関係にあった。『源平盛衰記《げんぺいじょうすいき》』（濃巻第二六）によると、治承・寿永の内乱の初期、平家に高縄半島を追われた河野通信は沼田氏を頼って安芸国に渡り、沼田郷で三〇艘の「兵船」を調えている。このように、沼田氏は海上武装勢力を持つ領主であり、政府の命により海賊の鎮圧にあたったというのは大いにありうることである。

純友が本拠地を置いたとする備前国の釜島は児島半島南端の沖合にあり、備讃《びさん》諸島のほぼ中央に位置する。備讃諸島は芸予諸島とともに海賊が多くいたところである。故に、純友の本拠地というのは明らかに事実と異なるが、海賊の拠点とされるのにはふさわしい場所である。

このようにみていくと、過去に何らかの事情で、沼田氏が釜島にいた海賊の討伐に加わった可能性は十分にあり、この伝承はそうしたことを背景につくられたものと思われる。その際、先祖の功績を大きくみせるため、討った相手を瀬戸内海賊の首領として名高い純友としたのであろう。もちろん、沼田氏の先祖が釜島の海賊を実際に討ったことがあるとしても、それがいつのことなのか、いかなる経緯によるのかは全くわからない。それが天慶年間のことであれば、藤原倫実かどうかはともかく、沼田氏の先祖が山陽道追捕使の一員として釜島にいた海賊（具体的には藤原文元だろう）を攻めたことになろうが、想像の域を出るものではない。

『予章記』と越智好方

河野氏は中世を通して伊予国における武士勢力の中心であり、室町時代には伊予国守護をつとめた。この河野氏の家記《かき》（家の系譜や歴史を記したもの）が一五世紀に成立した『予章記《よしょうき》』である。河野氏は古代伊予国を代表する豪族越智氏の末裔と称しており、『予章記』の神代から平安時代までの部分には越智氏のさまざまな先祖と伝承が載せられている。その一つが、天慶年間における越智好方《よしかた》の純友追討伝承である。『予章記』の最古の写本といわれる上蔵院《じょうぞういん》本にみえる追討伝承は以下の通りである。

天慶二年、逆臣純友が九州を制圧したので、好方は朱雀天皇から追討宣旨を蒙り、赤地の錦の鎧《よろい》と直垂《ひたたれ》を賜った。その頃新居《にい》郡の大島に村上という豪傑の者が流されていたが、海上での働きにきわめて優れていたので、勅許を得て、奴田新藤次忠勝《ぬたしんとうじただかつ》とともに配下の武将とした。好方は西国の軍兵を率い、三〇〇余艘の兵船で九州に押し渡り、純友を討ち取った。

先述したように、純友の乱後に越智用忠《もちただ》が褒賞されているので、越智氏が政府側に立って純友勢と戦ったことは事実である。越智好方の実在は確認できないが、彼が純友を討ったというこの伝承は、そうしたところから生まれたものであろう。この伝承は遅くとも鎌倉時代後期には成立している。鎌倉時代の河野氏は、承久の乱で通信が後鳥羽上皇方についたため一旦は没落するが、道有《みちあり》が元寇で活躍したことにより再び勢力を盛り返す。徳治《とくじ》年間（一三〇六～一三〇七）、幕府は通有に海賊追捕の命令を下す。このことについて、『予章記』など河野氏の家記は「これ先祖の好方、純友を退治せしむるの例に任《まか》せるところなりと聞へける」としている。つまり、通有は海賊を追捕する根拠として好方による純友追討を持ち出しているのであり、この頃には好方の純友追討伝承が存在していたことがわかる。

次に注意されるのは、好方が村上という豪傑と奴田新藤次忠勝を配下の武将としたことである。村上という姓と海上の働きに優れていたことから想起されるのは、戦国時代に瀬戸内海で水軍として活躍した村上氏である。村上氏は一五世紀には河野氏に従っていたことが確認できるので、そうした両者の関係がこの伝承に反映されたのであろう。なお、実在は疑問視されているが、南北朝時代に村上義弘《よしひろ》という勇将がおり、その生誕地とされているのが、新居郡の大島である。純友追討伝承の中で、村上が大島に流されていたというのは、義弘のこうした生誕地伝承によるものであろう。

奴田新藤次忠勝は、いかなる人物かは不明だが、沼田氏の一族であることは間違いない。実は河野氏と沼田氏は親族関係にあった。『平家物語』巻九（六箇度合戦の事）には、平家に追われた河野通信が母方の伯父である沼田次郎を頼って安芸国に渡り、両者は沼田城に籠もって戦ったが、平家に攻め立てられ、沼田次郎は降伏、河野通信は伊予国に逃げ戻ったとある。沼田氏はその後壇ノ浦で平家と運命をともにするが、一部の者は生き残って河野氏に仕えたことがわかっている。こうした伊予国の沼田氏の間で伝えられた沼田氏の純友追討伝承が河野氏のそれに融合してこうした形になったのであろう。なお、『予章記』と同じく河野氏の家記で、完成が江戸時代まで下る『予陽河野家譜《よようこうのかふ》』では、純友追討のため好方が向かったのは備前籠島《こじま》（児島）、純友の首を取ったのは奴田新藤次忠勝とあり、『楽音寺縁起絵巻』により近い内容となっている。

2　近世の純友伝承

中世末までの純友伝承についてみてきたが、最初の将門・純友共謀伝承を除けば、それらはいずれも純友を追討した側でつくられた、追討者を主役とする伝承である。したがって、そこにみえる純友は反逆者として討たれるだけの脇役的存在であった。ところが、江戸時代になると、『前太平記《ぜんたいへいき》』『伊予大洲純友大乱記《いよおおずすみともたいらんき》』などの通俗的軍記（近世の通俗的な軍記物語）があらわれ、そこでは純友が主役となり、その活躍が生き生きと描かれている。

『前太平記』

『前太平記』は元禄《げんろく》年間（一六八八～一七〇三）初期頃に成立した全四〇巻の通俗的軍記で、作者は藤元元《とうげんげん》。一〇世紀から一二世紀初までの合戦や騒乱における、経基《つねもと》から為義《ためよし》にいたる清和源氏七代の活躍が描かれ、江戸時代を通して人気を博した。『前太平記』は、巻一～一二で将門・純友の乱を扱っているが、そこでは経基やその子満仲《みつなか》よりもむしろ将門・純友とその武将たちが中心となっている。以下は、純友の乱の部分の要約である。

比叡山で将門と盟約を交わした純友は伊予に戻り、瀬戸内や九州の海賊を糾合して海賊活動を盛んに行った。追捕のため伊予国に向かった伊予守紀淑人《よしひと》は三津《みつ》の浜に上陸し、目代《もくだい》の橘遠保と合勢して純友の籠もる高縄城を攻め落とす。その後、将門の坂東占領を聞いた純友は、備前国釜島に城を築き、攻めてきた播磨介嶋田惟幹《これもと》と備前介藤原子高を生け捕る。大将として遣わされた左衛門佐藤原倫実は、釜島に押し寄せるが、城を落とせず、讃岐国に移る。讃岐国を攻めに向かった純友は、高松、中山で倫実・阿波介国風と戦うが、敗れて備前国に戻る。やがて純友は、将門が討たれたと聞き、九州に下ることを決める。純友は備中国鳥嶽《とりがだけ》城、安芸国多治比《たじみ》城、長門国樋田《といだ》城を攻め落とし、九州に渡って大宰府を占領した。政府は小野好古《よしふる》と経基を両大将とし、藤原慶幸《よしゆき》、大蔵春実《はるざね》、満仲兄弟などを追捕使として派遣する。官軍に備えて、純友は筑前国黒崎《くろさき》に、弟の純素《すみもと》は豊前国柳《やなぎ》ヶ浦《がうら》に向かう。純素は柳ヶ浦で小野好古・経基に敗れ、黒崎に退却する。その後、純友・純素兄弟は、美女松崎《まつざき》の千代《ちよ》をめぐって仲違いし、満仲が黒崎城を攻め、純素を討ち取る。筑後国柳川《やながわ》に向かった弟の純乗《すみのり》も討ち取られる。大宰府を脱出した純友は、箱崎《はこざき》から船に乗って逃げるが、やがて海賊を集めて勢力を盛り返した。政府は藤原忠文《ただふみ》を征西将軍とし、博多津、さらには箱崎で慶幸・春実・経基らが純友を破る。純友と子の重太丸《しげたまろ》は伊予に逃げ帰るが、三津の浜で橘遠保に生け捕られる。純友は伊予で獄死、重太丸は京に送られ斬られる。重太丸の母と祖父の栗山《くりやま》将監《しょうげん》入道定阿《じょうあ》は土佐国松尾坂《まつおざか》に隠れ住んでいたが、母は重太丸の死を聞き、悲嘆して亡くなる。定阿は遠保を討つため、浮穴《うけな》城に向かうが、途中の菅生《すごう》で生け捕られる。

　このように、『前太平記』は史実をもとにその後の伝承も取り入れながら話を大きく膨らませた娯楽的軍記として多くの人々に愛読された。この『前太平記』の影響は大きく、後述するように、愛媛県内の純友伝承地の由来となっているものも多い。

『伊予大洲純友大乱記』

『伊予大洲純友大乱記』は、天和《てんな》元年（一六八一）成立、著者は観阿居士《かんあこじ》とされている。概略は以下の通りである。

伊予介純友は、河野高橋前司友久《ともひさ》の子で、その怪力をみた藤原良範《よしのり》が養子とした。純友四男の重太《しげた》麿《まろ》（丸）の実父は、平将門の従兄弟である村岡五郎友景《ともかげ》であった。純友は貢物を納められないため日《ひ》振島《ぶりしま》で海賊となったが、これが純友の大逆の始めである。純友と妹婿である讃岐介小野春継《はるつぐ》が不和になり、春継は純友の大洲の館を攻めるが、逆に討たれた。純友と重太麿は瀬戸内諸国、さらに豊前・豊後・筑前国を攻め取るが、博多で将門の死を聞き、伊予に帰る。そこから純友は阿波国に移り、自ら藤平親王《とうへいしんのう》と号して、内裏を設けた。純友は四国各地で官軍と戦い、摂津国芥川《あくたがわ》まで進軍するが、そこで敗れ、安芸国厳島《いつくしま》に退く。山陽道でも合戦が続き、純友は博多に退いて官軍と戦うが、弟の純実《すみざね》が寝返ったため、敗れて伊予に帰った。官軍を率いる小野好古らは伊予国三津の浜に陣を敷き、道後《どうご》の合戦で純友を破る。純友は道前《どうぜん》の今原《いまはら》を経て阿波国の本拠に戻る。そこへ純友追討の大軍が送られ、純友は船に乗り鳴門の海で入水した。享年四九歳であった。やがて鳴門で死んだ純友の遺体が海岸に浮かび、首が京に送られ、七条河原で晒《さら》そうとした時、大雨大雷がおこり、首が持ち去られた。首は土佐国津寺《つでら》でみつかり、東寺の大僧正が津寺で地心経《じしんきょう》を唱えると、首は再度上洛した。その後、首は祇園《ぎおん》の小祠に納められた。

『伊予大洲純友大乱記』は全三巻からなる軍記の中巻で、『下総相馬《しもふさそうま》将門大乱記《まさかどたいらんき》』が上巻、『平将《たいらのまさ》門藤純友後乱記《かどふじわらのすみともこうらんき》』が下巻である。この三巻はいずれも筑波大学附属図書館などごく一部の所にしか残されておらず、『前太平記』のように広く読まれてはいなかったようである。純友が藤平親王と号して阿波に内裏を建てた、鳴門で死去したなど、『伊予大洲純友大乱記』は『前太平記』以上に荒唐無稽な話が多い。上巻には純友と将門、そして藤原秀郷《ひでさと》の系図も載せられているが、重太麿を将門の従兄弟の子とするだけでなく、秀郷の子を純友の妹婿とするなど、その信憑性はきわめて低い。したがって、純友が河野高橋前司友久の子というのも同様であり、これによった大村氏の家譜《かふ》などにみえる純友の出自は、とうてい信ずるに足るものではない。

有馬氏の純友子孫伝承

純友の子孫伝承は、純友を祖とする近世大名の有馬・大村氏の系図・家譜類にみられる。一七世紀前半の『寛永諸家系図伝《かんえいしょかけいずでん》』（大名・旗本から提出させた系図をもとに幕府が編纂した系譜集、寛永《かんえい》二〇年（一六四三）年に完成）の有馬氏の系図は次（図表7－2）の通りである。一八世紀初の『藩翰譜《はんかんふ》』（新井白石《あらいはくせき》が編纂した大名の系譜・家伝、元禄一五年（一七〇二）に完成）も、同じ系図を載せ、『尊卑分脈《そんぴぶんみゃく》』に直澄《なおずみ》はみえないとしたうえで、一説として、純友の養子となった将門の

純友――直澄――諸澄――永澄――清澄――遠澄――幸澄――経澄

図表7－2
有馬氏系図

末子が将門・純友の謀反心を悟り、遁世して僧となるが、その子が常陸国志太郡《しだ》に住んだので志太小太郎と呼ばれ、小太郎の六代の子孫遠江権守経純《つねずみ》（澄）が肥前国高来郡《たかく》有馬庄の地頭職に補せられ、これが有馬の名乗りの始めだとしている。

江戸幕府が一九世紀初に編纂した『寛政重修諸家譜《かんせいちょうしゅうしょかふ》』（大名・旗本に家譜を提出させ、それを幕府が点検・収録した系譜集、文化《ぶんか》九年（一八一二）に完成）にみえる有馬氏の純友子孫伝承は次の通りである。

純友の次男直澄が将門の養子となって関東に下り、相馬次郎直澄と称した。直澄は将門の死後常陸国志津《しづ》郷に蟄居《ちっきょ》し（あるいは従五位下・遠江権守となり）、その後幸澄《ゆきずみ》まで六代は常陸国に隠れ住んだ。その間は平氏となって相馬を称し、家紋も「繫《つな》ぎ馬」を用いた。幸澄の子経澄が源実朝に仕え、建保《けんぽう》年中（一二一三〜一二一八）に肥前国高来郡を領して有馬に城を築き、以降有馬を称した。

このように、『藩翰譜』と『寛政重修諸家譜』とは、細部は異なるが、純友の子が将門の乱後長期にわたり常陸国で潜居し、その後肥前国に移ったという基本的なところは共通しているので、有馬氏の純友子孫伝承の原型は一七世紀にはできあがっていたらしい。

この子孫伝承のうち、純友の子が将門の養子になった、あるいは将門の子が純友の養子になった、というのは、将門・純友共謀伝承によるものであろう。『藤原有馬世譜《せふ》』（一九世紀前半に成立）では、「純友、将門と事を謀《はか》るの時、直澄を質として関東に送る、将門是を養子として、平氏を冒《おか》し、相馬次郎平直澄と称す」とあり、盟約の証しとして直澄が関東に送られ、平氏を名乗ったとしている。

また、将門の子となった直澄が常陸国に隠れ住むことは、相馬氏の将門子孫伝承を参考としている。

江戸時代初期までに成立した相馬氏の家譜（「相馬当家系図」）には、将門の子将国《まさくに》（相馬小次郎）が常陸国信太郡に隠れ住み、子の文国《ふみくに》（信田小太郎）は各地を流浪するが、その子孫は相馬に戻り、相馬氏になったとある。なお、「繋ぎ馬」は相馬氏の家紋である。相馬、小太郎、小次郎という名前だけでなく、将門の子が常陸国に逃れ、その子孫が本拠地に戻るというストーリーも有馬氏の純友子孫伝承と同じである。このように有馬氏は、将門・純友共謀伝承と相馬氏の将門子孫伝承を組み合わせ、自らの純友子孫伝承をつくりあげたのである。

大村氏の純友子孫伝承

大村氏の純友子孫伝承は、『寛政重修諸家譜』と『大村家譜《おおむらかふ》』にみえる。『寛政重修諸家譜』の大村氏の純友子孫伝承は次の通りである。

純友次男の播磨介諸純《もろずみ》は讃岐国琴弾《ことびき》で戦死したので、まだ幼かったその子の直澄を家臣が背負って伊予国大洲山中に逃げ、そこで四〇年あまり隠れ住んだ。永延《えいえん》二年（九八八）、神社（一説では上《かみ》御霊《ごりょう》社《しゃ》）に純友の霊が祀られると一族の罪も許され、直澄は従五位下遠江権守となり、肥前国藤津《ふじつ》・彼《その》杵《き》・高木《たかき》三郡を賜った。正暦《しょうりゃく》五年（九九四）同国大村の久原《くばら》城に移り住み、以後大村と号した。

『大村家譜』（宝暦《ほうれき》元年（一七五一）以降に成立）も、諸純の官職を長門介、戦死した場所を伊予国風《かざ》早《はや》とする他は、これと同じである。なお、純友の子を諸純、その子を直澄とするので、『大村家譜』に載せる系図は、純友と直澄の間に諸純を入れ、元の諸澄を師澄とする点が、先の有馬氏の系図と違っている（図表7−3）。永澄から幸澄までは同じで、幸澄の子経澄・忠澄《ただずみ》のそれぞれの子孫が有馬氏・大村氏になる。

純友――諸純――直澄――師澄――永澄――清澄――遠澄――幸澄――忠澄

図表7－3
大村氏系図

この大村氏の純友子孫伝承は、先にみた『下総相馬将門大乱記』『伊予大洲純友大乱記』『平将門藤純友後乱記』をもとにつくられたものである。『寛政重修諸家譜』『大村家譜』には、純友は高橋前司友久の子で、妹婿の讃岐介小野春継を討ち、阿波に新都を建てて藤平親王と称したとあるが、これは『伊予大洲純友大乱記』と同じである。また、諸純の官職が長門介であることは『下総相馬将門大乱記』に、伊予国風早で戦死したことは『伊予大洲純友大乱記』に、純友が上御霊社に祀られたことは『平将門藤純友後乱記』にみえている。このように、大村氏の家譜に見える純友についての記述、および純友子孫伝承は『伊予大洲純友大乱記』などの内容と共通するところが多く、それらによっていることは明かである。

『寛永諸家系図伝』には、大村氏は伊予掾純友の後裔とあるが、系図はない。一方、大村藩第四代藩主大村純長《すみなが》（一六三六～一七〇六）の晩年に成立した『大村世譜《おおむらせふ》』に、純友子孫伝承の要約や『伊予大洲純友大乱記』などと同内容の「純友伝」が載せられているので（勝田直子「史料「純友伝」」）、その頃までには大村氏の純友子孫伝承はできあがっていたようである。

なお、『系図纂要《けいずさんよう》』（飯田忠彦《いいだただひこ》が安政《あんせい》四年（一八五七）頃に編集した諸氏・諸家の系図集成）の藤原氏二〇の有馬氏と大村氏の系図は、純友から経澄・忠澄兄弟までは有馬氏の系図にのみあり、大村氏の系図には忠澄以降しか載せられていない。ところが、純友—諸純—直純（澄）とし、また純友を伊予前司高橋友久の男とするなど、系図、注記ともに大村氏の家譜によったものとなっている。したがって、『系図纂要』の有馬氏の純友から経澄・忠澄兄弟までの系図や注記は有馬氏本来のものではないので注意が必要である。

3　愛媛県の純友伝承地

本節では、愛媛県を中心に純友伝承が残されているところとその由来をみていきたい。

東予の純友伝承地

新居浜市種子川《たねがわ》町の中野神社（新高《にいたか》神社の境内社）には、純友が祭神の一人として祀られている（図表7-4）。中野神社で純友が祭神とされた経緯は不明だが、神社の背後にある生子山《しょうじやま》城が純友の居城とされたことと関係していると思われる。生子山城は、暦応《りゃくおう》元年（一三三八）の軍忠状《ぐんちゅうじょう》（合戦での戦功を上申した文書）に「庄司山《しょうじやま》要害」とみえる中世山城で、戦国末期の城主は松木安村《まつきやすむら》だったが、天正《てんしょう》一三年（一五八五）の小早川隆景の伊予侵攻の際に落城した。この城について、『伊予二名集《いよふたなしゅう》』（一九世紀初期に新居郡の岡田通載《おかだつうさい》が著した地誌）に「或人曰、此城往昔すみともか城と云、伊予掾純友籠もりし所と云へり」、『小松邑志《こまつゆうし》』（幕末期に小松藩の近藤範序《こんどうのりつぐ》が編纂した地誌）に「伊予掾純友も当城に

図表7－4　中野神社

居し」とあり、江戸時代後半には生子山城が純友の居城と考えられていたことがわかる。純友が中野神社の祭神になったのは、こうしたことによるものであろう。

　純友が祀られている神社は愛媛県内ではここだけだが、県外では岡山県倉敷市に純友神社がある。この神社があるのは児島半島南端沖合の松島で、隣が釜島である。『楽音寺縁起絵巻』や『前太平記』では、釜島が純友の本拠地とされているので、そのことから隣接する松島に純友神社がつくられたのであろう。もう一つは、長崎県大村市の大村神社である。ここには大村藩の歴代藩主などとともに純友が祀られており、それはいうまでもなく大村氏が純友を祖としているからである。

中予の純友伝承地

　松山市の三津《みつ》は江戸時代初期から城下町松山の外港として栄えたところである。その東郊の古三津《ふるみつ》や衣山《きぬやま》には多くの純友伝承が残っている。『予陽古蹟志《よようこせきし》』（一九世紀前半に松山藩士野田石陽《のだせきよう》が著した地誌）は、純友が古三津で討たれ、衣山の北麓に葬られたが、その場所は今ではわからないとする。また、『伊予温故録《いよおんころく》』（明治二七年（一八九四）に宮脇通赫《みやわきみちてる》が刊行した地誌）には、古三津の大明神山《だいみょうじんやま》に純友の館があり、博多津の戦いで敗れた純友と重太丸はここに逃げ帰ったが、橘遠保によって生け捕られたとある。また、付近には純友駒繋《こまつなぎ》の松、純友駒立石、孀塚《やもめ》（純友の乳母の墓）、鬼塚（純友あるいは重臣の墓）があるとしている。現在も松山市古三津の久枝《ひさえだ》神社に「藤原純友駒立岩」があり、大明神山とその近辺には「藤原純友館跡」「藤原純友駒つなぎの松跡」「鬼塚」「孀塚跡」の石碑が立てられている（図表7－5）。

松山市の三津近郊にこうした純友伝承があるのは、先述した『前太平記』の影響と思われる。『前太平記』には三津が頻繁に登場する。純友を追捕するため伊予国に来た紀淑人は三津の浜に上陸し、橘遠保と合勢する。しばらくして、紀淑人を追ってきた純友の弟純素が、三津の浜で淑人の弟淑方《よしかた》を破るが、淑人の本陣まで進むことができず、三津の浜から小舟に乗って備前国に戻る。また、箱崎の戦いで敗れ、純友と重太丸は三津の浜に逃げ帰るが、そこで待ちかまえていた橘遠保によって生け捕りにされる。このように、『前太平記』では三津が重要な舞台となっており、そうしたことから三津近郊に純友伝承が残されるようになったのであろう。

三津の北方にある高縄城も純友伝承が残るところである。『予陽郡郷俚諺集』では、高縄城に立て籠もった純友を越智好方と橘遠保が攻め、好方の郎等奴田新藤次忠勝が純友を生け捕ったとしている。『伊予二名集』や『愛媛面影《えひめおもかげ》』（幕末期に今治藩医半井悟庵《なからいごあん》が著した地誌）も高縄城を純友が籠もった城とする。『前太平記』に、紀淑人・橘遠保が高縄城に立て籠もる純友を攻め、落城させたとあるので、

図表 7－5
藤原純友駒立岩，藤原純友館跡，藤原純友駒つなぎの松跡，鬼塚，孀塚跡

高縄城を純友の居城とするのは『前太平記』によったものである。このことは、『伊予二名集』や『愛媛面影』に、それらは『前太平記』にみえている、と記していることからも明らかである。

なお、高縄城は治承・寿永の内乱の初期に源氏方の河野通清《みちきよ》・通信父子が立て籠もった城である。『平家物語』巻六（飛脚到来の事）に、平家方の額《ぬか》入道西寂《さいじゃく》が「道前道後の境なる高直城《たかなほ》におし寄せて」、河野通清を討ち取ったとある。『前太平記』も「道前道後の境なる高縄城に押し寄せて」というように、同じ表現をしているので、『前太平記』が高縄城を純友の居城としたのは、『平家物語』を参考にしたものであろう。

南予の純友伝承地

「はじめに」で述べたように、日振島の明海《あこ》港西南の山上部は純友の城跡といわれ、山の麓には純友が使用したと伝えられる「みなかわの井戸」も残されている。こうした史跡があるのは、もちろん『日本紀略《にほんきりゃく》』に「南海賊徒の首藤原純友、党を結び伊予国日振島に屯聚し、千余艘を設く」とあることによる。『宇和旧記』や『予陽塵芥集《よようじんかいしゅう》』（一九世紀前半に松山藩の野沢弘道《のざわひろみち》が編纂した地誌）など江戸時代の地誌も日振島を純友の根拠地とし、前者は日振島だけで一〇〇〇余艘の船を繋留することは不可能であり、近くの浦々にも純友の船が満ちていたであろうとしている。ただ、それらの地誌は城跡や井戸のことには触れておらず、明治四四年（一九一一）の『日振島村誌』にようやく「字明海西南の山頂小字城《じょう》ケ掘《がほり》に古城跡と思はしきものあり。藤原純友の築く所といふ。（中略）又其城跡の附近に純友の掘りたると言ふ井を存す」とみえるので、山上部や井戸が純友と関係づけられるのは幕末あるいは明治になってからのことかもしれない。なお、今も山上部には堀切《ほりきり》や石塁《せきるい》が残っているが、これらは中世山城の遺構である。

愛媛県愛南《あいなん》町と高知県宿毛《すくも》市の間の松尾峠付近にも純友城跡がある（図表7－6）。ここが純友城跡とされたのも『前太平記』によるものであろう。先述したように、『前太平記』に重太丸の母とその父栗山将監入道定阿が土佐国松尾坂に隠れ住んだとあるので、この記述からそこに純友の居城があったとされるようになったのであろう。

4　純友伝承と将門伝承

本節では、将門伝承の概要、および純友伝承と将門伝承の違いについてみていきたい。

平安時代の将門伝承

将門伝承は純友伝承よりはるかに数が多く、内容も多彩である。そのうち、先述した共謀伝承とともに早くからみえるのが、調伏《ちょうぶく》伝承である。これは、将門は神仏の罰を受けて滅んだというもので、平安末期成立の歴史書『扶桑略記《ふそうりゃっき》』には、延暦寺で浄蔵《じょうぞう》が将門降伏のため大威徳法《だいいとくほう》を修すると、弓矢を持った将門が燈台の前にあらわれ、壇中から東を指して鏑矢《かぶらや》の飛ぶ音が聞こえた（天慶三年一月二一日条）、東大寺羂索院《けんじゃくいん》の執金剛神立像《しゅこんごうしんりゅうぞう》の前で諸僧が将門の調伏を祈請《きせい》したところ、数万の蜂があらわれ、神像の髻《もとどり》の糸（髪毛を束ねる紐）をもって東方へ飛び去った（天慶三年一月二四日条）、などの話が載せられている。神仏の霊験により将門は滅んだとするこうした伝承はその後も数多く生まれ

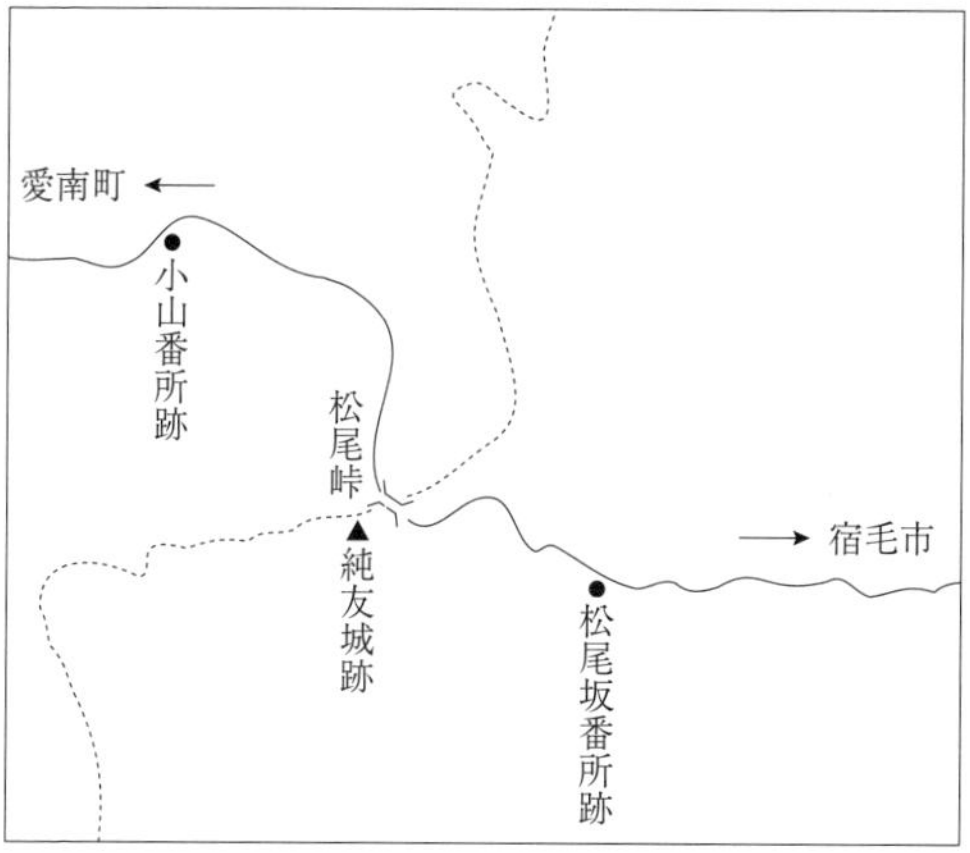

図表7－6　純友城跡

ている。

このような調伏伝承は、調伏者の験力《げんりき》を讃えるものであり、将門を謀反を企てた悪人とする京の朝廷の側でつくられた伝承だが、東国では逆に将門を調伏したため調伏者が罰を受けるという伝承が生まれている。これは『僧妙達蘇生注記《そうみょうたつそせいちゅうき》』にみえる話で、そこでは天台座主《てんだいざす》の尊意《そんい》は天皇の命で修法を行い将門を殺したため、死後その罪報により人間に生まれかわることができず、一日に一〇度将門と合戦をせねばならなくなったとされている。『僧妙達蘇生注記』は、出羽国の妙達が冥途《めいど》に行って故人の消息を知り、生き返って人々にそれを伝えるというもので、登場するのはほとんどが東国の人物であるため、東国で生まれた冥途物語といわれている。この話は先の調伏伝承とは反対に将門に対して同情的である。『僧妙達蘇生注記』の成立は一〇世紀後半〜一一世紀前半なので、東国では早くから将門に好意的な伝承があったことがわかる。

同様のことは『今昔物語集』に登場する将門の子孫三人の描き方からもうかがうことができる。将門の子で陸奥国に住む良門《よしかど》は殺生ばかりしていたが、空照《くうしょう》聖人に教化され、たちまちに道心をおこし、法華経一〇〇〇部を書写して兜率天《とそつてん》に往生した（一四―一〇）。良門の子で陸奥国の小松寺《こまつでら》に住む蔵念《ぞうねん》は、地蔵信仰を人々に広め、地蔵の化身と仰がれた（一七―八）。将門の三女で陸奥国恵日寺《えにちじ》に住む如蔵尼《にょぞうに》は、病死して冥途に行ったが、地蔵菩薩の慈悲で蘇生し、その後出家してひたすら地蔵菩薩に帰依して入滅した（一七―二九）。これら陸奥国に住む将門の子孫三人は、本来であれば将門の罪業を背負わねばならない存在であったが、彼らはみな法華経あるいは地蔵菩薩により救済されるのである。これらの説話の舞台はいずれも陸奥国であり、間接的ではあるが、ここには将門の救済や再生を願う東国の人々の心情があらわれている。

中近世の将門伝承

鎌倉時代になると、将門は謀反人ではなく東国自立の先駆者として評価されるようになる。『将門記《しょうもんき》』によると、将門は東国に独立国家を樹立しようとした。これが歴史的事実かどうかはともかく、東国の独立を求めたこうした将門の姿は、東国自立志向が強い関東武士の心性と通じるものがあった。鎌倉幕府三代将軍源実朝《さねとも》は京の画工に「将門合戦絵」を描かせて秘蔵し、また摂家将軍九条頼嗣《よりつぐ》とその父である前将軍九条頼経が「平将門合戦状」をみたのは（『吾妻鏡』元久《げんきゅう》元年（一二〇四）一一月二六日条、寛元《かんげん》三年（一二四五）一〇月一一日条）、鎌倉幕府および関東武士たちの将門への親近感を示している。

また、この頃になると、千葉氏やその一族の相馬氏のように将門を系譜に取り込む氏族もあらわれる。一四世紀初に成立した『源平闘諍録《げんぺいとうじょうろく》』（千葉氏の影響下でつくられた『平家物語』の一異本）には、将門の伯父である良文《よしふみ》が将門の養子となり、その子孫が千葉氏になったとある。謀反人将門が千葉氏においては堂々とその祖と位置づけられているのである。

将門伝承はやがて都に伝わり、室町時代になると、時間の経過によって将門の謀反人としての記憶が次第に薄れたこともあって、不死身の鉄身を持ち、六人（あるいは七人）の影武者を従え、晒《さら》された首が声を出すという超人化・戯画化された将門像が生まれる。こうした将門像は、都人の持つ古代以来の東国人および関東武士の勇猛果敢なイメージを反映したものであった。『太平記《たいへいき》』には、将門は鉄身であったため、比叡山で鉄の四天王をつくって修法を行ったところ、天から白羽の矢が降り、将門の眉間《みけん》に突き刺さったので、藤原秀郷は将門を討ち取ることができた、しかし晒された将門の首は色も変わらず、体を求めて毎夜叫び続けたとある。室町時代の御伽草子《おとぎぞうし》『俵藤太物語《たわらとうだものがたり》』には、将門の五体は鉄からなり、見分けのつかない六人の影武者を持っていたが、こめかみだけが肉身で、影武者には影が映らないことを秘かに聞いた俵藤太（藤原秀郷）が、こめかみに矢を射て将門を倒すことに成功した、しかし獄門の木に掛けた将門の首は、時々歯ぎしりをして怒っていたとある。

東国ではこの頃から各地で将門が祀られるようになる。そこで祀られたのは、東国独立をめざした英雄としての将門だけでなく、御霊《ごりょうしん》神としての将門である場合も多くあった。『将門純友東西軍記』は、首を追ってきた将門の身体が武蔵国豊島《としま》郡で倒れ、その霊が郷民を悩ませたので社を建てて祀り、傍らに田があったので神田といい、それが現在の神田明神《かんだみょうじん》であるとしている。業《ごう》半ばで倒れた者の霊は人々に災いをもたらすため、これを祀って鎮魂慰撫するという御霊信仰《ごりょうしんこう》は古くからあるが、将門も同様に御霊神として東国の各地で祀られたのである。

関東が政治・文化の中心地となった江戸時代になると、将門への人々の関心はさらに高まる。将門を祀る神社も東国各地に広がり、とりわけ神田明神は江戸の総鎮守となり、隆盛を誇った。また、首伝承、鉄身伝承だけでなく、将門の愛妾桔梗《ききょう》にまつわる伝承、将門が建てた王城の伝承など、伝承の種類もさらに豊富になる。将門が登場する多くの文芸作品もつくられ、そこでは室町時代に生まれた超人的な将門像がさらに誇張された。浄瑠璃や歌舞伎では、将門伝承を題材とした演目は枚挙にいとまがなく、江戸だけでなく上方でも盛んに上演された。小説の分野では、挿絵入りの草双紙《くさぞうし》だけでなく文章主体の読本《よみほん》でも将門伝承を扱ったものは人気を博した。

純友伝承と将門伝承の違い

将門伝承についてみてきたが、純友伝承と比較すると数量的にも内容的にも将門伝承が圧倒しているといわざるをえない。たとえば、伝承が残っている場所をみると、将門伝承は関東地方を中心に一五〇〇か所を越えるが（村上春樹「将門伝説を探る」）、純友伝承はおそらくその一割にも満たないであろう。

このような違いが生じた理由の一つめは、東国と西国、とりわけ坂東諸国と瀬戸内諸国の政治的・文化的風土の違いである。古代の東国は大和政権の時代から王権の軍事的基盤であり、皇族たちは政変のたびに東国に逃れて態勢を立て直そうとした。東国の人々は「額に矢が立つことはあっても背中に矢が立つことはない」（『続日本紀』神護景雲《じんごけいうん》三年一〇月乙未条）といわれるように勇敢とされ、東国は防人《さきもり》の主たる供給地であった。また、東北の蝦夷征討では坂東諸国が兵站《へいたん》基地となり、八世紀後期からのいわゆる三八年戦争では兵員・軍粮ともに坂東諸国に重い負担が課せられた。戦争終了後は、坂東諸国に移配された多くの俘囚《ふしゅう》が相次いで反乱を起こし、それが九世紀末〜一〇世紀前半の群盗蜂起につながっていく。そして、元来古代国家の中で特別な地域であった坂東諸国は、やがて京の朝廷から距離を置いて自立化していき、その中から鎌倉幕府が成立する。坂東諸国の民衆や武士にとって、将門は坂東独立を企てた先駆者であり、英雄であった。こうした自立精神豊富な坂東の風土がさまざまな将門伝承を生み出したのである。

室町時代になると『太平記』にみられるような超人化・戯画化された将門像ができあがるが、そこには都人の東国人観が影響していたことは先に述べた通りである。そして、江戸幕府が開かれると、江戸の人々の間での将門の人気はさらに高まり、室町時代の将門伝承をベースに、戯曲・小説などの文芸作品を通して新たな将門伝承が生まれ、全国に広まっていく。

一方、純友の乱が起きた西国、とりわけ瀬戸内諸国は交通の大動脈であり、都とのつながりが深く、坂東のような自立性はみられない。そのため、乱後に地域の人々が純友に共感を持ち伝承を生み出すということはなく、純友を討った者たちの伝承に反乱者として登場するだけであった。将門伝承を生んだ坂東諸国のような政治的・文化的風土は瀬戸内諸国にはなかったのである。ようやく江戸時代になって純友は『前太平記』などの通俗的軍記に将門とならぶ武将として描かれ、また戯曲や小説の題材となり、新たな伝承がつくられるが、その数は少ない。

理由の二つめは、伝承の担い手の有無である。中世関東武士の多くは、将門の乱に関わった桓武平氏や藤原秀郷の子孫たちであった。そして、彼らがさまざまな将門伝承をつくり、伝えていったのである。将門の伯父良文を祖とする千葉氏や相馬氏などは、将門の子孫を名乗り積極的に将門伝承を生み出している。『源平闘諍録』では、妙見菩薩《みょうけんぼさつ》の加護により将門は坂東諸国を手に入れたが、やがて横暴になったため、妙見菩薩は将門から良文のもとに移ってしまい、将門は没落して良文流が栄えたという、千葉氏の妙見信仰とからめた将門と良文流の盛衰が語られている。一方、将門に敵対した平良兼《よしかね》の子公雅《きみまさ》・公連《きみつら》や藤原秀郷が支配していた地域では調伏伝説がみられる。千葉県の成田山新勝《しんしょう》寺《じ》には、遍照寺《へんじょうじ》の寛朝《かんちょう》が不動明王像とともに成田に下り、調伏の護摩を修して将門を滅ぼしたという伝承、栃木県足利市の鶏足寺《けいそくじ》には、五大明王の尊像を掛け、土でつくった将門の首を護摩壇の上に置いて調伏の法会を行ったところ、秀郷が将門の首を取ることができたという伝承が残されている。このように、将門の側、将門に敵対した側、いずれもが将門伝承を生みだし、それを後世に伝えていったのである。

これに対し、純友は京から伊予に下ってきた国司であり、一族を含めて乱後に伊予国に残った者はいない。純友を討った側では、越智氏（河野氏）や橘氏などが純友伝承を伝えていることは先に見た通りだが、その数は少ない。政治的・文化的風土が異なるだけでなく、担い手の面でも将門伝承と純友伝承には大きな差があったのである。

参考文献

石井進『日本の歴史12　中世武士団』（小学館、一九七四年）
岩井市史編さん委員会『平将門資料集　付・藤原純友資料』（新人物往来社、一九九六年）
上横手雅敬「平将門の乱」（『日本中世政治史研究』塙書房、一九七〇年）
海老名尚「『将門伝説』にみえる将門像の変遷」（岩井市史編さん委員会『平将門資料集　付・藤原純友資料』新人物往来社、一九九六年）
愛媛県史編さん委員会『愛媛県史　古代Ⅱ・中世』第一編第三章第二節（岡田利文）、第二編第一章第二節・第五節（山内譲）（愛媛県、一九八四年）
愛媛県歴史文化博物館『純友と将門――東西の兵乱』（愛媛県、一九九八年）
愛媛県埋蔵文化財センター『伊予国府を考える』（愛媛県、二〇一八年）
大隅和雄「東国への視点」（『中世　歴史と文学のあいだ』吉川弘文館、一九九三年、初出は一九七六年）
太田亮「系図と系譜」（『岩波講座日本歴史』岩波書店、一九三四年）
大本敬久「護国的宗教活動から見た『承平・天慶の乱』」（日本史攷究会編『時と文化――日本史攷究の視座』歴研、二〇〇〇年）
岡田清一「将門伝承と相馬氏」（『千葉県立中央博物館研究報告――人文科学』四―一、一九九五年）
岡田利文「新居浜における藤原純友伝承をめぐって――『予章記』越智好方条の検討を中心として」（『愛媛県立

新居浜南高等学校研究紀要』創刊号、一九八九年）
岡田利文「藤原純友伝承関係史料集成（一）」（『ソーシアル・リサーチ』一五、一九八九年）
岡田利文「伊予地域における藤原純友伝承の系譜と特質――藤原純友伝承覚書（二）」（『ソーシアル・リサーチ』三〇、二〇〇五年）
岡田利文「藤原純友のうわさ」（『ソーシアル・リサーチ』三三、二〇〇八年）
岡田利文「承平六年の藤原純友――寺内浩氏『藤原純友と紀淑人』を読んで」（『ソーシアル・リサーチ』三五、二〇一〇年）
岡田利文「近世における藤原純友像形成をめぐる諸様相――藤原純友とその乱はどう読み解かれて来たか（一）」（『ソーシアル・リサーチ』三八、二〇一三年）
岡田利文「藤原純友と松本さん――藤原純友とその乱はどう読み解かれて来たか（二）」（『ソーシアル・リサーチ』三九、二〇一四年）
岡田利文「藤原純友の近代史（上）～（下Ⅱ）――藤原純友とその乱はどう読み解かれて来たか（三）～（六）」（『ソーシアル・リサーチ』四〇～四三、二〇一五～二〇一八年）
岡田利文「戦後歴史学の中の藤原純友（上）～（下）――藤原純友とその乱はどう読み解かれて来たか（七）～（九）」（『ソーシアル・リサーチ』四四～四六、二〇一九～二〇二一年）
尾上陽介「年官制度の本質」（『史観』一四五、二〇〇一年）
香川県埋蔵文化財センター『讃岐国府跡二』（香川県教育委員会、二〇一九年）
梶原正昭・矢代和夫『将門伝説――民衆の心に生きる英雄』（新読書社、一九七五年）
勝田直子「史料『純友伝』――藩主家蔵書『大村世譜』より」（『大村史談』五六、二〇〇五年）
勝田直子「太祖『直澄』考」（『大村史談』五七、二〇〇六年）

亀井英希「『前太平記』と伊予の純友伝承」（愛媛県歴史文化博物館『純友と将門――東西の兵乱』愛媛県、一九九八年）
亀井英希「藤原純友伝承に関する一考察」（『愛媛県歴史文化博物館研究紀要』六、二〇〇一年）
川尻秋生「武門の形成」（『日本の時代史六　摂関政治と王朝文化』吉川弘文館、二〇〇二年）
川尻秋生『戦争の日本史4　平将門の乱』（吉川弘文館、二〇〇七年）
川尻秋生編『歴史と古典　将門記を読む』（吉川弘文館、二〇〇九年）
九州歴史資料館『大宰府政庁跡』（九州歴史資料館、二〇〇二年）
小林昌二「藤原純友の乱」（『古代の地方史』二、朝倉書店、一九七七年）
小林昌二「藤原純友と水軍」（『地方文化の日本史二　古代文化と地方』文一総合出版、一九七八年）
小林昌二「藤原純友の乱研究の一視点」（『地方史研究』一七二、一九八一年）
小林昌二「藤原純友の乱と伊予地域」（『瀬戸内社会の形成と展開――海と生活』雄山閣出版、一九八三年）
小林昌二「藤原純友の乱と伊予地域」（愛媛県文化振興財団『歴史シンポジウム　藤原純友の乱』愛媛県文化振興財団、一九八七年）
小林昌二「藤原純友の乱再論」（『日本歴史』四九九、一九八九年）
栄原永遠男『奈良時代流通経済史の研究』（塙書房、一九九二年）
塩島翔「『後撰和歌集』七一〇番歌の子について――時平の妻取婚説話からの藤原敦忠、滋幹の出生の考察を踏まえて」（『二松学舎大学大学院紀要』二二、二〇〇八年）
渋谷敬一「『寒早十首』が描く民衆の姿について」（『歴史評論』七一〇、二〇〇九年）
下向井龍彦「警固使藤原純友――承平六年における藤原純友の立場の再検討を通して」（『芸備地方史研究』一三三、一九八一年）

下向井龍彦「『藤原純友の乱』再検討のための一史料」(『日本歴史』四九五、一九八九年)
下向井龍彦「部内居住衛府舎人問題と承平南海賊――王朝国家への転換と天慶二年純友の乱を媒介するもの」(『内海文化研究紀要』一八・一九、一九九〇年)
下向井龍彦「天慶藤原純友の乱についての政治史的考察」(『日本史研究』三四八、一九九一年)
下向井龍彦「『純友追討記』について」(『瀬戸内海地域史研究』四、一九九二年)
下向井龍彦「『楽音寺縁起』と藤原純友の乱」(『芸備地方史研究』二〇六、一九九七年)
下向井龍彦『物語の舞台を歩く　純友追討記』(吉川弘文館、二〇一一年)
下向井龍彦「承平六年の紀淑人と承平南海賊の平定――寺内・岡田両氏の研究に接して」(『史学研究』二七四、二〇一二年)
下向井龍彦「『承平六年の紀淑人と承平南海賊の平定』再論――寺内浩氏の批判と疑問に答える」(『史学研究』二八四、二〇一四年)
寺内浩『受領制の研究』(塙書房、二〇〇四年)
寺内浩「承平六年の紀淑人をめぐって」(『人文学論叢』一五、二〇一三年)
寺内浩「地方支配の変化と天慶の乱」(『岩波講座日本歴史　古代四』岩波書店、二〇一五年)
寺内浩『平安時代の地方軍制と天慶の乱』(塙書房、二〇一七年)
戸田芳実「中世成立期の国家と農民」(『初期中世社会史の研究』東京大学出版会、一九九一年、初出は一九六八年)
戸田芳実「国衙軍制の形成過程」(『初期中世社会史の研究』東京大学出版会、一九九一年、初出は一九七〇年)
戸田芳実「九世紀東国荘園とその交通形態」(『初期中世社会史の研究』東京大学出版会、一九九一年、初出は一九七五年)

外山幹夫「肥前大村・長崎両氏の出自と発展」(『中世九州社会史の研究』吉川弘文館、一九八六年、初出は一九八一年)
根本隆一「『門葉記』所収の承平・天慶の乱関係記事」(『日本歴史』七七八、二〇一三年)
野口実「南家黒麻呂流藤原氏の上総留住と『兵家』化」(『政治経済史学』三六三、一九九六年)
野口実『伝説の将軍　藤原秀郷』(吉川弘文館、二〇〇一年)
樋口州男「伝承のなかの将門」(川尻秋生編『歴史と古典　将門記を読む』吉川弘文館、二〇〇九年)
樋口州男『将門伝説の歴史』(吉川弘文館、二〇一五年)
広島県立歴史博物館『安芸国楽音寺――楽音寺縁起絵巻と楽音寺文書の全貌』(広島県立歴史博物館、一九九六年)
福田豊彦『平将門の乱』(岩波書店、一九八一年)
福田豊彦「王朝軍事機構と内乱」(『中世成立期の軍制と内乱』吉川弘文館、一九九五年、初出は一九七六年)
福田豊彦「藤原純友とその乱」(『中世成立期の軍制と内乱』吉川弘文館、一九九五年、初出は一九八七年)
福田豊彦「内乱史における承平・天慶の乱」(『中世成立期の軍制と内乱』吉川弘文館、一九九五年、初出は一九九二年)
福田豊彦「将門伝説の形成」(大隅和雄編『鎌倉時代文化伝播の研究』吉川弘文館、一九九三年)
松原弘宣「漁民・海賊、純友の乱」(『古代の地方豪族』吉川弘文館、一九八八年、初出は一九八七年)
松原弘宣「純友伝承について」(愛媛県歴史文化博物館『純友と将門――東西の兵乱』愛媛県、一九九八年)
松原弘宣『藤原純友』(吉川弘文館、一九九九年)
宮瀧交二「日本古代民衆史研究と菅原道真「寒早十首」」(『史苑』六七―一、二〇〇六年)
村上春樹『平将門伝説』(汲古書院、二〇〇一年)

村上春樹「将門伝説を探る」（川尻秋生編『歴史と古典　将門記を読む』吉川弘文館、二〇〇九年）
山口市教育委員会『周防鋳銭司跡』（山口市教育委員会、一九七八年）
山口市教育委員会文化財保護課『史跡周防鋳銭司跡――第三次・四次・五次・六次調査』（山口市教育委員会・山口大学山口学研究センター・山口大学人文学部、二〇二一年）
『日本歴史地名大系三九　愛媛県の地名』（平凡社、一九八〇年）

おわりに

私が愛媛大学に赴任したのは一九八九年四月であった。日本史研究者は、大学や研究機関に職を得ると、自分の専門分野とともにその地域の歴史を研究テーマにすることが多い。そのころの私は平安時代の受領制度の研究を進めていたが、愛媛県で平安時代というとやはり藤原純友である。そこで、関係論文を読みつつ史料集めをしたものの、純友に関する史料はわずかしかなく、新しい論点などは全く出てこなかった。それから数年して再度史料を読み直したが、同じ結果であった。三回目の挑戦を行ったのは赴任して一〇年あまりが経った頃で、ようやく承平年間の史料についてこれまでとは異なる新しい解釈を見つけることができた。そして書き上げたのが「藤原純友と紀淑人」（拙著『平安時代の地方軍制と天慶の乱』所収、初出は二〇〇五年）である。この論文で承平年間の純友の動きはどうにかとらえることができた。

本書執筆の話をいただいたのは、それからしばらくたってからのことである。その後、執筆準備のため、純友の乱後の瀬戸内海賊、将門・純友の乱の呼称の問題など、いくつかの関連論文を書いたが、原稿を書き始めるには至らなかった。海賊を追討する側にいた純友がなぜ海賊の盟主になったのか、その純友がなぜ反乱に立ち上がったのかなどの問題が解けず、また大学が多忙となり執筆時間の確保が難しくなったためである。

二〇二〇年三月末に三一年間勤務した愛媛大学を定年退職し、ようやく純友の研究に専念できるようになった。こうして書き上げたのが本書である。長い時間がかかったが、やっと書き終えたというのが正直なところである。

承平年間だけでなく天慶年間も純友に関する史料は少ない。承平以前に至っては全く史料がない。したがって、史料のない部分は推測に頼らざるをえず、本書ではどうしてもそうしたところが多くなってしまった。残された史料を十分に吟味したうえでのこととはいえ、あくまで推測は推測なので、明確な史料的根拠がないまま議論を展開したことについては忸怩たる思いである。

同じ時期に起きた東西の反乱でありながら、将門の乱と純友の乱では研究者の関心の高さも研究論文の数も格段の違いがある。将門の乱には『将門記』という比較的分量の多い史料があるだけでなく、関東武士や鎌倉幕府など次の時代につながるものが多いとして、古くから注目を集めている。一方純友の乱は、『純友追討記』というごく短い史料しかなく、また単なる瀬戸内海賊の反乱と評価されがちである。しかし、東国と違って瀬戸内海は都とつながっており、かつ反乱は長期にわたったので、都の貴族に与えたインパクトは将門の乱より純友の乱の方が大きかったはずである。しかも、瀬戸内海賊の活動は時代に応じて変化しながら戦国時代まで続いていく。したがって、純友の乱はさまざまな観点から今後さらに研究を深めることが必要であろう。

本書を執筆するにあたっては、純友に関するこれまでの研究成果を参照した。それらは参考文献として巻末に掲げておいた。煩雑になるので個々の箇所での注記は避けたが、とりわけ岡田利文氏、小林昌二氏、下向井龍彦氏、福田豊彦氏、松原弘宣氏の研究業績は大いに参考とさせていただいた。末尾ながら、お礼申し上げる次第である。

二〇二一年四月

寺内　浩

藤原純友略年譜

和暦	西暦	関係事項	一般事項
天安二	八五八		8・27清和天皇即位。
貞観八	八六六	1・7遠経が従五位下に叙される。12・27高子が女御になる。	9・22応天門の変。
一八	八七六		11・29陽成天皇即位。基経が摂政になる。
元慶元	八七七	1・3高子が皇太夫人になる。正・10遠経が中宮亮になる。	
六	八八二	1・7高子が皇太后になる。2月遠経が蔵人頭になる。3・28良範が従五位下に叙される。	1・2陽成天皇元服。
八	八八四		2・5光孝天皇即位。
仁和元	八八五	4・27良範が侍従になる。	
三	八八七		8・26宇多天皇即位。
四	八八八	10・26遠経死去。	
寛平三	八九一		1・13基経死去。
九	八九七		7・3醍醐天皇即位。

延長	八	九三〇		9・22朱雀天皇即位。忠平が摂政になる。
承平	元	九三一	1・21忠平が海賊のことを奏上する。	
	二	九三二	4・28忠平が追捕海賊使を定め行わせる。12・16備前国が海賊のことを申上する。	
	三	九三三	12・17南海道諸国に警固使を定め遣わす。	
	四	九三四	6・29比部貞直らに神泉苑で弩を試射させる。7・26在原相安が諸家兵士と武蔵兵士を率いて海賊追捕に向かう。10・22追捕海賊使等を定める。年末伊予国喜多郡の不動穀三〇〇〇余石が盗まれる。	
	六	九三六	3月純友が伊予国に向かう。5・26追捕南海道使紀淑人が伊予守になる。	
天慶	元	九三八		4・15京で大地震。5・22天慶改元
	二	九三九	3・3源経基が将門謀反を告発。5・15東国・西国の群賊のことで奉幣。9・26南海濫行のため、祇園社で祈禱。12・17伊予国が純友の召喚を求める。12・26摂津国葦屋駅で備前介藤原子高が藤原文元に襲われる。12・29将門が上野・下野国司を追放したとの飛駅が届く。	
	三	九四〇	1・1東海・東山・山陽道の追捕使を任命。1・16山陽道	

追捕使小野好古が出発。1・20西国兵船により備中軍逃散の知らせが届く。1・30純友を五位に叙す。2・3明方が伊予国解文と純友等の申文を進める。純友の所に位記使を遣わす。2・4山陽道追捕使の前進を停止。2・5淡路国が襲われたとの知らせが届く。2・22純友が船に乗り上京との知らせが届く。2・23山崎、河尻、備後の警固使を定める。2・25将門が討たれたとの飛駅が届く。2・26内竪頭義友を備後警固使とする。3・2位記使が純友の「悦びを申す状」と伊予国解文を進める。3・4追捕南海凶賊使等を定める。4・6阿波警固使を藤原村蔭に改定する。4・10山陽道追捕使が「凶賊発起の疑ひの解文」を進める。4・29所々の警固使等を改め遣わす。6・18山陽道追捕使に純友の「暴悪士卒」を追捕させる。8・20藤原文元等討滅のため奉幣。8・22近江国兵士一〇〇人を徴発して阿波国を討たせる。8・26伊予・讃岐国が襲われ、備前・備後国兵船が焼かれたとの飛駅が届く。8・27小野好古を追捕山陽南海両道凶賊使とする。宇治・淀渡・山崎に警固使を遣わす。9・2讃岐国が紀文度を捕らえ進める。10・22安芸・周防国から大宰府追捕使が敗れたとの飛駅が届く。11・7周防国から鋳銭司が焼かれたとの飛駅が届く。12・

四	九四一	19土佐国から幡多郡が焼かれたとの知らせが届く。 1・15公卿に純友のことを定めさせる。 1・21伊予国が藤原三辰の首を進める。 2・9讃岐国から宮道忠用らが伊予国へ進軍しているとの飛駅が届く。 5・19小野好古から純友勢が大宰府を攻略したとの飛駅が届く。 藤原忠文を征西大将軍とする。 5・20小野好古が博多津で純友勢を破る。 6・20伊予国警固使橘遠保が純友を討ちとる。 7・7橘遠保が純友と重太丸の首を進める。 8・17佐伯是本が日向国を襲う。 9・6桑原生行が豊後国海部郡佐伯院を襲う。 9・19備前国から藤原文元らが邑久郡桑浜に上陸したとの飛駅が届く。 9・22播磨国から赤穂郡八野郷石窟山で三善文公を討ったとの飛駅が届く。 10・23山陽南海道諸国の警固使・押領使、撃手使を停止する。 10・26但馬国朝来郡朝来郷の賀茂貞行が藤原文元・文用の首を進める。 11・29桑原生行の首と佐伯是本の身柄が京に到着する	11・8忠平が関白になる。
五	九四二	3・22東西の軍功を定める。	
天暦 二	九四八	7・18越智用忠を叙位する。	
天元 元	九七八	3月備前介橘時望が海賊に殺される。	
五	九八二	2・23伊予国が能原兼信らを追討する。	
正暦 三	九九二	11・30源忠良が阿波国海賊を追討する。	

人名索引

あ　行

か　行

さ　行

た　行

な　行

は　行

ま　行

や　行

事項索引

あ 行

か 行

さ　行

た　行

な　行

は 行

ま 行

や・ら・わ 行

《著者紹介》
寺内　浩（てらうち・ひろし）
1955年　大阪府生まれ。
1978年　京都大学文学部卒業。
1984年　京都大学大学院文学研究科博士課程研究指導認定退学。
1989年　愛媛大学法文学部助教授。
2001年　博士（文学，京都大学）。
2002年　愛媛大学法文学部教授。
現　在　愛媛大学名誉教授。
専　攻　日本古代史。
著　書　『受領制の研究』塙書房，2004年。
『平安時代の地方軍制と天慶の乱』塙書房，2017年。
『愛媛県の歴史』（共著）山川出版社，2003年。
『愛媛県の不思議事典』（共編著）新人物往来社，2009年。
ほか。

ミネルヴァ日本評伝選
藤《ふじ》原《わらの》純《すみ》友《とも》
――南海賊徒の首，伊予国日振島に屯聚す――

2022年7月10日　初版第1刷発行　〈検印省略〉

定価はカバーに
表示しています

著者　寺内　浩
発行者　杉田啓三
印刷者　江戸孝典

発行所　株式会社　ミネルヴァ書房
607-8494 京都市山科区日ノ岡堤谷町1
電話代表（075）581-5191
振替口座 01020-0-8076

共同印刷工業・新生製本

ISBN978-4-623-09447-9
Printed in Japan

刊行のことば

歴史を動かすものは人間であり、興趣に富んだ人間の動きを通じて、世の移り変わりを考えるのは、歴史に接する醍醐味である。

しかし過去の歴史学を顧みるとき、人間不在という批判さえ見られたように、歴史における人間のすがたが、必ずしも十分に描かれてきたとはいえない。二十一世紀を迎えた今、歴史の中の人物像を蘇生させようとの要請はいよいよ強く、またそのための条件もしだいに熟してきている。

この「ミネルヴァ日本評伝選」は、正確な史実に基づいて書かれるのはいうまでもないが、単に経歴の羅列にとどまらず、歴史を動かしてきたすぐれた個性をいきいきとよみがえらせたいと考える。そのためには、対象とした人物とじっくりと対話し、ときにはきびしく対決していくことも必要になるだろう。

今日の歴史学が直面している困難の一つに、研究の過度の細分化、瑣末化が挙げられる。それは緻密さを求めるが故に陥った弊害といえるが、その結果として、歴史の大きな見通しが失われ、歴史学を通しての社会への働きかけの途が閉ざされ、人々の歴史への関心を弱める危険性がある。今こそ歴史が何のためにあるのかという、基本的な課題に応える必要があろう。評伝という興味ある方法を通じて、解決の手がかりを見出せないだろうかというのも、この企画の一つのねらいである。

狭義の歴史学の研究者だけでなく、多くの分野ですぐれた業績をあげている著者たちを迎えて、従来見られなかった規模の大きな人物史の叢書として、「ミネルヴァ日本評伝選」の刊行を開始したい。

平成十五年（二〇〇三）九月

ミネルヴァ書房

＊護良親王　新井孝重
＊懐良親王　森茂暁
＊赤松氏五代　渡邊大門
＊北畠親房　岡野友彦
楠正成　兵藤裕己
＊楠木正行・正儀　生駒孝臣
＊新田義貞　山本隆志
＊光厳天皇　深津睦夫
足利尊氏　市沢哲
＊足利直義　亀田俊和
佐々木道誉　下坂守
細川頼之　亀田俊和
円観・文観　田中貴子
足利義詮　早島大祐
＊足利義持　吉田賢司
足利義教　秦野祐介
足利持氏　植田真平
足利義政　木下昌規
三条西実隆　前田雅之
＊日野富子　田端泰子
＊大内義弘　平瀬直樹
伏見宮貞成親王　松薗斉
＊山名宗全　山本隆志
細川勝元・政元　古野貢
畠山義就　呉座勇一
足利成氏　阿部能久
世阿弥　西野春雄
雪舟等楊　河合正朝
宗祇　鶴崎裕雄
＊満済　森茂暁
一休宗純　原田正俊
蓮如　岡村喜史

戦国・織豊

北条早雲　家永遵嗣
＊北条氏綱　黒田基樹
＊北条氏政　黒田基樹
＊大内義隆　藤井崇
＊斎藤氏四代　木下聡
＊毛利元就　岸田裕之
＊毛利輝元　光成準治
＊小早川隆景・秀秋　光成準治
＊六角定頼　村井祐樹
＊今川義元　小和田哲男
＊武田信玄　笹本正治
＊武田勝頼　笹本正治
＊真田氏三代　笹本正治
＊三好長慶　天野忠幸
松永久秀　天野忠幸
＊宇喜多直家・秀家　渡邊大門
＊上杉謙信　矢田俊文
＊大友義鎮　鹿毛敏夫
島津義久・義弘　福島金治
細川幽斎　鈴木元
＊長宗我部元親・盛親　平井上総
＊最上氏三代　松尾剛次
浅井長政　長谷川裕子
蠣崎・松前氏五代　新藤透
吉田兼倶　西山克
山科言継　松薗斉
＊雪村周継　赤澤英二
正親町天皇・後陽成天皇　神田裕理
＊足利義輝・義昭　山田康弘
織田信長　三鬼清一郎
織田長益　八尾嘉男
織田信雄　柴裕之
＊明智光秀・秀満　小和田哲男
豊臣秀吉　藤井讓治
豊臣秀次　矢部健太郎
＊北政所おね　田端泰子
＊淀殿　福田千鶴
筒井氏三代　片山正彦
蜂須賀正勝・家政　三宅正浩
前田利家　東四柳史明
＊山内一豊・忠義　長屋隆幸
＊黒田如水　小和田哲男
＊蒲生氏郷　藤田達生
大谷吉継　石畑匡基
石田三成　堀越祐一
＊細川ガラシャ　田端泰子
＊支倉常長　田中英道
千利休　熊倉功夫
＊長谷川等伯　宮島新一
＊顕如　神田千里
教如　安藤弥

江戸

＊徳川家康　笠谷和比古
板倉勝重　谷徹也
本多忠勝　柴裕之
本多正純　小川雄
柳生宗矩　福田千鶴
＊徳川家光　野村玄
柳沢吉保　福留真紀
徳川吉宗　横田冬彦
＊後水尾天皇　久保貴子
＊光格天皇　藤田覚
＊春日局　福田千鶴
宮本武蔵　渡邊大門
＊池田光政　倉地克直
保科正之　八木清治
シャクシャイン　岩崎奈緒子
＊田沼意次　藤田覚
細川重賢　安高啓明
松平治郷　小林准士
＊二宮尊徳　小林惟司
末次平蔵　岡美穂子
＊高田屋嘉兵衛　生田美智子
沢庵宗彭　芳澤元
＊林羅山　鈴木健一
吉野太夫　渡辺憲司
熊沢蕃山　川口浩
＊山崎闇斎　澤井啓一
山鹿素行　前田勉
＊北村季吟　島内景二
伊藤仁斎　澤井啓一
貝原益軒　辻本雅史
関孝和　佐藤賢一
＊ケンペル　B・M・ボダルト＝ベイリー
新井白石　大川真
＊雨森芳洲　上田正昭
石田梅岩　高野秀晴
白隠慧鶴　芳澤勝弘
前野良沢　松田清
平賀源内　石上敏
本居宣長　田尻祐一郎
杉田玄白　吉田忠
木村蒹葭堂　有坂道子
＊大田南畝　沓掛良彦
菅江真澄　赤坂憲雄
＊鶴屋南北　諏訪春雄
＊山東京伝　佐藤至子
＊滝沢馬琴　高田衛
平田篤胤　山下久夫
国友一貫斎　太田浩司
シーボルト　宮坂正英
本阿弥光悦　岡佳子
＊狩野探幽・山雪　山下善也
尾形光琳・乾山　河野元昭
＊二代目市川團十郎　田口章子
伊藤若冲　狩野博幸
＊浦上玉堂　高橋博巳
＊佐竹曙山　成瀬不二雄
葛飾北斎　岸文和
酒井抱一　玉蟲敏子
孝明天皇　青山忠正
＊和宮　辻ミチ子
徳川慶喜　大庭邦彦
島津斉彬　原口泉
＊横井小楠　沖田行司
＊古賀謹一郎　小野寺龍太
＊永井尚志　高村直助
＊岩瀬忠震　小野寺龍太

*栗本鋤雲　小野寺龍太
*大村益次郎　竹本知行
岩倉具視　斎藤紅葉
河井継之助　小川和也
松平春嶽　大石学
*西郷隆盛　家近良樹
*由利公正　角鹿尚計
橋本左内・橘曙覧　角鹿尚計
*塚本明毅　塚本学
松平容保　白石烈
山岡鉄舟・高橋泥舟　岩下哲典
三条実美　奈良勝司
*月性　海原徹
*吉田松陰　海原徹
*高杉晋作　海原徹
*久坂玄瑞　一坂太郎
ペリー　遠藤泰生
ハリス　福岡万里子
オールコック　佐野真由子
アーネスト・サトウ　奈良岡聰智

近代

*明治天皇　伊藤之雄
*大正天皇　F・R・ディキンソン
*昭憲皇太后・貞明皇后　小田部雄次
大久保利通　三谷太一郎
山県有朋　鳥海靖
木戸孝允　落合弘樹

井上馨　伊藤之雄
*松方正義　室山義正
榎本武揚　醍醐龍馬
北垣国道　小林丈広
板垣退助　小川原正道
長与専斎　笠原英彦
大隈重信　五百旗頭薫
伊藤博文　坂本一登
井上毅　大石眞
*井上勝　老川慶喜
三浦悟楼　大澤博明
*桂太郎　小林道彦
*渡邉洪基　瀧井一博
*乃木希典　佐々木英昭
星亨　小林道彦
林董　奈良岡聰智
*児玉源太郎　小林道彦
*高宗・閔妃　木村幹
山本権兵衛　室山義正
*金子堅太郎　松村正義
高橋是清　鈴木俊夫
小村寿太郎　簑原俊洋
*犬養毅　小林惟司
原敬　季武嘉也
*加藤高明　櫻井良樹
牧野伸顕　小宮一夫
田中義一　黒沢文貴
内田康哉　高橋勝浩
平沼騏一郎　堀田慎一郎
*鈴木貫太郎　小堀桂一郎
宇垣一成　北岡伸一
*宮崎滔天　榎本泰子
*浜口雄幸　川田稔

幣原喜重郎　西田敏宏
関一　玉井金五
水野広徳　片山慶隆
*広田弘毅　井上寿一
安重根　上垣外憲一
*グルー　廣部泉
*永田鉄山　森靖夫
東條英機　牛村圭
今村均　前田雅之
蔣介石　劉岸偉
近衛文麿　庄司潤一郎
*岩崎弥太郎　武田晴人
伊藤忠兵衛　末永國紀
*五代友厚　田付茉莉子
大倉喜八郎　村上勝彦
*安田善次郎　由井常彦
*渋沢栄一　武田晴人
中野武営　佐賀香織
益田孝　鈴木邦夫
山辺丈夫　宮本又郎
大川平三郎　四方田雅史
武藤山治　阿部武司・桑原哲也
池田成彬　松浦正孝
西原亀三　森川正則
小林一三　橋爪紳也
大倉恒吉　石川健次郎
大原孫三郎　猪木武徳
*河竹黙阿弥　今尾哲也
イザベラ・バード　加納孝代
小泉八雲　斎藤英喜
*林忠正　木々康子
*森鷗外　小堀桂一郎

*二葉亭四迷　ヨコタ村上孝之
*正岡子規　井上泰至
*夏目漱石　佐々木英昭
徳冨蘆花　半藤英明
巌谷小波　千葉信胤
樋口一葉　佐伯順子
*島崎藤村　十川信介
泉鏡花　東郷克美
上田敏　小林茂
*有島武郎　亀井俊介
志賀直哉　小林幸夫
北原白秋　平石典子
菊池寛　山本芳明
芥川龍之介　高橋龍夫
*宮沢賢治　千葉一幹
高浜虚子　坪内稔典
与謝野晶子　佐伯順子
*種田山頭火　村上護
*斎藤茂吉　品田悦一
*高村光太郎　湯原かの子
石川啄木　先崎彰容
萩原朔太郎　エリス俊子・栗原飛宇馬
*原阿佐緒　秋山佐和子
*狩野芳崖・高橋由一　古田亮
川村清雄　落合則子
*小堀鞆音　小堀桂一郎
竹内栖鳳　北澤憲昭
黒田清輝　高階秀爾
中村不折　石川九楊
横山大観　高階秀爾
*橋本関雪　西原大輔

土田麦僊　天野一夫
岸田劉生　北澤憲昭
濱田庄司　濱田琢司
*山田耕筰　後藤暢子
松旭斎天勝　川添裕
中山みき　鎌田東二
佐田介石　谷川穣
*ニコライ　中村健之介
*出口なお・王仁三郎　川村邦光
*新島襄　太田雄三
新島八重　佐伯順子
木下広次　冨岡勝
山川健次郎　小宮京・中澤俊輔
嘉納治五郎　クリストファー・スピルマン
柏木義円　片野真佐子
津田梅子　田中智子
*澤柳政太郎　新田義之
*河口慧海　高山龍三
*山室軍平　室田保夫
大谷光瑞　白須淨眞
*久米邦武　髙田誠二
フェノロサ　伊藤豊
井上哲次郎　井ノ口哲也
三宅雪嶺　長妻三佐雄
*岡倉天心　木下長宏
志賀重昂　中野目徹
徳富蘇峰　杉原志啓
*竹越与三郎　西田毅
内藤湖南・桑原隲蔵　礪波護

＊廣池千九郎　橋本富太郎
岩村透　今橋映子
＊西田幾多郎　大橋良介
＊金沢庄三郎　石川遼子
＊柳田国男　鶴見太郎
厨川白村　張競
＊村岡典嗣　水野雄司
大川周明　山内昌之
西田直二郎　林淳
＊折口信夫　斎藤英喜
九鬼周造　古川雄嗣
三木清　杉山直樹
シュタイン　瀧井一博
＊西周　清水多吉
＊福澤諭吉　平山洋
加藤弘之　田中由香里
成島柳北　山田俊治
＊福地桜痴　山田俊治
＊村山龍平　早房長治
＊島田三郎　武藤秀太郎
田口卯吉　鈴木栄樹
＊陸羯南　松田宏一郎
有賀長雄　森田吉彦
＊黒岩涙香　奥武則
幸徳秋水　馬渕浩二
長谷川如是閑　織田健志
上杉慎吉　今野元
＊吉野作造　田澤晴子
＊山川均　米原謙
＊岩波茂雄　十重田裕一
＊北一輝　岡本幸治
＊穂積重遠　大村敦志
中野正剛　吉田則昭

荒畑寒村　川村邦光
＊満川亀太郎　福家崇洋
＊エドモンド・モレル　林田治男
＊北里柴三郎　福田眞人
高峰譲吉　木村昌人
田辺朔郎　秋元せき
＊南方熊楠　飯倉照平
＊辰野金吾　河上眞理・清水重敦
＊七代目小川治兵衛　尼崎博正
本多静六　岡本貴久子
ブルーノ・タウト　北村昌史
＊ウィリアム・メレル・ヴォーリズ　山形政昭・吉田与志也

現代

昭和天皇　御厨貴
高松宮宣仁親王　後藤致人
＊李方子　小田部雄次
芦田均　矢嶋光
吉田茂　中西寛
マッカーサー　柴山太
鳩山一郎　楠綾子
＊石橋湛山　増田弘
重光葵　武田知己
＊市川房枝　村井良太
＊池田勇人　藤井信幸
高野実　篠田徹
和田博雄　庄司俊作

ライシャワー　廣部泉
朴正熙　木村幹
＊田中角栄　新川敏光
宮沢喜一　村上友章
竹下登　真渕勝
＊松永安左エ門　橘川武郎
鮎川義介　井口治夫
＊出光佐三　橘川武郎
＊松下幸之助　米倉誠一郎
渋沢敬三　井上潤
＊本田宗一郎　伊丹敬之
＊井深大　武田徹
＊佐治敬三　小玉武
幸田家の人々　金井景子
＊正宗白鳥　大嶋仁
＊大佛次郎　福島行一
井伏鱒二　滝口明祥
＊川端康成　大久保喬樹
＊薩摩治郎八　小林茂
坂口安吾　千葉一幹
太宰治　安藤宏
松本清張　杉原志啓
安部公房　鳥羽耕史
＊三島由紀夫　島内景二
井上ひさし　成田龍一
R・H・ブライス　菅原克也
柳宗悦　熊倉功夫
バーナード・リーチ　鈴木禎宏
＊熊谷守一　古川秀昭

川端龍子　岡部昌幸
藤田嗣治　林洋子
＊井上有一　海上雅臣
＊手塚治虫　竹内オサム
古賀政男　藍川由美
＊吉田正　金子勇
武満徹　船山隆
＊八代目坂東三津五郎　田口章子
＊力道山　岡村正史
＊西田天香　宮田昌明
安倍能成　中根隆行
サンソム夫妻　平川祐弘・牧野陽子
＊天野貞祐　貝塚茂樹
和辻哲郎　小坂国継
＊矢代幸雄　稲賀繁美
石田幹之助　岡本さえ
＊平泉澄　若井敏明
＊早川孝太郎　須藤功
安岡正篤　片山杜秀
＊青山二郎　田野勲
＊島田謹二　小林信行
田中美知太郎　川久保剛
前嶋信次　杉田英明
＊唐木順三　澤村修治
亀井勝一郎　山本直人
＊宮本常一　須藤功
知里真志保　北原モコットゥナシ
竹内好　田澤晴子
＊保田與重郎　谷崎昭男
石母田正　磯前順一
＊福田恆存　川久保剛

井筒俊彦　安藤礼二
吉田満　貝塚茂樹
佐々木惣一　伊藤孝夫
高田保馬　金子勇
小泉信三　都倉武之
＊瀧川幸辰　伊藤孝夫
式場隆三郎　服部正
大宅壮一　有馬学
＊清水幾太郎　庄司武史
山本健吉　井上泰至
＊フランク・ロイド・ライト　大久保美春
＊中谷宇吉郎　杉山滋郎
今西錦司　山極寿一

＊は既刊

二〇二三年七月現在